HAYMON taschenbuch **66**

Auflage:

7	6	5	4	3	2	1
2017	2016	2015	2014	2013	2012	2011

HAYMON t𝖻 **66** .

Ungekürzte Taschenbuchausgabe
Haymon Taschenbuch, Innsbruck-Wien 2011
www.haymonverlag.at

© Haymon Verlag, Innsbruck 1985

ISBN 978-3-85218-866-9

Umschlaggestaltung:
hœretzeder grafische gestaltung, Scheffau/Tirol
Satz: Haymon Verlag
Cover- und Autorenfoto: Haymon Verlag

Gedruckt auf umweltfreundlichem,
chlor- und säurefrei gebleichtem Papier.

Franz Josef Kofler
Rauhe Sonnseite

Eine Kindheit
am Bergbauernhof

Franz Josef Kofler
Rauhe Sonnseite

Inhalt

Ein Vorwort

Franz Josef Kofler ist 1961 siebenundsechzigjährig gestorben. Das Herz, auf dessen Schwäche er sich die längste Zeit viel zugute gehalten hat, hatte sich als das gesündeste erwiesen. Leidend, weit vor den tatsächlichen Todesschmerzen, hat er sich empfunden. Aus solchem Beweggrunde mag er sich gern aus seiner soliden Wohnung im Stöcklgebäude des »Turfer«-Hauses zu Schwaz zeit- und ortsversetzt haben nach seiner Kindheit in Heinfels. Mit der erinnerten Rückkehr zu seiner Herkunft konnte er sich als kerngesunden Knaben wiedersehen; es geschah, daß sie sich über die Jahrzehnte hinweg zuwinken konnten, die beiden Kofler.

Daß er sich aber wenig in wehmütigen Kinderseligkeiten erging, zeichnet die vorliegenden Erinnerungsstücke schon einmal aus. Er verfaßte sie auch nicht mit jener billigen Ironie, mit der sich das Alter der Jugend gegenüber, zumal der eigenen, gerne behilft. So vermißt man wohltuend die übliche Sentimentalität. Er ist darin nicht einmal mit sich selbst sonderlich zimperlich umgegangen, wenngleich die ausgesprochene Ehrlichkeit durchaus eine besonders raffinierte Abart der Koketterie sein kann. Es ist aber wenig belangvoll, wieviel an Selbstportrait des Verfassers dem Verfasser gelungen ist, noch weniger belangvoll, wieviel eitle Bespiegelung hier vorliegt, sondern ob alles in allem eine Authentizität der damaligen Gegebenheiten und Verhältnisse ausmacht, die örtlich und zeitlich, wenn auch beschränkt, übertragbar ist und über die »Fallstudie« hinaus Geltung beanspruchen kann, weil sie auch von den (regionalen) Zeitgenossen und deren Nachfahren so und ähnlich erfahren wurde.

Kofler hat in der Zwischenkriegs- und Hitlerzeit mehrere volkstümliche Romane und Erzählungen geschrieben. Einige sind gedruckt worden, der größere Teil ist unveröffentlicht geblieben. Sie liegen ganz auf der Welle heimatverklärender, bodenbetonter alpenländischer Unterhaltungsliteratur und müssen als fragwürdige Zeugnisse einer fragwürdigen Auffassung von Heimat, Lebensmuster und Vorbildern erachtet werden. Dies zu sagen ist legitim. Dagegen sind ihm dichterisches Darstellungsvermögen und schriftstellerische Gestaltungskraft keineswegs abzusprechen.

Nach 1945 wandte er sich deutlich den kleinen literarischen Formen zu, dem Gedicht, der Kurzgeschichte. Es wird nicht bloß am kürzeren Atem des Gealterten gelegen haben, wenn er sich nun nicht mehr in dreihundert Seiten langen Romanmanuskripten ausließ, sondern die kurze Form pflegte. Er muß erkannt, zumindest geahnt haben, daß er sich mit seinen bisherigen Arbeiten als Schriftsteller, vielleicht sogar etwas opportunistisch, in bedenklicher Nachbarschaft zu den »Blut-und-Boden«-Schreibern befunden hatte, da er gewissermaßen mit der politischen Naivität seines professoralen und geistlichen Berufsstandes einfach konform gegangen war. Angesichts der Folgen des Dritten Reiches dürfte er sich zurückgezogen haben auf sich selbst und in einer Art von Selbstreinigung sich selber nahe gekommen sein; nun war ihm »Ich, meiner, mir, mich« zu sagen nicht mehr zuwider. Äußerlich war er auf den Posten zurückgekehrt, von dem er 1938 vertrieben worden war. Innerlich suchte er die Vergangenheit als sicheren Ort der Zuflucht auf. Einerseits griff er jetzt nach Stoffen aus der klassischen Antike, wie sie ihm am humanistischen Gymnasium vermittelt worden waren, andererseits versuchte er die Stätten seiner bäuerlichen Kindheit zu orten.

Seine Kindheitserinnerungen hat Franz J. Kofler in den fünfziger Jahren geschrieben; er hat davon 126 Titel hinterlassen. Es handelt sich um erzählende Berichte und erzählte Episoden, eingebettet in das bäuerliche Kalendarium von Werktagen und Feiertagen, wesentlich bestimmt von der »Kirchen- und Sonnenuhr«. Die als unterhaltliche Schilderungen angelegten Feuilletons sind vereinzelt ab 1960 in der nord-, süd- und osttirolischen Wochen- bzw. Tagespresse erschienen. Die meisten hat der Osttiroler Bote 1979/1980 in einem Jahreszyklus veröffentlicht.

Da Franz J. Kofler auf eine koordinierte Aufeinanderfolge nicht Bedacht genommen hat, eine Planmäßigkeit seinerseits überhaupt nicht ersichtlich ist, mußte für diese Buchausgabe das einschlägige Material erst einmal geordnet und strukturiert werden. Der Zusammenhang dabei lag im Stoff. Die zahlreichen Wiederholungen, oft ganze Absätze mußten gestrichen werden. Die Zahl der Titel wurde im Interesse einer Verdichtung der verzettelten Teile auf 42 vermindert, wobei ungefähr zur Hälfte die Originalüberschriften verwendet wurden. Durch Kontamination und Streichungen ist etwa ein Viertel des textlichen Quantums weggefallen. Gewisse Überschneidungen und Repetitionen wurden absichtlich belassen, um die grundsätzlichen Befindlichkeiten im Dargestellten fester zu machen und Leitmotivisches im vermuteten Sinne des Autors besser gegenwärtig zu halten.

Meine redaktionelle Sorgfalt war darauf bedacht, bei allen erforderlichen Eingriffen die vorhandenen Texteinheiten nicht zu zerreißen, die manifeste Atmosphäre nicht zu stören, Koflers Stilhaltung und Gefühlsgesten nicht zu fälschen: die expressive Ausdrucksweise, die gestuften Steigerungen, die (wenigen) Vergleiche und Metaphern usw. Lediglich sein durch die starken Zeitwortformen manchmal stark hackender Duktus wurde gelegentlich etwas gemildert. Was in der Diktion vielleicht ein wenig monumental aufgedonnert erscheint, wollte ich nicht beschönigen. Was vom ›Reden der Berge und vom Schweigen der Wälder‹ zu hören war, ist erträglich; mehr: Gerade in der gleichsam banalen Landschafts- und Naturschilderung erweist er sich als annehmbar, ja angenehm. Auch die Darstellung bäuerlichen Heroismuses und kirchlicher Selbstgefälligkeit hält sich in Grenzen. Pathos wie Verniedlichung, was davon da ist, gespielte Einfalt und ›echte‹ Einfalt sind wiedergegeben. Widersprüche wurden nicht aufgehoben, sondern stehen gelassen. Gerade die Ambivalenzen sind wichtig neben dem Eindeutigen. Die Sprache ist Ausdruck und Mitteilung zugleich.

Franz J. Koflers Schreibstil scheint der Kleinen Welt, die er beschreibt, sehr angemessen zu sein. Seine Sprache hat wie die Inhalte, denen sie gilt, ihre unsensationellen Schönheiten. Ihre Gegenständlichkeit vermittelt eine anschauliche Realistik des Dargestellten. Trotzdem ist das Ganze keine volkskundliche Dokumentation. Eine solche war vom Verfasser auch nie beabsichtigt. Selbst die mundartliche Sprechweise ist schriftsprachlich gefaßt. Teilweise hat er sogar mit akademischem Vokabular operiert und dadurch den stilistischen Ton reizvoll erhöht. Es wirkt fast befremdlich, daß er nicht einmal in der direkten Rede Dialekt verwendet hat (obwohl er seinerzeit über den Dialekt seiner Gegend dissertiert hatte). Man könnte beinahe ein gestörtes, zumindest distanziertes Verhältnis zu den Mundarten vermuten.

Als humanistisch ausgebildeter Akademiker, Gymnasialprofessor und Geistlicher dazu, war er dem Milieu, dem er entstammte, den Interessen und Problemen, die dort aktuell waren, natürlich irgendwie entfremdet. Ländlicher Brauch und bäuerliches Volkstum waren für ihn schon zu einem Objekt des Interesses und der Beobachtung geworden, im weiteren zu einem handlichen Stoff, aus genauer persönlicher Kenntnis, für den Schriftsteller. Umso anerkennenswerter ist, daß er vom Schreibtisch des Oberstudienrates aus einen Standpunkt gefunden und gewählt hat, der es ihm ermöglichte, ohne die korrupte Erkenntnis der Defekte, aber mit nachsichtiger Noblesse, in einem untadeligen Einverständnis mit der Herkunft, nicht bloß reine Idyllen im Plusquamperfekt, in der Vorvergangenheit zu verfassen, sondern ein sehr authentisches, wenn auch nicht umfassendes Kultur- und Sittenbild einer ländlichen Daseinsweise, wie sie von beiden Weltkriegen unbeirrt (unbeschadet nicht) lebendig gewesen ist. Sie hat »vor Ort« erst mit dem Einbruch der konsumorientierten Produktionswirtschaft, dem Aufkommen neuer

Erwerbszweige, dem Abbau des Ackerbaues, mit der Motorisierung, der Mobilität, der Technisierung der Landarbeit und der Kommunikation, in einer Gegend wie Osttirol also erst nach 1945 angefangen unterzugehen.

Alltag auf dem Bauernhof in der »Ochswiese« am Heinfelser Berg, Panzendorf liegt auf der Ebene, Sillian ist nicht weit; um 1900: Es gibt von Haus aus die malerischen Ausblicke in die Landschaft des obersten Drautales. Die Menschen leben, arbeiten und rasten in und mit dem vegetativen Rhythmus der Natur. Die Köpfe sind mit dem Schwergewicht der Überlieferungen beladen. Es gibt viele ungedruckte Gesetze, die unangezweifelt eingehalten werden, eiserne Gepflogenheiten. Die Unterordnung der Jüngeren unter die Älteren, des Angenehmen unter das Notwendige versteht sich von selbst. Daß man prüde war, gehört soviel wie zur Zeit. Es kommt nicht alles vor und nicht alles, was vorkommt, wird zur Sprache gebracht. Es gibt viel Uneingestandenes im Denken und Sagen. Das Unglück hat keinen großen Namen. Die Gemütsruhe ist im verkündeten Glauben gebettet. Materielle Zwänge und religiöse Pflichten halten die Existenz ebenmäßig im Gleichgewicht. Die bäuerliche Sinnesfreude (wenn es eine solche gibt) ist gezähmt. Man läßt alles oder fast alles über sich ergehen. Das ganze Dasein ist eindeutig zentriert. Was in der Umwelt und in der Welt vorgeht, scheint überschaubar zu sein, als machte ihre Stabilität sie einsichtig fürs Verstehen.

Und wie geschieht dem Kinde? – Das Eine macht den überwältigenden Unterschied zur stadtbürgerlichen Umgebung: aus dem Hause hinaus und es ist in der »Weite«, im Freien, wie es sehr richtig auch heißt, es spürt die Beschaffenheit des Bodens mit seinen bloßen Füßen, Kälte und Spitzes, Weiches und Wärme. Bewegung ist alles. Körperkraft und Lautstärke geben den Ton an. Wasser, Schnee und Eis sind da. Die Unmittelbarkeit von Tageslicht und Wetter trifft immer auf die Haut. Es ist ein altes, im Winter kaltes Haus, in dem die Familie wohnt. Kinder sind die Hauptsache, aber die Hauptrolle spielen sie nicht. Mit den Tieren besteht eine selbstverständliche Lebensgemeinschaft. Alles ist altväterisch, der Speisenplan, die Kleidung, das Gerät, und unverrückbar. Wachstum wie Gewachsenes und dessen Absterben werden elementar erfahren, weil es ganz gewöhnlich ist. Die Kinder werden naturwüchsig erzogen, sozusagen. Die Gebote und Verbote erfolgen auf Befehl. Auf Gehorsam ohne lange Widerrede wird gepocht.

Nicht zufällig agiert der Verfasser häufig mit dem mehrheitlichen »Wir«. Für Kinder ist das Kollektiv sehr wichtig, um einige ihrer Bedürfnisse durchzusetzen. Im Rudel sind sie stärker gegenüber den Autoritäten. Kofler ergeht sich manchmal ziemlich genüßlich im rüden Ton kindlicher Ungezogenheiten. Es gibt Übertreibungen und Untertreibungen, wie Kinder unter- und übertreiben, unverhohlene Abschätzigkeit, ausgesprochene Maßlosigkeiten, die gewisse Aufsässigkeit durch Wiederholung in bezug auf die Streitlust und Prahlsucht der Kinder, auf die Spargesinnung der Erwachsenen, auf die Gewandung und das Essen.

Der Vater war ein großer Mann mit rotem Gesicht, langem Schnauzer, breitem Hut und einer weißen Schürze. Er steht als die oberste Instanz des Hauswesens da und exekutiert die äußersten Erziehungsmaßnahmen. Aus der Schilderung geht er eher als ein bißchen Geldmensch, denn Geltungsmensch hervor. Die Mutter erscheint auffallend farblos gezeichnet, wortkarg, verharmt. Die »Bas Nanne« ist die emotionale Zuflucht der Kinder. Es gibt viel nebensätzlich Angespieltes. Sicherlich hat Kofler dramaturgisch mit so etwas wie Versatzstücken gearbeitet und ganz offensichtlich stehende Szenen verwendet. Er hat fabuliert und stilisiert, hat beispielsweise den einsilbigen Erwachsenen die sprachesprudelnden Kinder gegenübergesetzt. In attraktiven Ausmalungen und lustigen Schnurren hielt er wohltuendes Maß. In Rücksicht auf sein auf Harmonisierung gerichtetes Weltbild wird er auch Retuschen angebracht haben. Mit den Reflexionen vom schreibenden Standpunkt aus, mit zurückdatierten Erkenntnissen ist er sehr zurückhaltend umgegangen, allzu sehr, wie mir dünkt.

Was liegt schließlich vor in diesem Buch: Etwa harm- und arglose Erinnerungen an eine bergbäuerliche Kindheit in Lodenkleidung, in einer kinderreichen, geldarmen Familie, einer einklassigen Notschule, einem Dorfe an der k.u.k. pustertalischen Reichsstraße? Gibt es so etwas wie eine ›fröhli-

Franz Josef Kofler im Alter von 54 Jahren

che Armut‹ trotz einer objektiv herben Kinderzeit, wenn sie subjektiv als nicht hart empfunden wurde und vom Erinnerungsträger selbst nach Verlauf eines halben Jahrhunderts und mehr noch ebenso empfunden wird? Ist es eine Verklärung der eigenen Person und der Vergangenheit allgemein, mit Täuschung und Selbsttäuschung? War die ökologisch gesunde Welt der Jahrhundertwende auch eine psychologisch und sozial ›heile‹ Einrichtung, waren Gerechtigkeit, Menschenwürde, Wert und Werte des Lebens damals höher im Kurs? Was ist die mentale Haltung des Autors?

Franz J. Kofler legt ziemlich authentische Sachverhalte vor. Das Kolorit hat er bestimmt richtig getroffen. Auf einige Fragen gibt er, direkt oder indirekt, Antwort, auch negative. Er macht dabei wenig belehrende Nutzanwendung, vor allem bläst er nicht ins Folgetonhorn der Moral. Mit umsichtiger Genauigkeit stellt er uns die Außenwelt seiner Kindheit vor Augen, Kinderspiel und Bauernarbeiten, Kirchen- und Schulegehen, Haus und Hof, eine beseelte Natur; das ist nicht wenig.

Es liegt an uns, wie wir uns dieser erinnerten Vergangenheit aus zweiter Hand bedienen, ob wir auch sie wie oft die eigene als bequemen Ort unserer Fluchtversuche aus der Gegenwart benützen oder dazu, um der Ursachen unserer Ausflüchte besser inne zu werden. Unserer Gegenwart ist die eigene Vergangenheit nicht mehr hinreichend gegenwärtig. Geschichte ist Politik geworden, und die Politik spielt sich als Geschichte auf. Wir sind eine geschichtslose Generation von Söhnen und Enkeln, die mit den Leitbildern der Väter und Großväter nicht mehr viel anfangen kann, weil jene mit jenen in Katastrophen gelandet sind. Aber wir haben noch nicht die Kraft, neue Werthaltungen durchzusetzen gegen die Patriarchen. Wir sind Hinterbliebene, denen nach zwei großen Konkursen nichts geblieben ist als ein Erbe, das ihnen zur Last fällt.

Außervillgraten, im April 1985   *Johannes Trojer*

Wir Kinder

Im ganzen waren wir unser sieben Brüder. Einer starb früh an einer Kinderkrankheit, in einem kleinen Sarg trug ihn ein Mann vom Hof nach Sillian, ein kurzer Leichenzug ging dahinter her. Also blieben noch sechs Stück Buben, die wild durch Haus und Feld rammelten. Oft schrien wir so durchdringend und laut, namentlich wenn wir stritten, daß man uns auf der anderen Talseite, in Rabland und Gschwend, hörte, und nicht nur hörte, auch verstand, obwohl das Pustertal bei Sillian nicht sehr schmal ist, eine weite, grüne Ebene, durch die Straße und Draufluß ziehen, die eine am Fuße der Sonnseite, der andere gegenüber nahe der Schattseite.

Wir waren alle rasch hintereinander gekommen, zuletzt noch ein süßes, sehr hübsches Schwesterchen, das gar nicht zu uns paßte und mit dem wir nichts Rechtes anzufangen wußten, und das wohl deshalb von den Engeln schon mit sieben Jahren wieder abgeholt wurde. Eine schwere Lungenentzündung hatte es weggerafft, sehr zu unserem Leidwesen und noch mehr zum Leidwesen der Mutter, die gerade eine Stütze an ihm gefunden hätte, denn mit uns war in der Küche nichts zu machen.

Unseren Hof hatte erst der Großvater gekauft, wir wußten nichts von den früheren Bauern. Auf »Egg«, wo die Kofler früher hausten, waren die Felder mager und sehr steil gewesen und das Haus war von oben bis unten aus Holz gezimmert, nicht einmal das Erdgeschoß hatte Mauern. Dies alles, so sagte man uns, hätte dem Großvater nicht gepaßt und darum sei er in die »Ochswiese« gezogen, unser Hof, der eben zum Verkauf gestanden wäre.

Der Hof war nicht groß. Vater und Mutter mußten zusammenhalten, damit am Schluß des Jahres noch etwas als Notpfennig übrig blieb. Freilich, der Staat hat sich nach dem

Ersten Weltkrieg nicht im mindesten um diese sauer gesparten Notpfennige gekümmert und sie mir nichts dir nichts kaputt sein lassen. Sie wurden samt und sonders im wahren Sinn des Wortes »Kriegsopfer«, bittere, schwere Kriegsopfer. Die Mutter starb, noch bevor der Krieg aus war, der Vater mußte erst wieder neu zu sparen anfangen. Als Kinder wußten wir nicht, daß es so enden würde, und auch die Eltern wußten es nicht, die fast noch weniger.

Das Geld, uns zu kleiden und zu nähren, brachten hauptsächlich die Ochsen herein, die der Vater im Herbst auf dem Markte in Sillian kaufte, über den Winter mästete und im Frühsommer, wenn der Fremdenverkehr begann, der im Hochpustertal schon damals beträchtlich war, dem Metzger Summerer in Innichen verkaufte. Sparen hieß es ja, aber geizig waren Vater und Mutter deswegen nicht, kein Bettler wurde abgewiesen, und wenn Taglöhner beim Kornschnitt oder beim Mähen aushalfen, kam auf den Tisch, als sei es ein Festtag.

Es war nicht einfach, unsere Mägen zu füllen und unsere Blöße zu bedecken. Kam etwas Gutes auf den Tisch, was leider nur selten der Fall war, wurden wir überhaupt nie satt. Im Nu waren dann die Pfannen und Schüsseln leer, wir stemmten die Löffel auf die Tischplatte, als warteten wir auf eine weitere Pfanne. Jeder aß wie ein Drescher. Fünfmal in der Woche gab es Knödel, die mit viel Mehl, wenig Eiern und ganz wenig Speck zubereitet wurden. An ihnen hatten wir uns schon satt gegessen, wenn sie auf den Tisch gestellt wurden, noch übler war es am Freitag, wo Polenta hereingetragen wurde. Später hörte ich, daß Polenta nur die Italiener zu kochen verstehen, geahnt hatte ich es als Kind schon und meine Brüder auch.

Wenn die Mutter auf dem hölzernen Fleischbrett den Speck für die Knödel schnitt, fehlte ich ungern. Ich stand neben ihr und sah ihr zu, obgleich mein Kopf nur wenig über die Herdplatte aufragte. Großartig, wie flink sie die kleinen fetten Würfel vom großen Stück herabschnitt. Manchmal, leider sehr selten, geriet einer größer, als die anderen waren. »Der paßt nicht in die Knödel«, sagte ich dann rasch. Bekam ich darauf nicht ein sehr deutliches und klares Nein, war der nach meiner Meinung zu große Würfel schon in meinem Mund verschwunden. Es geschah auch, daß einer der kleinen Würfel vom Haufen, der sich allmählich auf dem Brett ange-sammelt hatte, wegsprang, weil er keinen ›Familiensinn‹ hat-te. »Der will nicht in die Knödel«, sagte ich wieder und war-tete diesmal gar nicht erst lange auf ihre Antwort, packte den ›Verlorenen Sohn‹ mit zwei Fingern und schob ihn seiner Heimat zu. Noch weitere Möglichkeiten gab es, ein kleines Voressen zu halten. Ich sagte zur Mutter, daß ich das Brot holen wollte, wenn ich ein paar Speckwürfel bekäme. Nur an Tagen, wo ich mich nicht ordentlich aufgeführt hatte und un-folgsam gewesen war und eigensinnig und rechthaberisch und zornig, schwieg sie oder wies gar mit einer ganz leichten Bewegung der Hand zur Türe.

Daß es Herrlichkeiten der Knödelkunst gewesen waren, was auf unseren Tisch kam, kann ich nicht sagen, sie hatten alle möglichen Formen, nur rund waren sie nie und das hät-ten sie doch zuerst sein sollen. Darüber hätte ich noch am ehesten hinwegsehen können, wenn nur mehr Speck und Fleisch und Eier in den Klößen gewesen wären. Aber wie hätte das sein sollen, bei unserer großen Familie.

*

Große kirchliche Festtage fielen auch daheim auf. Zwei Tage zuvor nämlich backte die Mutter kleine Germkrapfen, die im Pustertal »Nigelen« heißen. Sie waren zu jener Zeit das große Zeichen des großen Festes. Wenn sie am Herd das Schmalz in der Pfanne heiß machte und die kleinen Teig-klumpen hineinlegte, vorsichtig, daß ihr das heiße Schmalz nicht auf die Haut spritzte, versäumten wir Kinder nie, ihr Beistand zu leisten. Sie legte zwar kein großes Gewicht dar-auf, aber sie schaffte uns auch nicht geradezu aus der Küche.

Kamen die ersten Nigelen aus der Pfanne, ging das Betteln los, wenigstens ›kosten‹ wollten wir. »Sie sind zu heiß, ihr verderbt euch den Magen«, sagte die Mutter. Ein wenig warteten wir daraufhin. Wenn sie etwas abgekühlt waren, schob sie jedem eines zu und deutete mit dem Gesicht, daß dort drüben die Tür sei. Wir wären auch sonst gegangen, denn wir hielten es mit den Hennen, die auch abseits ziehen, wenn sie einen guten Brocken erwischt haben. Auf dem Vorsöller bissen wir fröhlich hinein, auf dem Anger ging der Rest zur Ruhe. Gern hätten wir gleich mehrere hintereinander gegessen, aber so viele hätte uns die Mutter nie gegeben. So blieben wir eine Zeitlang im Freien, dann gingen wir doch wieder in die Küche, wir wollten sehen, wie weit die Mutter mit dem Backen gekommen sei.

Sie war schon weit gekommen. Die eine Schüssel war ganz voll von den goldgelben Nigelen. Wir hofften, daß ihr eines auf den Boden fiele, das hätte sie uns gewiß überlassen, aber sie wechselte, bevor es geschah, einfach die Schüssel.

Am Festtag wurden die Nigelen mit Zucker- oder Honigwasser, wenn es Honig gab, und gestampftem Mohn angemacht auf den Tisch gestellt, aber sie schmeckten uns lange nicht mehr so gut wie am Tage, da die Mutter sie gebacken hatte. Den Rest hatte sie in eine »Reiter« (Getreidesieb) gelegt, die droben in der Ehekammer stand. Von dort ›tröpfelte‹ immer wieder ein Nigele in unsere Hände. Wenn uns die Mutter allein hinaufschickte, gaben wir wohl acht, daß es nicht die kleinsten Nigelen waren, die wir erwischten. Zwei oder drei hätten wir nie genommen, wenn uns die Mutter nur eins gestattet hatte.

Den Zucker gab es in Form von Zuckerhüten unterschiedlicher Größe in Panzendorf zu kaufen. Wenn die Mutter einen Zuckerhut mit dem Küchenbeil zu kleinen Brocken aufschlug, achteten wir sehr darauf, ob nicht ein Stück über den Rand der Schürze, die auf dem Fußboden untergebreitet worden war, hinwegspritzte, denn es gehörte uns. Leider gab die Mutter sehr acht und klopfte so vorsichtig mit dem schartigen Beil, daß sich die Bröcklein wie Kücken in der Schürze sammelten.

Es gab damals nicht viele Feste im Jahr, wo Nigelen gebacken wurden, zu Weihnachten und zu Ostern, und vor allem an den Kirchtagen. Heute sind die Nigelen- und Krapfenfeste weit zahlreicher, aber sie haben damit auch das Große, Feierliche verloren.

Noch seltener war ein anderes Schmalzgebäck, die »Strauben«. Strauben wurden seinerzeit auf den Höfen nur gebacken, wenn ein Hochzeitslader angesagt war, der Vater oder Mutter, meistens beide, in einem alten Spruch, den er auswendig gelernt, oder mit einem neuen, den er selber angefertigt hatte, zur Hochzeit eines Nachbarn oder Verwandten einlud. Er sagte in der Stube den Spruch her, dafür mußte man ihm einen Stock Strauben vorsetzen, sie waren ›hochoffiziell‹.

Ich weiß nur ein einziges Mal, daß ein solcher Hochzeitslader auf den Hof kam. Er war längst angesagt und hatte keine kleine Aufregung bei der Mutter und bei der Bas Nanne, unserer Tante, verursacht, beide hatten noch nie in ihrem Leben Strauben gebacken, wenngleich sie wußten, wie es ungefähr zugehen mußte. Es fehlte schon die »Straubenleier« im Hause, das war eine Schöpfkelle, die vorne einen Trichter hatte, aus dem der Teig ins Schmalz der Pfanne rann. Die Kelle kaufte die Mutter in Sillian. Weil sie aber zu wenig Erfahrung hatte, erwischte sie eine, die ein zu großes Loch hatte und weil sie dazu den Teig zu flüssig anrührte, geschah es, daß lauter flacher Teig sich im Schmalz ausbreitete, was in alle Ewigkeit keine Strauben ergab.

Ihr Unglück wurde mein Glück. Aus den Besprechungen mit der Bas Nanne wußte ich, was für ein köstliches Gebäck Strauben waren, der Inbegriff aller Köstlichkeit. Jetzt bekam ich soviel von den mißglückten Strauben, als ich nur hinunterbrachte. Die Form war mißlungen, was lag mir daran. Es waren richtige Strauben, süß und mit vielen Eiern angemacht. Die Mutter kaufte eine Straubenkelle mit einer engeren Öffnung und machte das zweitemal den Teig dicker an. Diesmal gelang das Gebäck so, als hätte sie ihr Lebtag nur Strauben gebacken. Ich spürte es auch gleich, denn ich bekam von dieser zweiten Auflage kaum noch zu kosten.

Der Hochzeitslader lobte den »Straubenstock« über die Maßen, doch aß er nur ganz wenig, er hielt sich lieber an den Schnaps, den ihm der Vater kredenzt hatte. Es war übrigens ein ganz ungebildeter Mensch. Ich stand vor dem Tisch und starrte nach dem Straubenstock, aber nicht ein einzigesmal hätte der Hochzeitslader gesagt: »Komm, Bübl, und hilf mir essen, du siehst doch, daß ich es dem großen Stock nicht bin.« Das Gedicht vorhin mochte ganz gut gewesen sein, ich hatte nicht viel davon verstanden, aber Vater und Mutter lobten es sehr, es hatte die herrlichsten Reime, die wie Frösche durch die Stube hüpften. Jedem sein Recht, aber daß er mich so schnöde behandelte, als wäre ich gar nicht in der Stube oder nicht einmal auf der Welt, war das schön? Er hielt sich nicht sehr lange auf. Vater und Mutter gingen mit ihm vor das Haus. Gleich hinter ihnen trug die Bas Nanne den Straubenstock fort, ich habe ihn bis heute nicht mehr gesehen.

*

Man lebte zu jener Zeit sehr einfach auf den Höfen, auch die Gewandung war einfach, fast alles wurde selbst erzeugt und angefertigt.

Wir trugen rauhe »Rupfenhemden«, nur an den Sonntagen und größeren Festen durften wir die feineren Leinenhemden anziehen. Beide Stoffe waren von der Mutter und der Bas Nanne gesponnen, von Vaters Bruder, dem Pap, wie wir ihn hießen, gewebt und von der Mutter, manchmal auch von einer Näherin zurechtgeschnitten. Die feinen Hemden mußten wir am Nachmittag, wenn wir von der Andacht heimkamen, sogleich wieder ausziehen und in die grobrupfenen hineinschlüpfen. Alles Bitten half nichts und Tränen erst recht nicht, die Mutter hatte, was Hemden anging, ein eisernes Herz. Die Rupfenhemden stachen und kratzten ärger als Schafwolle, wo sie nur die Haut berührten, und ein Hemd berührt die Haut an vielen Stellen.

Mit den Hosen war es nicht besser. Blechhosen gab es nicht, was der Vater immer wieder bedauerte, also kamen für uns Hosen in Frage, die nicht viel weniger steif und starr waren, nämlich Hosen aus Bauernloden, von eigenen Schafen geschoren, von den Frauen gesponnen und vom Pap »gewirkt«. Wenn es wenigstens schwarzer Loden gewesen wäre, der dem Tessenberger Schneider »auf der Stör« zur Verfügung gestellt wurde, der hätte immerhin einige Schönheit gehabt und etwas Ansehen gegeben, mochte es auch wirklich der gleiche einheimische Schafwolloden gewesen sein, nein, der furchtbare graue Loden mußte es sein, immer nur der graue, der dick war wie ein Brett und steif wie Pappendeckel. In solchen grauen Lodenhosen marschierten wir zur Schule, zum Krämer, aufs Feld, in grauen Lodenhosen pflückten wir sommers im Walde Schwarzbeeren, kletterten im Kälbergarten auf die Fichten hinauf, Rabeneier zu suchen, klaubten die kleinen Vogelkirschen am Waldrand in den Mund und schluckten sie gleich mit Fleisch und Kern, weil sie sonst nichts ausgaben, in solchen grauen Hosen ministrierten wir, werktags ohne Ministrantenkittel, rauften auf den Heimwegen, liefen einander mit Brennesseln nach, die wir auf Haselruten gebunden hatten, damit unsere Arme weiter reichten, prügelten uns nach allen Regeln griechischer und germanischer Kunst, von denen wir damals und noch lange nachher nichts wußten, die wir aber instinktiv trafen, sprangen über Zäune und Stauden und freuten uns, wenn der Loden endlich klüger war als wir und nachgegeben hatte, was er durch ein Loch bewies, das sich irgendwo, meistens hinten auf der ›Schattseite‹ zeigte.

So gab es abends manchmal kaum eine Hose, die kein Loch hatte. Wir warfen sie bei der Kammertür heraus, wenn wir schlafengingen, am Morgen war sie geflickt, nicht schön, aber das Loch war zu, ein aufgenähter Fleck, der selten in der Farbe paßte, verdeckte es. Wie lang die Mutter oder die Bas Nanne bei dieser Arbeit saßen, erfuhren wir nie, wir fragten auch gar nicht, es dünkte uns alles so selbstverständlich, daß die Hosen am Abend Löcher hatten und am Morgen nicht mehr.

Im Winter waren die grauen Hosen ja warm, Unterhosen gab es damals für Bauernkinder nicht und Mäntel in irgend welcher Form noch viel weniger. Wir entbehrten sie auch nicht, am ehesten froren wir noch in der Kirche, wenn der Lehrer zu lang auf der Orgel spielte und den Kaplan damit vorn am Altare aufhielt, im Freien machten uns einige zwanzig Grad unter Null nicht viel aus.

Die Kleider, Hose und Rock, auch die Schuhe wurden fast immer im Herbst von Handwerkern auf der Stör gearbeitet. Der Schneider, seines verkrüppelten Fußes wegen der Tessenberger-»Krumpe« genannt, kam meistens mit seinem Bruder Lippl, der die Nähmaschine brachte, denn wir hatten in der ersten Zeit noch keine eigene auf dem Hof. Es gab dann lustige Tage, der Lippl sagte nicht viel, aber der Meister wußte so viele Geschichten, daß sie den ganzen Tag über nicht abbrachen und am Abend, wenn Feierabend gemacht wurde, erst recht angingen, falls nicht ein Kartenspiel getrieben wurde. Wir mußten dann freilich ins Bett, alles Sträuben half nichts. Der Schuster, der vom Dorf heraufkam, war ein weit stillerer Mann, sodaß wir uns nicht länger in der Stube aufhielten, wenn er auf der Stör war. Grob und zornig war er nie, er wußte nur nichts zu erzählen, was uns fesselte, während es dem Schneider nie abriß.

Nach der Meinung der Eltern verbrauchten wir sehr viel Schuhe, nach unserer Meinung sehr wenige, im Sommer gingen wir ja immer barfuß. Die Eltern hätten es nicht verlangt, aber es war ihnen recht. Die erste Zeit tappten wir behutsam und vorsichtig dahin, das kleinste Steinchen auf dem Wege tat uns weh. Allmählich wurde die Haut an der Sohle hürnen wie die Haut Siegfrieds, des Helden, und schließlich konnten wir über jedes Stoppelfeld laufen, ohne daß wir viel spürten. Traten wir auf eine Blume, die zufällig von einer Biene besetzt war – grisch, hatten wir einen Stich. Wir liefen heim, taten Wasser auf die Stelle oder ein kühles Stück Rasen, die Geschwulst schwoll sehr schnell ab, schon wenige Stunden später spürten wir nichts mehr. Wenn wir allein gewesen waren, hatten wir nicht einmal geweint.

Zu den grauen Hosen paßte der unförmige, runde Kübelhut, wie sie der Hutmacher Kiniger in Sillian zu billigsten Preisen nach eigener Erfindung herstellte und verkaufte. Ich fand die Form gräßlich und haßte sie. Es half nichts. Noch ins Gymnasium nach Brixen bekam ich einen solchen Hut, den letzten seiner Art für mich, mit. Dabei fand ich, daß einige meiner neuen Mitschüler nicht viel großartigere auf ihren Schöpfen trugen, wenn wir spazieren gehen mußten. Das versöhnte mich einigermaßen.

Dieser Kübelhut war rund wie ein Napf und glich auch in allem andern einem Napf. Wenn wir den Hut nicht gerade auf dem Kopf trugen, verwendeten wir ihn zum Wassertragen oder für andere Dinge, die ein Geschirr verlangten. Er litt nicht darunter, es war in dieser Hinsicht ein Ewigkeitshut, aber wir wurden dennoch in der kürzesten Zeit mit ihm fertig.

Im Winter trugen wir Pelzkappen, die freilich auch nicht in Paris oder Wien ersonnen worden waren. Sie waren außen schwarz, innen mit weißer Schafwolle gefüttert und soviel ich weiß, gleichfalls eine Schöpfung des Hutmachers Kiniger. In der Kirche stülpten wir sie über die Finger und hauchten heimlich solang darauf, bis die Wärme durchging. Oft brauchten wir die ganze Messe dazu. Viel mehr als ein Betrug war es freilich nicht, aber der Mensch läßt sich einmal leicht betrügen, am leichtesten von sich selber. Spürten wir endlich die Wärme, war die Messe vorn am Altar aus, der Kaplan schritt in die Sakristei, wir in die Schule.

Als ich nach Brixen kam, übergab mir der Pfarrer in Sillian einen Zettel, in dem vorgedruckt war, was ich an Wäsche und Kleidern mitzubringen hatte. Die Winterkappe war nicht dabei, so blieb sie daheim, auch auf Loden wurde kein Gewicht gelegt, somit verschwand auch er, wenngleich nicht im ersten Jahr. Die Mutter stattete mich mit der vorgeschriebenen Anzahl Baumwollsocken und neuen Hemden, keinen rupfenen mehr, aus, dazu machte der Schneider einen Stock Unterhosen, für mich eine revolutionäre Neuerung. Die Gewandung hatte sich für mich völlig geändert.

Daß zu Hause Röcke, Hosen und Hüte an Jüngere ›vererbt‹ wurden, geschah nur selten, denn jeder von uns riß selber auf, was ihm angemessen worden war, und da wir als Knaben nur langsam wuchsen, die entsprechenden Hormone schienen erst später einzuschießen, wurden sie nicht leicht zu klein. Auf die Löcher flickten die Frauen Abend für Abend neue Flecke, oft solang, daß der Grundstoff kaum noch zu erkennen war. Erst dann konnte etwa die Sonntagshose für die Werktage verwendet werden. Ob wir im Winter oder im Sommer mehr Kleider zerrissen, weiß ich nicht. Die Mutter hatte im Sommer und im Winter zu flicken und oft mußte ihr die Bas Nanne helfen, weil sie allein nicht nachkam; der war es gleich, ob sie die halbe Nacht aufblieb, sie schlief in ihrem Leben nie viel.

Wie haßte ich diese starren, kratzenden Hosen als Kind, ich beneidete alle Mitschüler, die feinere Stoffe am Leib trugen. – Während der Nazizeit hatte ich einen Posten zu bekleiden (Forchach im Lechtal), wo die Winter kalt und streng waren. Zur ersten Weihnachtszeit bekam ich einen Lodenstoff für eine Hose geschenkt, echter starrer kratzender Bauernloden! Wie froh war ich um das schöne Geschenk. Ja, so beißt sich die Schlange in den Schwanz.

Mutter & Vater

Da ich der Älteste war, verstand ich die Zeichen bald zu deuten, ob wir wieder ein Geschwister bekämen. Das erste Anzeichen war, daß eine glückliche Wärme unsere kalte Kinderkammer durchströmte, denn fast alle Kinder kamen in der kalten Jahreszeit. Nebenan war die Kammer für Vater und Mutter, der Ofen war in die Mauer eingelassen, so erhielt auch unser Zimmer etwas Wärme, wenn drüben geheizt wurde. Das geschah nur, sooft sich etwas Besonderes ereignete, sonst mochte es noch so kalt sein, die Eltern sparten Holz.

Wenn die Wärme vom Ofen an mein Bett floß, atmete ich sie wohlig ein, wie angenehm war doch der Raum an einem solchen Morgen! Ich konnte die Hände unter dem Bett herausnehmen und probieren, ob sie die warme Luft spürten. Beim Aufstehen brauchte man sich nicht zu beeilen wie sonst. Ich ließ mir auch Zeit, es kam niemand herein, mich in die Hose zu jagen, sie hatten mich und meine Brüder völlig vergessen.

Im Haus war eine große Unruhe. Immer wieder ging jemand über die Stiege hinab oder herauf. Drüben knarrte die Tür. Ich hörte eine weibliche Stimme, die mir fremd war, sie klang leise und gedämpft, als dürfe sie niemanden erschrekken. Die Bas Nanne hatte ich eben drunten im Flur gehört. Das Feuer prasselte im Herd, immer wieder ging Wasser über und verzischte auf der Platte. Meine beiden Brüder, die ich geweckt hatte, fragten, warum es heute in der Kammer so warm sei. Ich sagte es ihnen nicht, ich hätte auch nicht gewußt, wie ich es in Worte hätte kleiden sollen, was ich dachte.

Der Morgen graute. An den Fenstern schmolz das Eis, das schon womöglich seit vielen Wochen an den Scheiben klebte. Ich stand auf, stülpte die Hose auf den Bauch und lief aus der

Kammer. Gerade kam die Bas Nanne mit einem Schaff voll Wasser über die Stiege herauf. Heroben übergab sie das Schaff der Hebamme, die mir unbekannt war. Ich stieg langsam hinter der Bas Nanne über die Treppe hinab. Unten im Hausflur blieb sie stehen und wartete, bis ich nachkam: »Die Mutter ist krank«, sagte sie dann zu mir.

Der Vormittag war recht langweilig. Wir wußten nicht, was wir anfangen sollten. Alles war so seltsam. Die Bas Nanne flüsterte nur, die Hebamme schien überhaupt stockheiser zu sein. Erst spät am Nachmittag durften wir zur Mutter in die Kammer hinein. Nur der Vater war schon früher eingelassen worden. Auch jetzt war er in der Kammer, er hielt den Hut in der Hand wie in der Kirche. Die Mutter lag im Bett. Die beiden dunklen Zöpfe hingen rechts und links vom Gesicht herab. Sie mußte sehr schwach sein, da sie nur ganz leise sprach. In einem Kissen neben ihr rührte sich das Kind. Ich sah nur einen roten Kopf, der sich bewegte, alles andere war von einem zweiten Kissen zugedeckt. Wir reckten uns auf die Zehen, aber das kleine Geschöpf wurde auch jetzt nicht größer. Die winzigen Fingerchen stachen in die Luft, die Augen waren zu. Gleich darauf schob uns die Hebamme wieder aus der Kammer. Wir durften erst am nächsten Tag wieder hinein.

Die Mutter schien schon frischer, die Zöpfe waren wieder um den Scheitel gewunden wie sonst. Die Hebamme kam jeden Tag auf den Hof, sie machte sich in der Ehekammer zu schaffen, aß etwas und ging dann wieder. Wenn sie da war, wurde die Kammer zugesperrt. Sie war auch sonst oft am Tage versperrt, wir konnten dann die Klinke drücken, so sehr wir wollten, es half nichts.

Bald kamen andere Frauen auf den Hof. Am ärgsten wurde es immer am dritten Sonntag nach der Entbindung, da kamen immer so viele Leute im Hause zusammen, wie sonst das ganze Jahr nicht. Die Mutter war schon aufgestanden und in die Stube herabgekommen, aber in der Küche wirtschaftete immer noch die Bas Nanne. An diesem Sonntage kamen die Verwandten und Nachbarinnen. Jede brachte einen großen Kranz aus süßem Teig mit, die Patin immer einen ganz besonders großen. Sie hatte uns schon gleich, als sie gekommen war, eine große Tüte Zuckerlen gegeben. Auch von den anderen Frauen hatten wir Süßigkeiten bekommen. Wir standen auf dem Vorsöller oder vor dem Hause auf dem Weg, als sie kamen. Sie zahlten gleich ihren ›Zoll‹ und gingen ins Haus und dort sofort die Stiege hinauf in die Kammer. Die Patin war eine Schwester der Mutter, wir hatten sie alle sehr gern. Bei der Taufe in St. Peter steckte sie immer ein Fünfkronenstück in die Polster, das der Vater bei nächster Gelegenheit auf die Raiffeisenkasse nach Sillian trug. Er tat noch etwas dazu und ließ ein neues Sparbuch auf den Frischgetauften schreiben. So hatte jeder von uns schon ein winziges Vermögen, lange bevor er wußte, was Geld ist.

Die Frauen blieben die längste Zeit droben in der Kammer, den Säugling zu bestaunen. Inzwischen mußte die Bas Nanne Kuchen und Glühwein bereitrichten. Endlich kamen sie die Stiege herunter in die Stube, setzten sich an den Tisch und ließen sich die Jause schmecken. Wir hätten sie uns auch schmecken lassen, aber wir durften nur in der Ferne stehen und hinübersehen, oft wurden wir nicht einmal in die Stube hineingelassen. Der Vater war an diesem Tage selten zu sehen, sonst wäre es wohl noch strenger hergegangen.

Es blieben immer große Haufen übrig, aber auch die gehörten nicht uns. Zuletzt mußte jeder der Frauen ein kleiner Pack mitgegeben werden, in dem ein Teil des Kranzes lag, den sie gebracht hatte, der Brauch verlangte es so.

*

Meine Mutter hielt immer Hennen, manchmal mehr, manchmal weniger, mehr als zwei Dutzend waren es nie. Die Felder lagen geschlossen um den Hof, es gab keine Streitigkeiten mit den Nachbarn, da ihre Äcker weit genug entfernt waren.

Ab und zu wanderte eine Henne in den Kochtopf, immer dann, wenn ich wieder ein neues Geschwister bekommen hatte. Auch der »Geier« (Hühnerhabicht) suchte seine Beute, Erfolg hatte er nicht oft, wir machten, wenn wir ihn niederstürzen sahen, ein solches Geschrei, daß selbst ein Löwe geflohen wäre. Die Mutter lobte uns dann und sott uns ein Ei zur Belohnung, denn roh mochten wir sie nicht, ich am allerwenigsten.

Der Vater liebte zwar die Eier, nicht aber die Hennen, die Mutter liebte auch die Hennen und fütterte sie mit großer Hingabe. Daß sie gut gelebt hätten, kann ich nicht sagen. Leckerbissen gab es ganz selten, was die Hennen als Leckerbissen ansahen. Sie fraßen viel und alles, gediehen dabei und bekamen dicke Bäuche, die sie gackelnd und schreiend zwischen den beiden Häusern, dem »Feuerhaus« (Wohnhaus) und dem Stadel hin und her trugen. Lockte die Mutter, legten sie die Flügel wie Stoßstangen an den Leib und ruderten daher, wir gehorchten lange nicht so schnell und ließen uns oft sehr Zeit, wenn die Mutter uns rief. Das eine waren Tiere, dumme dazu, wir waren Menschen, sozusagen.

Oft kamen sie in die Küche auf Besuch. Dort sah sie die Mutter am unliebsten, weil selbst auf dem Herde nichts sicher war. Sie wollten in allen Töpfen kosten, meistens fanden sie dabei, daß es gut war. Oft war unsere Hauptbeschäftigung, die Hennen aus der Küche zu jagen. Aber sie schlichen gleich hinter uns wieder herein oder flüchteten in einen Winkel, wo wir schwer zukamen, in solchen Situationen waren sie nicht einmal so dumm, wie sie sonst allgemein gelten. Im Winter war das ganze Hennenvolk in der Küche eingesperrt, im Stall hätten sie gefroren, da sie ganz allein waren, seit der Vater keine Schafe mehr hielt. Sie sangen in ihrer »Steige« (Käfig) Sehnsuchtslieder, hielten die Köpfe schief und hatten nur die eine Beschäftigung, darauf zu warten, was die Mutter in die Tröge schüttete. Völlig verstummten die Weisen auch während des Essens nicht, die Hennen sind ein fröhliches Volk. Wenn wir einmal während des Essens ein

Lied anhuben, wurde es uns gleich verwiesen, »beim Essen singen nur die Hennen«, hieß es.

Zweimal im Jahr wurde über sie Ausgangssperre verhängt, einmal im Frühjahr, wenn die Äcker nahe beim Hof eingesät waren, das zweitemal im Hochsommer, wenn die Ähren reiften. Das Ausgehverbot im Frühjahr dauerte meist nur wenige Tage, im Sommer konnte es zwei oder drei Wochen dauern. Die Hennen streikten dann, fraßen viel und legten nichts, stundenlang standen sie an den Fenstern des Schafstalles, schnappten nach Fliegen, die ihnen meistens auskamen, und suchten das Land der Äcker mit der Seele. Gewiß dachten sie an die schönen Betriebsausflüge, die sie unter der Leitung des Hahnes gemacht hatten. Schon gleich am Morgen waren sie abgereist, nicht einmal zu Mittag kehrten sie heim.

Oft fiel es einer Henne im schönsten Frühjahr ein, auf den Eiern sitzen zu bleiben. Andere verlockte das Beispiel, sie gruben gleichfalls ein Nest im Stall, legten ihre Eier hinein und wichen nicht mehr von ihnen. Die Mutter wählte dann eine oder zwei aus, die sitzen bleiben durften, ja, sie bekamen sogar noch eine Anzahl Eier untergeschoben, gegen die andern wandte sie Radikalkuren an, die man ihr geraten hatte. Die Gluckhennen bekamen für einen Tag, oft auch gleich für zwei, Einzelhaft unter einem Korb, auch Dunkelhaft im kalten Backofen, damit sie sich wieder an ihre Pflicht besännen und alle Liebhabereien ließen. Schön war es ja nicht, die Mütterlichkeit so zu bekämpfen, aber der Mensch ist einmal nicht anders.

Andere Hennen hatten ein besonderes Vergnügen daran, die Eier an einem versteckten Ort zu legen, es waren Eigenbrötler. Oft kam die Mutter eine Woche lang nicht darauf, dann war ihr die Anzahl der Eier zu gering und sie machte Proben, wieviel es eigentlich sein müßten. Stimmte es nicht, gab sie uns einen Wink, der Wink hieß: Wenn ihr die Eier findet, bekommt ihr eines zum Lohn. Wir fanden sie. Einmal waren es mehr als zehn, das Nest lag versteckt mitten unter

Brennesseln und Dorngestrüpp, sodaß wir weit länger hatten suchen müssen als sonst. Dafür, daß wir uns die Hände zerstochen und die Beine an den Brennesseln gebrannt hatten, zahlte uns die Mutter einen hundertprozentigen Zuschlag.

Zum Liebhaben sind die Hennen nicht. Sie schauen nicht auf sich und pflegen sich wenig, obwohl es sozusagen Frauen sind, achten nicht auf Haltung und wollen vom Spiegel nichts wissen. Ein bißchen mehr Eitelkeit wäre ihnen recht sehr zu wünschen, denn Frauen ohne Eitelkeit sind Schlampen. Die Kücken freilich muß man liebhaben und ein wenig wohl auch die Gluckhenne. Die scheut kein Opfer und kennt keine Furcht, nicht einmal vor dem Geier. Am liebsten ist es ihr, wenn gleich alle Kücken unter ihr hocken, obwohl sie dabei eine recht unbequeme Haltung einnehmen muß, sie kann nicht sitzen und nicht stehen, sie muß auch immer wieder für ein Kücken Platz machen, das justament mit dem alten unzufrieden ist oder mit einem anderen Streit gehabt hat und aus dem warmen Zelt gestoßen wurde. Die ledigen Althennen sind auch oft voll Unwillen und jagen die Kücken von den Futtertrögen weg und fressen sie selber leer, wenn nicht die Glucke dreinfährt.

Mit diesen Jungtieren hatte auch der Vater Freude, obgleich sie kein Ei legten, die Mutter hingegen jammerte sehr oft, daß es lauter Hähnchen seien, fast lauter Hähnchen. Waren sie erwachsen, wurden sie in einen Handkorb gepackt, und wir damit auf die Reise geschickt. Als wir wieder heimkamen, war der Korb leer und in unseren Hosensäcken ein bißchen Geld, das wir bis auf den letzten Heller ablieferten. Die Mutter tat es in den Kasten und es wurde nicht wieder gesehen.

*

Eines Tages brachten zwei Männer einen großen Stehkasten zu unserm Hof herauf. Der Vater empfing sie auf dem Vorsöller und wies sie mit dem Schrank die Treppe hinauf in

»den Tennen«, den oberen Hausgang. Es war schwer, zwischen der Mauer und dem Geländer mit dem großen Kasten durchzukommen, aber die Männer hatten, wie es hersah, Erfahrung und brachten es fertig, ohne an der Mauer oder am Geländer anzustoßen und sie zu beschädigen. Droben stellten sie ihn neben der Tür der elterlichen Kammer nieder. Das sei der Gemeindeschrank, erklärte man mir, der Vater sei Vorsteher, so sagte man früher in den kleineren Gemeinden statt Bürgermeister, geworden. Der Mutter war das gar nicht recht. Sie brachte den Männern, die mit dem Vater in die Stube hinübergegangen waren, Brot und Speck und stellte es auf den Tisch, der Vater schenkte ihnen Schnaps ein, den er aus dem Wandschrank genommen hatte, und forderte sie auf, zu trinken und beim Speck zuzugreifen. Sie ließen sich auch nicht lang heißen und tranken zwei Gläschen rasch hintereinander, vielleicht hätten sie noch ein drittes und viertes getrunken, aber der Vater tat, als sähe er die leeren »Stamperlen« nicht. Den Speck schonten sie, das war mir nicht unlieb, so fiele wohl für mich später eine Portion ab, denn Speck aß ich meiner Lebtag gern.

Ich spannte die Ohren eifrig, doch verstand ich nichts von dem, was die Männer am Tisch verhandelten. Jedesmal, wenn sie wieder getrunken hatten, wußten sie etwas Neues, das ihnen beim Trinken eingefallen war. Mein Vater hatte nur ein, zwei Stamperlen getrunken, das zweitemal hatte er sich überhaupt nur halbvoll eingeschenkt, er redete auch viel weniger als die beiden aus dem Dorf, obwohl er sonst, wenn die richtigen Männer um ihn waren, gern und lang sprach, am liebsten von Viehmärkten.

Ich hatte geglaubt, daß es nun, da der Vater Gemeindevorsteher war, bei uns zugehen würde wie im ewigen Leben. Das war durchaus nicht der Fall. An vielen Wochentagen kam überhaupt kaum jemand auf den Hof. Nur ab und zu, besonders vor größeren Märkten, wo die Leute Viehpässe brauchten, ging es lebhafter her. Die Bas Nanne jammerte dann, daß die Leute viel Schmutz ins Haus brachten, die

Mutter klagte, daß sie den Vater sogar vom Acker heimriefen, weil sie eine Unterschrift brauchten oder sonst etwas, das nicht warten konnte. Viele, die auf ihren eigenen Gütern Arbeit hatten, sparten die Geschäfte für den Vorsteher auf den Sonntag auf. Oft war dann Lärm im Haus, laute Worte fielen, der Vater sollte Wunder wirken, wie die Mutter sich ausdrückte. Die letzten blieben lange in den Abend hinein, der Rosenkranz fiel aus oder wurde gekürzt, nicht einmal zum Essen hatte der Vater richtig Zeit. Er mußte rasch etwas hinunterwerfen und dann wieder in die Ehekammer hinaufgehen, denn eine eigene Gemeindekanzlei gab es damals nicht.

Am öftesten kam der Gemeindediener herauf. Das war ein ganz kleiner Kleinbauer in Panzendorf mit einigen weit verstreuten Ackerstücken und einer großen sumpfigen Wiese unfern der Drau, die er meist bei Mondschein zu mähen pflegte, denn bei Tag war er auf dem Wege oder schlief. Er saß in der Stube und wartete, während der Vater droben in der Kammer ein Schriftstück abfaßte, eine Kurrende oder sonst etwas, das der Gemeindediener herumtragen und unterschreiben lassen mußte. Oft handelte es sich auch um Steuersachen, oder das Gericht wollte etwas wissen. Wenn der Vater herabkam, übergab er ihm das Schreiben, an dem noch der Streusand niederrieselte. Hatte er das Schreiben in die Rocktasche geschoben, wischte er augenblicks davon.

Wenn es, was auch vorkam, zwischen den Eltern Auseinandersetzungen wegen des Amtes gab, wich ich dem Vater lieber aus und auch die Mutter war an solchen Tagen nicht gut zu sprechen. Sie hatte ganz recht gehabt, der Vater hätte nicht Vorsteher werden sollen. Jetzt war das dicke Ende da. »Mehr als die drei Jahre mach ich ihnen nicht den Lappen«, hörte ich ihn nach so einem Auftritt sagen. Das verstand ich schon gar nicht. Daß ich ein Lapp sei, hörte ich oft genug, aber daß sich der Vater selber einen Lappen hieß, war mir ganz neu.

Diese Jahre gingen auch vorbei, einige Tage langsam, die

meisten schnell. Eines Tages kamen wieder zwei Männer, es waren nicht mehr die gleichen. Sie trugen den Kasten vom Tennen herab, diesmal gaben sie viel weniger acht, daß sie nirgends anstießen. Vor dem Haus wartete ein Fuhrwerk, diesmal waren sie mit einem Pferd gekommen. Sie hoben den Schrank, der die Gemeindesachen enthielt, die Siegel, das Papier, die Gesetzbücher, Urkunden und Schriften, auf den Wagen, trieben das Roß an und fuhren hinab ins Dorf. Der neue Vorsteher wohnte mitten unter ihnen, das paßte den Leuten besser, so mußten sie nicht wegen jeder Unterschrift auf den Berg heraufkommen. Es hatte diesmal keinen Schnaps gegeben und keinen Speck. Ganz recht war es mir nicht, daß der Gemeindekasten wieder fortkam, aber wer fragte schon mich? Ich wurde vor vollendete Tatsachen gestellt, fertig.

*

Wenn im April der Stubenofen nicht mehr geheizt wurde, weil die Feldarbeiten begonnen hatten, ging der Vater eines Tages nach dem Mittagessen hinunter in den »Kälbergarten«, unserer Heimweide, und hieb dort eine buschige Jungfichte um und eine kleinere mit kürzeren Ästen, um die es nicht schade war; es war Zeit geworden, die beiden Kamine zu kehren.

Er stieg auf das Dach hinauf, nahm die Blechhaube vom Kamin, hob die durch eine Schnur schief gestellte Eisenplatte, wie sie von der Feuerpolizei vorgeschrieben war, aus den Fälzen und steckte die Fichte in den Kamin. Sie war mit einem Stricke festgebunden, den der Vater zur Bas Nanne hinunterließ, die schon im Hausflur darauf wartete. Dann zogen sie zusammen die Fichte im Kamin auf und nieder. Der Vater wurde auf dem Dache rußig, die Bas Nanne unten noch viel mehr, denn der Ruß flockte nur so auf sie herab. Sie hatte das Stallgewand angezogen, das ließ sich nachher waschen, so konnte nicht viel geschehen. War der eine Kamin gekehrt, ging's zum Stubenkamin, der enger war und meistens auch viel weniger Ruß enthielt, sodaß dort die Arbeit schneller fertig war. Die Fichten wurden vors Haus geworfen. War es soweit, ging der Vater wieder aufs Feld, die Bas Nanne mußte noch die Rohre in der Küche kehren und das Haus aufräumen. Der Rußkehrer, wie der Kaminfegermeister von Sillian genannt wird, kam nur auf den Hof, wenn es sich um Kontrollen handelte, dann war der Bürgermeister mit und beide hatten ein ernstes Amtsgesicht, wenigstens kam es mir so vor, wenn ich ihnen im Hausflur oder in der Küche begegnete.

Wir wurden an diesem schwarzen Kehrtage weit vom Hause fortgejagt. Erst suchten wir Blumen, die wir gleich wieder wegwarfen, dann gruben wir unter dem Haselgebüsch nach Nüssen vom letzten Herbst; diese Arbeit war meistens völlig erfolglos. Die Nüsse hatten die Eichhörnchen längst gefunden, die vor dem Ersten Weltkrieg viel häufiger waren als jetzt. Die Fellchen galten nach 1918 allzu viel, sodaß damals die Eichhörnchen fast ausgerottet wurden. Wenn wir auf den Hof zurückkamen, war in der Küche und im Hausflur alles schwarz von Ruß; wir rochen ihn, sogar in die Stube war er gedrungen. Es gelang uns nur selten, so weit vorzudringen, meistens wurden wir von der Bas Nanne ein zweitesmal fortgejagt, diesmal lauter und zorniger als das erste Mal.

Kamen wir viel später heim, war die Küche gescheuert, auch der Flur, selbst die Stube hatte die Bas Nanne aufgewischt. Der Rußgeruch war verschwunden, überdeckt von Soda und Seife, wir konnten schnuppern, wie wir wollten. Nur die beiden Fichten lagen immer noch an ihrem Platz vor dem Hause, am Morgen waren auch sie verschwunden. Es gab damals nur in der Stube einen Ofen und einen in der Kammer darüber, der aber erst vor einigen Jahren aufgemauert worden war; er wurde aber nur geheizt, wenn die Mutter im Wochenbett lag und später, als sie schwerkrank war. Bevor der Vater den Ofen in der Ehekammer mauern ließ, wurde sie durch ein Loch geheizt, das oberhalb des Stubenofens in den Überboden geschnitten war. Jetzt war das viereckige Loch oben mit einem Brette zugemacht. Ich bedauerte immer, daß es so war. Welch schöne Kunst- und Turnstücke hätte es ab-gegeben, wenn wir uns durch das Loch hätten zwängen kön-nen. Der Schätzung nach würde es gerade gegangen sein; der Kopf wäre hindurchgegangen, und wo bei einem Kinde der Kopf schlüpft, geht auch das Weitere unter ihm.

Wieviel Wärme die Ehekammer durch diese Öffnung be-kommen hat, weiß ich nicht, jedenfalls weit weniger als üble Gerüche, die sich in der Stube an allen Wänden hartnäckig hielten, mochte man die kleinen Fenster am Morgen noch so lange offen lassen, um zu lüften. Man ließ wohl die Wärme gelten und freute sich ihrer, von den Gerüchen sah man ab. Damals konnte man das; heute wäre man nicht mehr dazu imstande, glaube ich.

Die Bas Nanne

Vierklee bedeutet Glück. Vielleicht ist es so. Die Bas Nanne brauchte nur auf den Boden zu schauen und schon war ein Vierklee da. Fast an jedem Sonntag hatte sie eins hinter dem Ohr stecken, wenn sie vom Gottesdienst in Sillian heimkam, oft auch zwei und drei. Sie hatte sie auf dem Feldsteig gefunden, denn sie ging nie auf dem breiten, bequemen Fahrweg. Sie wurde 82 Jahre alt und war nie im Leben krank.

Dort, wo unser Hofweg vom Tessenberger Wege, der damals schlecht, steinig und an vielen Stellen steil und ausgewaschen war, abzweigte, steht unser Feldkreuz. Die Balken und das Dach sind mit roter Ölfarbe gestrichen, der Korpus des Gekreuzigten schimmert weiß, die Sonne und der Regen haben das Blut von den Wunden gewischt, nur einzelne Tropfen sind zurückgeblieben.

Wenn wir vorbeigingen, hinauf zum Haus oder weiter in die Felder hinein oder gar nach Tessenberg hinaus, dem Nachbardorf, nahmen wir den Hut ab und machten ein Kreuzzeichen. Wir vergaßen es manchmal oder hatten nicht Zeit, so Wichtiges beredeten wir zusammen. Der Vater vergaß es nie, er war auch nie zu müde, daß er den Hut nicht gehoben hätte, den Herrgott zu grüßen.

An den beiden Feiertagen des Jahres, die dem Hl. Kreuz geweiht sind, Kreuzauffindung und Kreuzerhöhung, vergaß die Bas Nanne nie, abends nach dem Essen und dem Abendrosenkranz noch zum Kreuz hinabzugehen und dort auf der steinernen Stufe kniend das Ablaßgebet zu verrichten. Auch am Jahrtage, wo das Feldkreuz aufgerichtet und eingeweiht worden war, ging sie hinab, den Ablaß zu verdienen, der an diesem Tag auf das Gebet gesetzt war.

Als wir größer geworden waren, lud sie auch uns ein, mit ihr zu gehen. Es war immer schon Nacht, wenn sie das Haus verließ. Manchmal standen blasse Sterne am Himmel, manchmal fiel Regen. Der Wind schauerte über die Raine, droben der kleine Hauswald rauschte. Immer dünkte es uns ein wenig unheimlich, im Dunkel der Nacht vom sicheren Hof fortzugehen, wir ließen uns gern an der Hand führen. Wir wußten, daß sie sich nicht fürchtete, weniger als ein Mann. Dennoch huschten allerlei Geschichten durch unseren Kopf, die wir gehört hatten. Erst im letzten Herbst hatte man weiter drinnen, wo die vielen Birken stehen, durch einige Nächte hindurch ein seltsames Winseln und Heulen vernommen, das bis nach Rabland hinüber zu hören gewesen war. Als sich der alte Messenveidler ein Herz nahm und von seinem Hof, der im Tal liegt, heraufstieg, war nichts zu sehen und zu hören. Dennoch blieb er dabei, daß es eine Arme Seele gewesen sein mußte. Vielleicht hatte jemand Birken gestohlen und die Sünde in der Beichte ausgelassen, weil er sich schämte und sie ihm auch nicht groß genug schien, daß die Beichte ungültig geworden wäre.

Die Bas Nanne erzählte uns nie solch unheimliche Geschichten, auch nicht der Vater oder der Pap. Aber oft kehrten Nachbarn ein, setzten sich in der Stube auf die Ofenbank, auch wohl an den Tisch, tranken ein Gläschen Schnaps oder spielten Karten. Manchmal saßen sie auch nur da und redeten. Da kamen die Geschichten zutage. Wir tollten in der Stube herum und rissen den hölzernen Gaul über den Boden hin, daß die Räder wegspritzten. Wenn von solchen Geschichten erzählt wurde, kauerten wir uns unter den Bänken zusammen und rührten uns nicht. Jetzt, bei diesem Gang zum Kreuz, waren sie uns wieder eingefallen.

*

Wir hatten daheim nur einen ganz kleinen Hausgarten. Die Mutter zog dort in einem Beet Schnittlauch, in einem zweiten Gelbe Rüben. Der Schnittlauch gedeiht nur bei bösen Weibern, heißt es. Meine Mutter war eine gute Frau, so daß im Garten der Schnittlauch immer wieder ausblieb oder einging, mochte sie ihn hinsetzen, wo sie wollte. Auch die Gelben Rüben gediehen nicht. Daran hatten aber einzig wir Kinder die Schuld. Wir zogen sie schon aus dem Boden, wenn sie noch dünn waren wie ein Hanfstengel, wuschen sie im Brunnentrog ab und aßen sie roh oder kochten sie in der »Gerste« (Suppe). »Dürfen wir?« fragten wir die Mutter. Sie sagte selten etwas darauf, das nahmen wir als Ja, rissen das Gartengatter auf und stürzten uns auf das Rübenbeet. Nein, die Mutter hatte kein Glück mit ihren Gartengewächsen.

Besser ging es der Bas Nanne, der alles übrige Erdreich im Garten gehörte. Sie pflanzte und pflegte ausschließlich Blumen. Freilich, Großartiges wuchs auch unter ihrer Obsorge nicht. Am meisten Aufsehen machten um den Antoniustag herum die Pfingstrosen. Sie hatten ein kurzes Leben. Schon nach wenigen Tagen fielen die Blütenblätter einzeln ab, die Herrlichkeit war vorbei, nur die großen Blätter machten sich breit, als gehörte ihnen der ganze Garten.

Die Bas Nanne brauchte Blumen für die »Kräuterweihe« am Tag Maria Himmelfahrt. Mit Pfingstrosen war dort nichts mehr los. Dafür blühte Phlox in langen Rispen. Auch das war nicht das Richtige, Phlox läßt sich nicht zu einem Strauß binden, der oben eben sein muß, denn so wollte es die Bas Nanne und der Brauch. Am besten gediehen im Garten die »Ringelblumen«, aber mit ihnen allein konnte man auch nicht Staat machen, wenigstens nicht öffentlich. In einer Ecke des Gartens stand der Rainfarn in dicken Bündeln. Der war recht. Er hat so schöne, glatte Blütenköpfe, die sich leicht zusammenfügen und anordnen lassen. Über ihn geriet die Bas Nanne, daß es nicht mehr schön war. Auch der Rosmarinstock, den sie ganz besonders hütete, wurde geplündert, und was sonst über Sommer vom Söller und aus der Stube in den Garten gewandert war. Die Hauptsache aber waren die Ringelröslein, die an mehreren Stellen des Gartens gepflanzt waren. Wir pflückten ab und zu eins, rochen daran, trugen es ein paar Schritte weit und ließen es auf den

Weg fallen. Kam die Bas Nanne hinterdrein, nahm sie es auf und steckte es hinter das Schürzenband.

Die anderen Blumen, die sie für den Strauß brauchte, mußte sie von den Topfpflanzen nehmen, Geranien, Fuchsien und Nelken. Auch da war kein Reichtum. Trotzdem war das Leintuch, auf dem sie die Arten ausgebreitet hatte, blütenbedeckt, und alles zusammen ergab immerhin eine schöne Augenweide, sodaß wir uns nicht zu schämen brauchten.

Bis tief in die Nacht hinein band die Bas Nanne am Strauß, den wir am nächsten Morgen nach St. Peter zur Weihe bringen sollten. Ich sah ihr eine Zeitlang zu, bevor ich schlafen ging, wie sie da eine Blume nahm und dort eine und sie zum Strauß zusammenfügte, der schließlich wie eine große Sonnenblume aussah.

Wenn er gar zu kümmerlich ausgefallen war, schlichen wir heimlich aus dem Haus, dann mußte ihn die Bas Nanne selber zur Weihe tragen. Am schönsten dünkten uns immer die Blätter des Himbeerstrauches, die außen herumgesteckt waren und ein wenig vorstanden. Diese hatten auf der Unterseite einen schönen, silbernen Glanz, sodaß das Gebinde aussah, als sei es in Silber getaucht worden.

Es hätte um diese Zeit auf dem Feld genug Blumen gegeben, in allen Farben prunkten sie, weiße Sterne, gelbe Dolden, blaue Köpfe. Sie galten nichts. Der Brauch und die Hofehre verlangte Gartenblumen, Ausländisches, nicht Einheimisches. Bis gegen Mitternacht, so sagte die Bas Nanne am nächsten Tag, band und knüpfte sie. Oft geriet der Strauß in Unordnung und sie mußte wieder von vorn anfangen, manchmal riß der Spagat, die Blüten in der Mitte hatten nicht die richtige Höhe, der Ring aus Rainfarn hatte sich verschoben. Die Bas Nanne verlor die Geduld nie.

Wenn wir den Strauß in die Kirche brachten und vorn am Kommuniongitter niederlegten, blühte dort meistens schon ein bunter Blumengarten. Wir stellten fest, daß viele Sträuße schöner waren als der unsere, einige wieder waren nur klein und unbeholfen zusammengefügt, auch Feldblumen entdeckte ich, die heimlich unter die Gartenblumen gemischt worden waren. Fast jedes Kind legte einen Strauß nieder, manche brachten nur schmale, dünne Büschel, die sie selber gepflückt und gebunden hatten. Die Kirche duftete, schon gleich beim Eintritt wehte es einem entgegen, als sei sie heute ein einziger von tausend Wohlgerüchen erfüllter festlicher Raum. Nicht einmal der Weihrauch des Hochamtes vermochte den Blütenduft völlig zu verdrängen. Die Farben leuchteten, von der Sonne getroffen, die durch die Fenster fiel, eine freudige Herrlichkeit war es. Die Weihe fand nach dem Hochamt statt. Sie dauerte nicht lang.

Kaum hatte der Kaplan mit den Ministranten den Platz vor den Bänken verlassen, stürzten wir auf unsere Sträuße, rafften sie in die Arme, als sei die Zeit auf einmal das Kostbarste geworden. Nur wenn die Bas Nanne einen besonders schönen und großen Strauß gebunden hatte, ließ ich mir Zeit, ich wartete sogar, bis die Mädchen mit den kleinen Sträußchen aus der Kirche gegangen waren und nur noch ein paar Frauen in den Bänken knieten. Daheim wurde der Strauß aufgemacht und getrocknet. Wenn im Stall ein Rind erkrankte, gab man ihm unterm Heu oder im gesottenen Trank, den der Tierarzt verordnet hatte, ein paar Stengel des Geweihten; und sooft ein Unwetter von Innichen herabzog, sodaß es im Haus mitten am Nachmittag dunkel wurde, verbrannte die Mutter einige Stengel im Herdfeuer zusammen mit Weidenkätzchen vom Palmsonntag und einigen dünnen Spänen des Karsamstagscheites, das im Osterfeuer gelegen war. Ich sah ihr zu, das kleine Herz voll Angst, daß der Blitz einschlagen könnte. Er schlug nicht ein, auch der Hagel fiel nicht auf unsere Felder, der Strich zog über die Almen hin.

*

Die Nelken auf unserem Söller gehörten alle der Bas Nanne. Die Mutter hatte nicht Zeit, sich um Blumen zu kümmern, so gern sie es getan hätte.

In unförmigen Töpfen und in noch unförmigeren Holzkisten standen sie droben auf dem Sims des Söllers, einige weit über die Verschalung herabhängend wie Patriarchenbärte, alt und erfahren durch viele Sommer und schon ein wenig hinfällig, andere strotzend von jugendlicher Kraft, nach rechts und links sich ins Licht dehnend, und ein paar, die sich erst ins Leben hineinfinden mußten und fertig werden mit den Tücken und Hinterhältigkeiten, auch mit seiner Größe und Gewalt.

Im Sommer hatten es die Nelken schön, die wenigen Stunden abgerechnet, wo Unwetter durch das Tal herabzogen und der Sturm an ihnen riß. Sie stemmten sich dann fester in die Erde, die Gefäße, in denen sie steckten, waren groß und schwer, ganz selten vermochte ein Windstoß sie loszuzerren, sodaß sie vor dem Haus auf den Weg stürzten und zerbrachen. Dann lagen die Nelken daneben wie Kinder, die aus der Wiege gefallen sind. Jammernd pflanzte die Bas Nanne sie wieder ein, doch war der Schrecken so in die Nelken gefahren, daß sie sich selten noch ordentlich erholten.

Die Bas Nanne hatte ein Herz voll Liebe. Wir erfuhren es so oft in gesunden und kranken Tagen. Immer gingen unsere Wünsche zu ihr, nur selten zur Mutter. Wie sollten die Nelken droben auf dem Söller diese Liebe nicht spüren? Kein Tag verging, wo sie nicht Wasser hinauftrug, mochte die Arbeit noch so drängen und jede Minute kostbar sein, die dem Acker und dem sommerlichen Feld abgezogen wurde. Es regnete vom Söller herab, so verschwenderisch goß sie Wasser in die Töpfe und Holzkisten. Manchmal ging sie zweimal und dreimal mit dem Eimer, weil es ihr immer noch zu wenig dünkte. Die Dürre war groß, dunkle Flecke brannte die Sonne den Feldern auf, die Ähren setzten taube Körner.

An der Bas Nanne lag es nicht, wenn die Nelken in manchen Jahren nicht gerieten und fast keine Blüten aus dem grünen Gezweig quollen. Sie war dann sparsam und reichte uns nur an besonders großen Festen, etwa am 15. August, einen Zweig, den wir an den Hut stecken konnten. In anderen Sommern war sie freigebig, sie brachte uns gleich zwei, eine weiße und eine rote Nelke, in die Stube und steckte sie selber auf unsere Hüte, »ihr habt sie sonst schon unten beim Kreuz verloren«. Die Bas Nanne besaß auch Nelken, die weiß und rot zugleich waren. Sie gefielen uns aber nicht so wie die einfärbigen. Woher das kam, weiß ich nicht, vielleicht nur aus dem einen, weil ich immer das Einfache dem Umständlichen vorzog, meine Brüder dachten es mir nach.

In diesen reichen Sommern war es eine Freude, zum Söller hinaufzuschauen. Die Blüten waren so groß und voll, daß sie die grünen Kelche gesprengt hatten. Eine hing neben der anderen, das grüne Gestäude verschwand und eine süße Duftwolke wehte zu uns herab und über den Söller hin und durch die Fenster in die Kammern. Ich liebte den Duft fast noch mehr als die Farbe, ich atmete ihn ein, und trotzdem er vom eigenen Söller ausging, dünkte er mich etwas Fremdes, das aus einem fernen Erdteil gekommen war. Nein, er gehörte dem Hof zu, nicht weniger als ich, als wären wir Teile von ihm, der Nelkenduft und ich, der Älteste. Auch darin glichen wir uns, daß wir Herbst für Herbst vom Haus verschwanden.

Auf dem Söller waren die Nelken verblüht, gelbe Ranken drängten sich vor, Geströhn im Patriarchenbart, das Alter bedeutete und Tod. Die Bas Nanne ist längst gestorben, auch die Nelken auf dem Söller sind nicht mehr, die junge Generation hat anderes zu umsorgen als Duft und Farbe. Der Hof steht auf seiner Höhe, wie er einst gestanden, die Äcker tragen Frucht, in den Ställen steht das Vieh an den alten Barren. Blumen sind schön, Nelken vor allem, aber die Hauptsache sind sie nicht.

Unsere Zeit ist für Hauptsachen, oft reicht sie, die schnelle, auch dafür nicht aus. Einmal war es anders, aber alle Zeiten sind gut und schön und groß.

Dienstboten

In meiner Kinderzeit arbeiteten Vater und Mutter auf unserem Berghof, dazu der Bruder und die Schwester des Vaters, der Pap und die Bas Nanne – wir Kinder nannten sie so –, aber auch noch ein fremder Knecht und eine fremde Magd, manchmal sogar eine zweite und gelegentlich eine dritte. Heute dünkt uns das geradezu eine ungeheure Anzahl Dienstboten auf so einem kleinen Bauerngut. Mehr als 12–14 Stück Vieh konnten nur selten über Winter gehalten werden und auch dafür mußte oft genug Stroh unters Heu gemischt werden, damit die »Dillen« (Heulagerräume) nicht zu früh leer wurden. Es gab auch gute Sommer, wo viel wuchs. Nach einem solchen hatte der Vater einmal 16 Rinder im Stall stehen, darunter drei Paar Ochsen, die er mästete und zu Geld machte.

Wohin käme heute ein so kleiner Berghof mit einer solchen Zahl von Dienstboten? Sie wären auch kaum oder gar nicht zu bekommen. Damals aber waren die Löhne äußerst niedrig, sie zählten kaum, ein Gewand mit Schuhen war das Wichtigste, wohl auch ein paar Ellen gebleichtes Linnen für Hemden. Hauptsache war eine gute Behandlung. Bauern, die zufrieden waren, nicht immerfort nörgelten und schimpften, dienten oft jahrelang dieselben Dienstboten, oft durch ihr ganzes Leben. Waren sie alt geworden, behielten sie ihre Kammer, hatten ihren Platz bei Tisch und am warmen Ofen in der Stube wie früher. In Villgraten gab es genug junge Burschen und Mädchen, die gerne etwas verdienten, war es auch nur wenig. Daheim spürte es der kleine Bauer schon, wenn sie nur von der Schüssel weg waren. Villgraten ist nie ein reiches Tal gewesen, Reiffröste im Frühjahr und Hagelschlag im Hochsommer bleiben fast nie aus und vernichten einen Teil der Ernte, an die mit so großem Fleiß und solchem Eifer gedacht wird.

Daß damals die Höfe fleißiger und liebevoller bearbeitet wurden, ist sicherlich wahr, namentlich die Arbeit auf den Äckern wurde sorgfältiger ausgeführt als heutzutage. An Schweiß ließen es auch die Dienstboten nicht fehlen. Man arbeitete im Sommer fast immer bis in die Dämmerung hinein, außer es kürzte ein Gewitter oder langdauernder Regen den Tag ab, und stand nach kurzen Stunden der Nachtruhe schon um vier Uhr auf, wenn es hell wurde, dengelte die Sense vor dem Hause und ging aufs Feld zu mähen. Solang die Gräser vom Morgentau feucht waren, schnitt die Sense doppelt gut. Wie hätten sie sich diese Zeit entgehen lassen sollen? Auch die kleinsten Raine wurden sorgfältig gemäht, ging das mit der Sense nicht, kamen die Frauen mit der Sichel. Es war eine langwierige Arbeit, die nur wenig einbrachte, aber man war gewohnt, bis ins Letzte alles einzuheimsen, was der Boden hergab. Heute welkt das Gras auf den schmalen »Anewanten« (Feldränder, die nie umgeackert wurden) zwischen den Äckern, es lohnt sich nicht mehr, es zu schneiden, heißt es. Mit jedem Jahr gedeihen die Disteln besser, niemand stört sie. Auch Dornstauden versuchen aus dem Boden zu schlüpfen, haben sie einmal Wurzel gefaßt, schießen sie auf. Der Bauer lächelt höchstens und gönnt es ihnen.

Es gab mehr Feiertage in jener Zeit, solche die kirchlich geboten waren, und althergebrachte Bauernfeiertage, die freiwillig gehalten wurden, entweder ganz oder teilweise. Dahin gehörten beispielsweise die Apostelfeste. Man ging am Morgen zur Messe nach St. Peter hinunter oder nach Sillian hinein, nachher stand es den Dienstboten frei, was sie tun wollten. Die Mägde flickten oder strickten Wollstrümpfe, die sommers und winters getragen wurden, und die Knechte spielten Karten, meistens auf einem Nachbarhof, selten im Wirtshaus. Diese Bauernfeiertage kamen indessen sehr bald ab, und wenn man auch nicht so streng arbeitete wie an anderen Tagen, frei waren sie doch nicht mehr. Auch die Segenmesse in St. Peter, bei der vom Mesner der Rosenkranz vorgebetet wurde, war weit weniger gut besucht als noch vor wenigen Jahren. Vieles war teurer geworden, da überschlug auch der Kleinbauer Arbeit und Lohn und suchte sie in ein Verhältnis zu den steigenden Preisen zu bringen. Es hatte jene Zeit eingesetzt, die durch zwei Weltkriege gesteigert, nicht gedämmt wurde. Die Hast von heute kannte man zwar auch damals, aber sie war noch nicht zur Krankheit geworden.

Auch der fremde Knecht und die fremde Magd hatten ein persönliches Verhältnis zu Wiese und Acker des Hofes, wo sie dienten, sie freuten sich kaum weniger als der Bauer, wenn die Saat gedieh und das Gras kniehoch auf den Feldern stand. Sie bedauerten, verbrannte Dürre die Halme oder zerschlug der Hagel die reife Ernte. Es gehörte ihnen nichts auf dem Hofe, dennoch war es, als gehörte er ihnen nicht weniger als dem Bauern und der Bäuerin, die sie gedingt hatten um wenig Geld und ein bißchen Gewand. Das Leben war sehr einfach auf dem Hof, auch das Essen. Fleisch gab es fast nur um Weihnachten, wenn das Schwein geschlachtet wurde, dessen Speck die Knödel des ganzen Jahres würzen mußte. Genug kam immer auf den Tisch, man brauchte nicht mit hungrigem Magen den Löffel wegzulegen, aber großartig war das Essen selbst an Festtagen nicht.

Zu Lichtmeß wechselten seinerzeit die Dienstboten. Der Tag hieß »Schlenggeltag«, er fiel auf den 3. Februar, das Fest des hl. Blasius. Lichtmeß war damals noch gebotener Feiertag, es wäre unstatthaft gewesen, an diesem Fest mit Koffer und Kisten durchs Tal zu ziehen. So kamen die neuen Dienstboten am nächsten Tag auf die Höfe, für die sie vom Bauern oder von der Bäuerin Handgeld genommen hatten, meistens schon viele Monate voraus, die Bauersleute wollten sichergehen. Vom Schlenggeltag spürten wir zu Hause kaum etwas, er war schon fast vergessen. Bei uns standen Knecht und Magd fast immer während des Jahres einmal ein und vielfach blieben sie mehrere Jahre. Der fremde Knecht wurde bald abgebaut, er kam doch zu teuer. Ich kann mich nur noch an einen einzigen erinnern. Knechte waren auch

mit jedem Jahr schwerer zu bekommen, weil das Kupfer-
kiesbergwerk in Lueg und später auf der Fronstadler Alm
männliche Arbeitskräfte von den Bauerngütern wegzog.
Fremde Mägde stehen mehr vor mir. Ich glaube, sie hatten
mich alle gern. Wir Kinder freundeten uns rasch mit ihnen
an, dennoch ist mir nur eine in deutlicher Erinnerung geblieben, und gewiß auch sie nur deshalb, weil sie mich an einem
Kirchtag mit auf ihren Heimathof genommen hatte. Dort
wurde ich so gut und reichlich gefüttert, daß es eine ordentliche Spur in meinem Gedächtnis eingedrückt hat, die bis
heute nicht verschwunden ist.

Das war eine Magd, die auf Zelgen, dem zweithöchsten
Hof ober Sillian, daheim war. Am Alten Sillianer Kirchtag –
das war immer der erste Sonntag nach St. Ulrich (4. Juli),
war sie in ihr Heimathaus zu Gast geladen, und ich durfte
mit. Erst ging's in die Schloßmühle hinunter, die am Aus-
gang des Villgratentales liegt, und dann auf der anderen
Seite am Petersberg steil hinauf. Im »Himmelreich« rasteten
wir und schauten hinunter auf Panzendorf. Dann ging's weiter, den Sillianer Berg empor. Oben angekommen, trafen wir
die Zelgerin beim Kochen, die Kirchenleute waren noch
nicht da, sie kamen gerade den Steig herauf, die Männer hatten den Rock über die eine Schulter gehängt, es war ein hei-
ßer Tag. Bei Tisch wurde mir ein Platz neben unserer Magd
angewiesen. Zuerst gab es Knödel. Auch ich mußte einen essen, obwohl ich den ganzen Hunger für den Milchreis und
die Nigelen aufsparen hatte wollen. Zu den Knödeln gab es
Rohnen, die ich ablehnte, weil ich sie nicht kannte, ein so
seltsames Kind war ich. Daheim gab es im Winter Sauer-
kraut, im Sommer Salat zu den Knödeln. Beim Milchreis und
bei den Nigelen wurde ich aber wieder recht gewöhnlich. Sie
schmeckten mir ausgezeichnet und ich aß soviel, daß ich die
Hose aufmachen mußte, und voll befriedigt war ich, als ich
feststellte, daß wir beim Abschied sogar noch einige Nigelen
zum Mitnehmen erhalten hatten.

Auch wenn die Dienstboten von uns fortgegangen waren,

weil man sie daheim benötigte oder aus sonst einem Grund, kamen sie doch öfters noch zu uns auf Besuch oder wurden von unseren Eltern eingeladen als Gäste, besonders zu Peter und Paul, wo in Heinfels Kirchtag ist. Sie waren immer gern gesehen, namentlich auch von mir und meinen Brüdern, denn sie kamen nie leer, und damit sie ja Gelegenheit hätten, die Zuckerlen früh genug an den Mann zu bringen, sprangen wir ihnen ins Feld hinunter entgegen, kaum daß wir sie vom Söller aus erblickt hatten.

War der Sommer trotz der Dienstboten streng, gab es im Winter weniger Arbeit. Am längsten hielt das Brennholz auf. Man konnte erst am späten Vormittag an die Arbeit gehen und mußte sie früh am Nachmittag beschließen, weil das Tageslicht nicht länger währte. Oft schneite es, was vom Himmel herabkonnte. So hielt der Knecht sich in der Stadeltenne auf und schnitt Heu oder saß wohl auch beim warmen Ofen in der Stube, sah der Bas Nanne und der Magd zu, wie sie das Spinnrad herumwirbelten, schäkerte ein wenig mit ihnen, wenn es gelitten war, oder schnitzte Holzschuhe, die im Stall über die anderen geschoben wurden. Die strenge Arbeit setzte erst wieder ein, wenn der Schnee geschmolzen war. Man legte großes Gewicht darauf, daß die frischen Äkker schön hersahen, rechte die Wurzeln fort, die von der Egge zurückgelassen worden waren, und trug die Steine hinunter in den Wald.

Es gab damals keine Aufzüge, die Äcker konnten nicht mit Kraftstrom umgebrochen werden, alles mußten Mensch und Tier besorgen. Heute bearbeitet mein junger Neffe mit seiner Frau fast allein den Hof, obwohl nur zwei Äcker und die Mooswiese, die außerhalb der geschlossenen Felder lagen, weggekommen sind. Der elektrische Strom und Maschinen ersetzen Knecht und Magd. Seinerzeit gab es bei uns nur eine Dreschmaschine, die von einem Pferd angetrieben wurde, und eine Häckselmaschine, an der es bald da, bald dort fehlte, da sie alt war. Sie konnte nicht verstellt werden, deshalb mußte das Heu mit der Futtertruhe klein geschnitten werden. Heute surren die Motoren auf dem Hof, der Benzinmäher lärmt, wenn die Zeit des Heuschnittes gekommen ist. Trotz Fleißes tragen die Felder weniger, im Stall stehen nur mehr acht Rinder, Kunstdünger muß den Mist zum Teil ersetzen. Die Zeit hat den Hof kleiner gemacht, aber auch heute ist er ein kleines Königreich wie einst, da ich mit meinen Geschwistern durch die Stuben lärmte und die Felder der Sonnseite mit Geschrei erfüllte.

Fremde Leute

Um die Jahrhundertwende war die schmale Landstraße, die durchs Pustertal zog, völlig einsam und leer. Am häufigsten kamen Radfahrer daher, ab und zu Bauern und Fuhrleute mit ihren Wagen, nur selten und verstohlen Fahrendes Volk, das zumeist aus der Gegend hinter dem Kreuzberg bei Sexten heraufgekommen war, sich in der ehemals »Gefürsteten Grafschaft Tirol« nach guten Leuten umzusehen. Die Gendarmerie hatte es scharf auf Pflastertreter und Schnallendrücker, und nur wer ein besonders gutes Gewissen hatte oder, noch besser, einen entsprechenden Schein, daß er eine Arbeit suche und ans Betteln nicht im entferntesten denke, durfte es wagen, die Landstraße zu benützen. Die anderen schlichen auf abseitigen Pfaden heimlich durchs Land.

So war es kein Wunder, daß zeitweise sehr häufig fremdes Volk auf unseren Berghof kam. Die Wege in der Höhe beschritt die Gendarmerie nicht oder nur selten, und den Hof zu besuchen, hatten sie keinen Grund.

Die Fremden baten um ein Abendessen und um Nachtherberge und verschwanden am Morgen so unauffällig und geräuschlos, als wären sie nicht dagewesen. Sie schliefen im Winter auf dem Ofen, der bei Tag unser Hauptquartier in der Stube war, ganz besonders am Abend. Im Sommer geleitete sie die Bas Nanne oder der Vater hinüber in den Stadel, wo ein eigenes Heulager für sie hergerichtet war.

Fast immer waren es Männer, junge und ältere, ganz selten hatten sie Frauen bei sich. Oft gab es dann schon in der Stube Streit, ein helles flackerndes Wortgeprassel. Wir Kinder warteten schon darauf, daß ein Messer aus einem Hosensack glitte. Wenn die Mutter das Abendessen fertig hatte, losch im Augenblick der Streit aus, es gab nichts Friedlicheres als die beiden Täubchen, die sich noch eben mit dem Schnabel zerhackt hatten.

Meistens kamen jahrein, jahraus dieselben Leute auf den Hof, oft auch mehrmals während eines Jahres, sodaß wir sie schon kannten. Ganz besonders oft tauchte ein älterer untersetzter Mann auf, der gleichfalls aus dem »Land der Orangen« stammte, aber aus einem Gebiet, wo sie so wenig wuchsen wie bei uns. Er fragte im Sommer, ob er Schnee schaufeln könnte, im Winter wollte er Sand werfen. Die Gendarmerie hatte für solche Arbeiten kein Verständnis, und so wußte er fast jedesmal zu erzählen, daß sie ihn wieder für ein paar Tage eingesperrt hätten und daß er nur eine kleine Schüssel voll Suppe bekommen habe. Dabei schloß er die Finger zu einer Krümmung zusammen, um anzuzeigen, wie klein der Napf gewesen sei. Die Stimme klang weinerlich, sodaß wir ein rechtes Mitleid mit dem Mann bekamen und der Mutter in der Küche auftrugen, ja eine recht große Schüssel voll Suppe zu bringen. Die Mutter tat es, der Mann war glücklich und zufrieden. Wir gewannen ihn jedesmal lieber. Besonders gefiel uns, wie er mit der deutschen Sprache umging. Eines Jahres kam er nicht mehr, es hieß, er sei gestorben. Der Tod hatte den Gendarmen einen Posten abgenommen.

Wenn der Vater nach einem Ausweis bei den fremden Brüdern fragte, wiesen die meisten einen Zettel vor, der bestätigte, daß sie im Bezirksgericht Sillian oder in Lienz oder sonst irgendwo gesessen hatten. Immer war der Grund Landstreicherei. Der Vater war mit dem Schein zufrieden. Sie mußten ihn in der Stube zurücklassen, dazu, darauf drängte der Vater ganz besonders, die Zündhölzer und das Rauchzeug. Trotzdem fand die Bas Nanne am nächsten Tag oft im Heu der Tenne angebrannte Zigaretten und Streichhölzer. Wenn der Vater deswegen Lärm machen wollte, waren die Gesellen schon verschwunden. Kamen sie wieder, hatte es der Vater längst vergessen und sie betrogen ihn aufs neue.

Solch unverläßliches Volk liebten wir nicht. Der Vater hatte zeitlebens eine große Angst vor dem Feuer und wir Kinder hatten sie nicht minder, besonders seit der Nachbarhof mitten am schönsten Vormittag abgebrannt war. Auch die konnten wir nicht leiden, die mit nichts zufrieden waren, das Essen stehen ließen, obgleich es das gleiche war, das wir bekamen, schrien und aufbegehrten und mit den Händen zornig durch die Luft gabelten, als wollten sie alles Böse für uns herbeizaubern. Wir waren froh, wenn wir ihnen am Morgen nicht mehr begegneten.

Einmal kamen drei Männer auf den Hof, ein alter, ein jüngerer und ein noch jüngerer. Sie zündeten ihre Pfeifen noch mit Feuerstein und Zunder an und warteten geduldig, bis der Tabak brannte. Es konnte eine Viertelstunde dauern, auch noch länger, es machte ihnen nichts aus. Sie saßen, weil es ein warmer Sommerabend war, im Gras des Angers vor dem Haus, wir Kinder um sie herum. Ich wollte alsbald versuchen, Funken aus dem Feuerstein zu schlagen, aber ich schlug sie nur aus meinem Finger, den Feuerstein traf ich mit dem Eisen nicht. Dennoch gab ich nicht auf. Ich ließ es mir noch einmal zeigen, und siehe da, jetzt gelang's auch mir. Mich überrann ein Gefühl, als hätte ich die Welt erschaffen und ginge herum, sie anzusehen. Sie gefiel mir über die Maßen.

Viele der fremden Männer hatten einen wüsten Bart, sodaß wir uns nicht in ihre Nähe wagten. Wie Räuber sahen sie aus, und wer konnte wissen, ob es nicht Räuber und Spitzbuben waren? Die Geschichten tauchten auf, die wir gelesen hatten. Wir verglichen heimlich ihre Gesichter mit denen, die im Buch geschildert worden waren, und wichen, weil die Ähnlichkeit allzu deutlich war, noch um einige Schritte zurück. Erst als sie wie andere Menschen sich an die Schüssel setzten und es sich schmecken ließen, als hätten sie ein halbes Jahr nichts Warmes in den Magen gebracht, wurde uns wohler: Wer mit solchem Appetit essen kann, so dachten wir, der kann kein Mörder und Räuber sein. Unsere Furcht zerbröselte, wir kamen näher und sahen zu, wie rasch und gewandt sie die Schüssel leerten. Schließlich wischten sie den Löffel mit dem Handrücken ab und steckten ihn ein. Die meisten Handwerksburschen und Wandervögel hatten den eigenen Löffel mit, nur wenigen mußte man einen zur Verfügung stellen. Da wir keinen silbernen auf dem Hof besaßen, brauchten wir nicht zu fürchten, daß er am nächsten Morgen verschwunden war.

Auch fremde Hausierer kamen auf den Hof, am häufigsten welsche Pfannenflicker. Für sie hatte die Mutter immer Arbeit. Irdene Milchschüsseln waren zerbrochen, Pfannen hatten Löcher, Blechteller waren durchgerostet. Die Arbeit war sehr billig, wenngleich nicht eben fein und elegant, die geflickten Schüsseln hielten zumeist auch nicht sehr lang, doch zerbrachen sie fast immer an einer anderen Stelle, nicht dort, wo der Mann den Draht eingezogen hatte. Früher hatte man hölzerne Milchschüsseln gehabt, doch sie kamen mehr und mehr ab, nur auf den Sennkasern der Almen hielten sie sich noch.

Am liebsten hatten wir es Kinder, wenn Bilderkrämer kamen. Sie stellten die Kraxe, auf der sie eine Unmenge niedere Fächer aufgestapelt hatten, in der Stube nieder und breiteten die Bilder auf dem Tisch aus. Sie hatten alle so strahlende Farben, daß wir nicht begriffen, warum der Vater so gar nichts kaufen wollte, nur die Bas Nanne wählte hie und da ein Bild aus und holte dafür das Geld aus ihrer Kammer. Immer waren es nur ganz kleine Bilder, nie ein großes, wie wir es gewünscht hatten.

Die meisten Fächer enthielten Heiligenbilder. Die Scheine, die sich um die Häupter der Figuren wanden, leuchteten, daß uns die Stube merklich heller dünkte, seit die ›wunderbaren‹ Bilder dalagen. Zwischen den Heiligen kamen auch Bilder von Sennen und Senninnen zum Vorschein. Nie in meinem Leben hatte ich einen so blauen Himmel und ein so grünes Gras und eine so weißrote Sennerin gesehen! Die Berge hinter der Sennhütte waren gezackt und hatten derart scharfe Kämme und Grate, daß jede Hose zerrissen wäre, die hätte darüberrutschen müssen. Ich machte die Mutter darauf aufmerksam, aber sie gab keine Antwort, dafür schob mich der Krämersmann mit der Hand zurück, als verdürbe ich ihm die Bilder. Büschelweis wuchs das Edelweiß auf den Wänden, die Edelweißsterne waren so groß wie die Sennhütte im Tal oder nicht viel kleiner, nein, sehr ernst brauchte man diese Bilder nicht zu nehmen und es wunderte mich auch nicht, daß die Bas Nanne keines davon kaufte und der Vater erst recht nicht.

*

Hätte man mich damals zu einer bestimmten Zeit gefragt, wer mir der liebste Mensch auf Erden ist, ich würde ohne langes Besinnen geantwortet haben: die Bötin Nes! Gut leiden hatte ich sie schon immer mögen, denn sie hatte jedesmal für mich eine Handvoll Zuckerlen, die sie aus einer Tüte ihres Henkelkorbes genommen hatte. Weil ich auf dem Berg wohnte, war die Gelegenheit, ihr zu begegnen, leider nicht sehr groß, obgleich ich alles tat, sie herbeizuführen. Ich wußte längst, an welchen Wochentagen sie den gut zwei Stunden langen Weg nach Innichen machte, ihren gewöhnlichen Botengang. Warum sie nicht mit der Bahn fuhr, sondern lieber zu Fuß ging, wobei sie stets strickte oder betete, meistens beides zusammen, das fragte ich mich nicht, für mich galt die Tatsache allein. In Innichen war die nächste Apotheke, und die Hauptaufträge liefen immer dort zusammen. Wer brauchte nicht Nelkenöl für schmerzhafte Zähne, Balsam, der für alle inneren Krankheiten helfen sollte, besonders der englische, oder sonst etwas, wonach das Vertrauen der Menschen verlangte! Wie die Bötin Nes von den kleinen Geschäften leben konnte, weiß ich nicht. Dabei war sie immer gut gelaunt, redete gern, auch mit uns Kindern, und konnte im Grunde wohl niemand ernstlich böse sein.

Der Tag, wo sie mir von allen Menschen der liebste geworden war, lieber als die Bas Nanne, die sonst immer an erster Stelle gestanden hatte – vor Vater und Mutter –, war ein Donnerstag, früher der Ferialtag der Schule, gewesen. Als ich von der Messe in Heinfels heimkam, schickte mich die Mutter gleich nach Sillian, ich sollte beim »Huderer Tone« eine Spule weißen Zwirn, ein Pfund Reis und Waschseife kaufen, dazu gab mir der Vater noch auf, im Eisenwarengeschäft Stallbaumer ein Paket Drahtstifte zu holen. Das Muster gab er mir mit, dazu drei Gulden, die mir die Mutter vorsorglich in eine Ecke des Taschentuches knotete.

Ich ging zuerst zum Huderer Tone, weil ich dort von der alten freundlichen Ladin als Draufgabe immer ein paar rote Mohnstöcklein bekam, die zwar zu der minderen Sorte Zukkerlen gehörten, aber wenn sie umsonst waren, doch immer großartig schmeckten, mochte auch die Bas Nanne behaupten, daß dadurch die Zähne verdorben würden. Ich legte also meine Wünsche vor und bekam alsbald das Verlangte vor mich auf den Ladentisch gestellt.

Als es zum Zahlen kam, entdeckte ich mit Schrecken, daß der Knopf im Schneuztuch aufgegangen war und die blanken Gulden fehlten. Wohl konnte ich mich erinnern, daß ich das Sacktuch einigemal im Gehen hatte verwenden müssen, doch hatte ich dabei stets achtgegeben, daß die kostbare Ecke, wo das Geld verwahrt wurde, ordentlich geschont bliebe. Trotzdem mußte sich der Knoten gelöst haben, und mußten die drei Gulden auf den Weg gefallen sein, der sie lautlos aufgeschluckt hatte.

Ich fing an zu weinen. In diesem Augenblick der Fassungslosigkeit schob sich eine blaugeäderte Hand neben meine Päcklein auf den Ladentisch und legte drei Gulden hin. Die Bötin Nes stand hinter mir und lachte zufrieden über das verrunzelte Gesicht.

»Draußen beim Peisser ist das Geld auf der Straße gelegen«, sagte sie. Ich dankte ein ums andere Mal und hätte ihr am liebsten die Hand geküßt, obwohl wir das nur bei Geistlichen tun durften. Ja, sie überbot sich noch und ließ mir eine große Tüte Gerstenschleim geben, für mich der Inbegriff aller süßen Köstlichkeiten. Erst viel später, als ich längst in Amt und Stellung war, brachte ich mit List heraus, daß die

Bötin Nes das Geld nicht beim Peisser auf der Straße gefunden, sondern mir aus ihrem Sack geschenkt hatte, meine heißen Kindertränen zu trocknen.

*

In Wirklichkeit hieß unser Briefträger Paul Burgmann, aber weil er fast bei jedem Satz »verstehst du?« hinzufügte, nannten wir ihn den Briefträger Verstehstdu. Er ging viele Jahre von Sillian über Tassenbach nach Strassen, von dort hinauf nach Tessenberg und über Heinfels wieder nach Sillian zurück. Auf dem Rückweg kam er knapp an unserem Haus vorbei.

Beim Wegkreuz, so sagte der Vater, hätte der Briefträger, sooft er für uns oder für die beiden Höfe, die höher oben standen, Post hatte, ins Horn blasen müssen, damit jemand käme, sie in Empfang zu nehmen. Der Briefträger Verstehstdu hat nie ins Horn geblasen, ich habe auch nie eines bei ihm gesehen, er steckte einfach die Post, Briefe, Karten und Zeitungen, hinter die Beine des Gekreuzigten. Damit sie nicht herabfielen oder der Wind, der an dieser freien Stelle besonders gut zukam, der vom Osten und der vom Westen, sie nicht fortwehte, klemmte er sie mit einem flachen Stein fest und ging weiter. Nur wenn etwas Wichtigeres in der Tasche war, eine Geldsendung oder ein eingeschriebener Brief, kam er zum Haus herauf, wobei er für den kurzen Umweg meistens ein Gläschen Schnaps erhielt, den er wie Wasser in seinen Mund hineinschüttete. Er salutierte, dankte und schritt wieder beim Tor hinaus, eine breite, kurze Figur.

Manchmal mußte ich auf ihn beim Wegkreuz warten, über Auftrag des Vaters, der einen Brief oder eine Meldung noch an diesem Tag weiterbringen wollte. Meistens kam der Briefträger zwischen halb Drei und halb Vier, je nachdem er die Fraktionen Hof, Heising und Hintenburg mitnehmen mußte, was dreimal in der Woche der Fall war, oder nicht.

An nicht seltenen Tagen dauerte es aber viel länger. Dann

wußten wir, daß er beim »Lamm« in Tessenberg zugekehrt war, sich vom weiten, langweiliggleichen Weg zu erho-
len und ›den inneren Menschen‹ zu stärken. Ich saß beim
Kreuz oder auf dem kurzrasigen Rain am Wege oder im
Schatten einer nahen Härpfe, die schon das Herbstkorn trug
und es von Wind und Sonne dörren ließ, und wartete. Se-
gelte er endlich auf dem schmalen Fahrweg daher, die
Dienstkappe schief auf dem Kopf, die Arme ausgebreitet,
damit er das Gleichgewicht leichter halten könnte, und war
er bei mir angelangt, dann stemmte er sich mit aller Würde
ins Gleichgewicht, was an solchen Tagen immer einige Mühe
und Zeit brauchte, ebenso, bis er mit dem kleinen Schlüssel
das noch kleinere Loch gefunden hatte, die Tasche aufzu-
sperren.

Paul Burgmann hatte viel Glück in seinem Briefträgerle-
ben. Einmal, so erzählte die Postmeisterin, unsere Verwandte, hätten sie ihn knapp vor den ersten Häusern von Sillian
auf der einen, die Posttasche, in der sich gerade viel Geld befunden, auf der andern Straßenseite angetroffen. Wie lange
beide dagelegen, erfuhr niemand, jedenfalls einige Stunden.
Das Geld fand sich vollzählig bis auf den letzten Heller vor,
auch dem Mann fehlte nichts. Er bekam von der Chefin eine
Predigt, die sich, wie sie erklärte, gewaschen hatte. Sie half
nur kurze Zeit, immer nur kurze Zeit. Der Schnaps dünkte
ihm einmal zu gut und zu gesund. In nüchternen Zeiten, und
die waren weitaus häufiger, war er freundlich und entgegen-
kommend, daß man keinen besseren Menschen gefunden
hätte. Er erzählte gern und es war eine Freude, ihm zuzuhö-
ren, und weil nie Geld fehlte und auch sonst, dank seinem
Glück, nichts unterlief, was eine Strafe gerechtfertigt hätte,
führte die Postmeisterin auch die Drohung, ihn zu entlassen,
nie aus.

Welt im Kleinen

Auf unseren Firstsöller gelangte man, wenn man vom Tennen, wo rechts und links die Schlafzimmer lagen, über eine sehr steile Treppe emporkletterte, unter dem Firstbalken den Dachboden querte, die kleine Dachkammer öffnete und durch die gegenüberliegende Tür über eine hohe Schwellenstufe hinausstieg. Eine Reihe vorrätiger Vogelkäfige hing an der Außenwand. Darunter stand, solang ich denke, eine Kiste mit altem Fensterglas, einige Scheiben waren zerbrochen, andere zerbrachen, wenn wir Kinder sie herausnahmen. Meistens streiften wir diese Dinge nur, uns lockte es, vom Firstsöller in die Tiefe zu schauen, es schauderte uns jedesmal, so weit ging es hinab, aber wir konnten es doch nicht unterlassen. Die Hennen pickten vor dem Haus, sie schienen uns klein wie Spatzen. In Wirklichkeit war das Haus gar nicht so hoch. Es hatte nur ein Erdgeschoß mit dem Tor, zu dem es über eine kurze Treppe hinaufging. Darüber lagen die Kammern, dann kam der Dachboden mit dem Firstsöller. Dennoch schwindelte uns, sooft wir hinabsahen.

Der Firstsöller bot eine großartige Aussicht: Erst kamen die Felder mit dem großen Acker unter dem Haus, darunter zog sich der Kälbergarten als ein Waldstreifen hin, unter ihm kamen wieder Felder, dann die breite grüne Talfläche und schließlich auf der Schattseite der unendliche Wald, der nur von einigen Höfen und Häusern von Hollbruck und Kartitsch unterbrochen wurde, hinter dem sich der Blick im Gailtal verlor. Über dem Hochwald lagen die Matten, auf denen im Sommer das Vieh ging, beim Helm fingen sie an und zogen sich über eine Unmenge Grate und Joche hin. Bei St. Oswald teilt sich der Bergzug, der vordere mit den Lienzer Dolomiten verdeckt den dahinterliegenden. Im Westen leuchteten die Innichner und im Südwesten die Sextener Dolomiten mit der Schusterspitze herüber, der Sarlkofel hob sich in der Ferne auf. Auf dem Weg zu den Dolomiten lag Sillian im Blick, der alte Markt ist auf einen grünen Schuttkegel gebettet, den es, weiß Gott vor wie langen Zeiten, aus dem Berge geschwemmt hatte. Die Drau schimmerte, von Lienz keuchte ein Zug herauf, die schwarze Rauchfahne wehte über die grünen Mooswiesen des Tales.

Die getäfelte kleine Dachkammer hatte zwei Fenster, alles war hell und freundlich. Ein paar Riemen, die es im Herbst bei der Dreschmaschine brauchte, hingen an der Wand, neben ihnen alte Bilder, auch kleine Hinterglasgemälde. Am Boden lagen übrige Pölster, ungebleichte Leinenballen, abgelegte Kleider, die auf den Hadernsammler warteten. Die Dachkammer war mausesicher. Einmal hingen sogar zwei Seiten Speck am Überboden. Dagegen war der offene Dachraum dahinter weder mausesicher noch hell. Das Tageslicht brach nur bei den Rissen und Spalten herein, die zwischen den Brettern des Mantels klafften. Eine Unmenge Gerümpel lag und stand und lehnte herum, zerbrochenes Eisenzeug, Truhen, an denen die Schlösser fehlten, ausgediente Spinnräder, dazwischen die Flachsbrecheln, Gerätschaft der Bienenzucht, selbst Gegenstände, die so alt und seltsam waren, daß wir gar nicht wußten, wozu sie einmal gedient hatten. Sie waren nutzlos geworden, aber die Menschen, um die sie einmal lebendig gewesen waren, hatten sich nicht trennen können von ihnen und sie auf den Dachboden geschafft, weg aus dem Alltag, aber doch nicht weg aus dem Leben, das mit ihnen verbunden gewesen war.

Auch unsere Bubenkammer, in der wir erst zu dritt, später zu viert zusammen mit dem Pap schliefen – die Kleinkinder waren in der Elternkammer untergebracht –, war sauber und schön mit Zirmholz getäfelt, sodaß die Besuche, die herumgeführt wurden, um ihnen das Haus zu zeigen, sich über die prächtige Kammer wunderten, aber wie kalt sie im Winter war, wußten sie nicht. Wenn wir im Bett waren, merkten wir von der Kälte nichts. Wir hüllten uns fest in die Leintücher und Tuchent und schliefen rasch ein. Am kältesten kam mir

unsere Kammer immer vor, wenn ich untertags einmal hin-
auflief, etwas zu holen. Die Kälte am meisten zu spüren bekamen wir, wenn uns die Mutter an den Sonntagen die eisig-
kalten Hemden aufs Bett warf, um die alten zu wechseln.
»Aufstehen«, rief sie, »da habt ihr die frischen Hemden.«
Jawohl, frisch, das waren sie. Das Unangenehme müsse man
sofort und rasch erledigen, hatte man uns gesagt. Also setzten wir uns im Bette auf, rissen das alte Hemd über den Kopf
hinaus und setzten das frische an seine Stelle. Wie ein Wasserfall stürzte die Kälte mit dem Leinen auf unseren Leib,
der Atem wurde stockend kurz, der Bauch schien sich einzu-
ziehen. Es dauerte nicht lange, wir hatten in der Nacht soviel
Wärme aufgespeichert, daß sich der Wasserfall sehr bald in
ein warmes Bad auflöste. Der Körper hatte den Ausgleich
geschaffen, es war uns wohliger als zuvor. In der Kammer
machten wir immer schnell, zogen das Allernötigste an und
liefen hinab in die Küche, uns zu waschen und zu kämmen;
meistens mußte eine der Frauen dabei nachhelfen, denn wir
waren mit der Morgentoilette bald fertig. Auch in der Küche
war es noch nicht warm, selbst nicht in der Stube. Wohl
brannte das Feuer im Ofen, Scheiter zersprangen, die
Flamme leckte beim Ofenloch heraus und stieg im Kamine
hinauf, namentlich dann, wenn die Bas Nanne zuvor dürre
Reisigbündel hineingeschoben hatte, die im Herbst eigens
für den Stubenofen bereitgerichtet wurden, wenn an den
Rainen wieder einmal die Haselstauden weggeputzt worden
waren. Ich hatte immer Angst, es könnte zu einer Feuers-
brunst kommen, wenn das Feuer gar zu weit in den Kamin
hinaufschlug, aber der Vater, der sonst sehr ängstlich war,
sagte, es geschähe nichts.

Eines Tages zerging das Eis am Kammerfenster, der Winter war vorüber, langsam erwärmte sich der Raum, die ganze
Nacht blieb das Fenster offen. Wir hörten nun den Hausbach, der in brausenden Fällen über die Felsen herabstürzte,
selbst über das Feld rannen braune Rieselwässer nieder. Im
Sommer war unser Schlafzimmer wie jeder andere Raum im

Hause, still und warm. Die Kammer war unser Eigentum gewissermaßen, so sahen wir es an. Sie gehörte uns; wir freuten uns, daß es so war.

*

Um die Jahrhundertwende und noch viele Jahre nachher gab es auf unserem Hofe kein elektrisches Licht, nicht einmal der Markt Sillian hatte es, nur in Innichen und Toblach war es schon installiert. Sooft wir nach Innichen kamen, konnten wir es nicht genug bewundern, am liebsten hätten wir die ganze Zeit mit den Schaltern gebosselt, auf-ab, auf-ab. Wir erhielten das Elektrische erst nach dem Ersten Weltkriege, als der Vater – er war damit der erste in der Gemeinde – beim Hausbach eine Turbine erbaute, um die Lichtmaschine zu betreiben. Da bei längerer Trockenheit das Wasser fast oder ganz versiegte, blieb der Strom oft wochenlang aus. Verläßlicher Strom kam erst, als am Villgraterbach das Werk für Sillian gebaut wurde.

Wie umständlich war es bei uns, wenn die Bas Nanne oder sonst jemand die Zylinder für Küche und Stube anzündete, namentlich dann, wenn wieder einmal kein Petroleum im Behälter war. Manchmal rollte das Zylinderglas vom Tische und zerbrach am Boden; meistens war ja ein neues in Reserve, weil man immer mit so einem Mißgeschick rechnete. Oft brannte der Docht nicht an, man mußte genau wissen, wie weit er heraufzudrehen war, dann mit dem Zündholz darüberfahren und ihn, rischrasch, wieder hinunterdrehen. Brannte die Lampe über dem Tische, war es in der Stube heimelig. Bis in die Winkel oder zu uns auf dem Ofen reichte das Licht ja kaum, wir brauchten es auch nicht, entweder balgten wir uns wie junge Katzen oder schliefen, wozu also Licht? Im Stalle behalf man sich mit großen Laternen. Im Feuerhaus trugen die Mutter und die Bas Nanne kleine Öllampen in der Hand, wenn sie in einem Nebenraume etwas zu tun hatten; bloß im Finsteren zu gehen, wurde kein Licht benützt, wir alle hatten darin genug Übung und fanden uns zurecht.

Je älter ich wurde, umso weniger Plätze gab es, wo sich nicht ein Geist oder ein Gespenst gezeigt hätte, sogar auf unseren Feldern, wenig hinter dem Feldkreuz, war einem Tessenberger, der um Mitternacht von Sillian heimging, ein Gespenst erschienen, ein Mann ohne Kopf, der so furchtbar anzusehen war, daß der Tessenberger vor Schrecken durch unser Feld herauflief, damit er nicht durch den Wald mußte. Eine Zeitlang, so schien es ihm, keuchte der Geist hinter ihm her, dann blieb er zurück. Wer es gewesen war, ob ein Verdammter oder eine Arme Seele, konnte der Tessenberger nicht sagen, aber von dieser Nacht ab ging er immer bei Tage nach Hause. In der Schloßmühle sollten sich, so wurde erzählt, einmal die Gespenster ganz deutlich gezeigt haben. Es mochten die alten Metzmüller sein, die es mit Maß und Gewicht nicht genau genommen und mehr für sich weggeschüttet hatten, als sie gedurft hätten. Das konnte sein, die Versuchung war einmal zu groß. Zu meinen Zeiten hatte fast jeder Bauer die eigene Mühle entweder mit andern zusammen oder allein, sodaß man höchstens noch die Gerste zum Rollen in die Schloßmühle trug. Besonders unheimlich dünkte uns Kindern, wenn von seltsamen Vögeln erzählt wurde, die beim Nachbar auf den Söller geflogen seien und sich nicht hätten verscheuchen lassen. Was für Vögel es gewesen, wußte niemand zu sagen, auch nicht, was sie bedeuteten, wahrscheinlich einen Todesfall, denn bald darauf starb der alte Bauer. Schließlich waren sie verschwunden, niemand wußte, ob sie fortgeflogen wären, sie waren plötzlich nicht mehr da.

Oft war es im Dachraume nicht geheuer. Es knackte, dünne Trippelschritte gingen über den Estrich, schien uns. Irgendwo fiel etwas herab, ein Stück Eisen oder sonst etwas, aber nachher fand sich doch nichts. Der Vater sagte, das komme vom vielen Schnee auf dem Dache, aber wir glaubten es nicht; »und die Schritte?« Darauf wußte der Vater nichts mehr zu sagen. Er blätterte die Zeitung um und las auf der nächsten Seite weiter, obwohl er dort schon früher gelesen hatte. Mitunter kam ein Nachbar im Vorübergehen auf Besuch. Wir saßen alle um den Tisch, auch der Nachbar. Plötzlich legte er mit einer Geschichte los, die seine Mutter erlebt hätte. Als sie im Sommer spätabends von der Bergwiese heimging, sei auf einmal etwas vor ihr auf dem Wege gestanden, die Augen hätten wie Kohlen geglüht, vom Munde sei es wie Feuer ausgegangen, sie hätte aber nicht verstanden, was die Arme Seele, eine solche sei es gewesen, von ihr wollte. Sie versprach drei Rosenkränze zu beten und eine Wallfahrt nach Hollbruck zu machen, da gab der Geist den Weg frei und war verschwunden. Wir wurden, wenn solche Geschichten erzählt wurden, ganz klein, als schrumpften wir zusammen.

Unheimliches wurde auch erzählt, als das Nachbarhaus, das abgebrannt war, wieder neu stand und bezogen wurde. Wenn wir zur Schule gingen, wußten die Nachbarskinder immer etwas Neues zu erzählen; selber hätten sie es nicht gehört, wohl aber Vater und Mutter und die Dienstboten. Gegen Mitternacht hätte es einen Knall getan, als ob alle Öfen im Haus zugleich eingefallen wären. In den Kammern, die leer waren, weil sie erst getäfelt werden mußten, rumorte es, man hörte Stimmen und Weinen; wenn jemand nachschauen ging, war nichts zu sehen. Der Bäuerin begegnete im Stadel ein kleiner Mann. Als sie ihm ins Gesicht sah, war es der Großvater, der vor mehr als zwanzig Jahren gestorben war. Er wollte sich gewiß umsehen, wie das neue Haus aussah. Die Bäuerin fragte, ob sie etwas für ihn tun könnte, da schwand er langsam in den Boden hinein, erst die Füße, dann der Rumpf und schließlich der Kopf. Wo er gestanden, blieb nichts als eine Handvoll Heu, das der Frau vor Schrecken aus den Armen gefallen war. Die meisten solcher Geschichten habe ich vergessen. Aber ich weiß immer noch, daß ich zu zittern anfing, wenn es gar zu unheimlich wurde.

Später karteten die Erwachsenen meistens einige Zeit lang, wobei die Bas Nanne mithelfen mußte, da sonst zu wenig Spieler waren, denn zum Watten, dem Lieblingsspiele, brauchte es vier. Man spielte um die billigsten Tarife; wer ein paar Heller verlor, dachte lange im Bett nach, ob er es nicht hätte verhindern können. Nur der Bas Nanne schien es immer völlig gleichgültig zu sein, ob sie gewann oder verlor. Wurden wir ins Bett gejagt, grüßten wir mit »Gelobt sei Jesus Christus« über die Stiege hinauf zurück, dann verschwanden wir in der Kammer. Das Bett fanden wir ohne Licht. Schliefen wir einmal nicht sogleich ein, weil wir erst etwas fertig auszustreiten hatten, hörten wir die Stimmen von der Stube heraufdringen. Der Nachbar lachte, er hatte wohl gewonnen. Wir gönnten es ihm, aber noch mehr hätten wir es dem Vater oder der Bas Nanne oder dem Pap gegönnt.

*

Wir hatten daheim eine große Illustrierte Heiligenlegende. Die Bilder hatte ich schon oft gesehen, ich kannte sie alle, viele hatte uns die Bas Nanne erklärt, einige auch die Mutter, die nur ganz selten Zeit hatte, irgend etwas zu lesen. Einzelne Bilder gefielen mir immer besonders gut, etwa die »Steinigung des Erzmärtyrers Stephanus«; wie die Peiniger das Gesicht verzogen und Steine nach dem Heiligen warfen, der war schon halb in die Knie gesunken, aber er betete immer noch für seine Feinde. Einmal stieß ich beim Blättern auf den Einsiedler Antonius. Das seltsame Leben dieses Mannes in der Wüste zusammen mit wilden Tieren gefiel mir so gut, daß ich gleich einen zweiten Einsiedler im Buche suchte, dann den dritten. Darauf, so glaube ich, war es mit den beschriebenen Einsiedlern aus, ich fand keinen mehr. Ich geriet dann auf den hl. Januarius, dem die Glieder einzeln vom Leibe geschnitzelt wurden. Überhaupt, die Reihe der Märtyrer war groß, ich mußte nur etwas weiter blättern, bis wieder einer kam. Einige, die nur bloß enthauptet wurden, tat ich kurz ab, es war mir zu wenig. Dafür fesselte mich der hl. Laurentius, der auf dem Roste gebraten wurde. Vorzüglich gefiel mir der hl. Sebastian, auf den die Heiden Pfeile schossen, wie es ihnen vom Kaiser befohlen worden war.

Wie liebte ich die gewaltigen Kraftausdrücke, mit denen sich die Schilderungen schmückten: »Ihr Halsstarrigen, ihr Natterngezücht!« Ich hatte so große Wörter nicht gehört. Der Vater begnügte sich meistens mit Ausdrücken, die aus dem Stalle genommen waren, wie Kalb, Ochs und Ähnlichem. Auch der Lehrer gab sich mit der Zoologie zufrieden. Ihr Halsstarrigen! Das war etwas, es schrillte förmlich durch die Luft, auch jetzt noch, da ich es schreibe. Als auch die Märtyrer in der Legende zu Ende waren, machte ich eine lange Pause. An den Bekennern, den seligen und heiligen Jungfrauen, die einfach nur heilig waren, ohne Martertod, blätterte ich lange vorbei. Aber ich wollte keine Lücken lassen, denn ich mußte schon damals etwas, das ich anfing, auch zu Ende bringen, mochte es leicht sein oder schwer, interessant oder langweilig. Deshalb habe ich ganz wenige Bücher aus der Hand gelegt, bevor sie zu Ende gelesen waren.

Es gab Abende, wo wir um den Stubentisch saßen und in Geschichtenbüchern lasen, die uns der Lehrer geliehen hatte. Wie gefiel uns doch »Die Beatushöhle« oder »Genoveva«, »Heinrich von Eichenfels«, »Der gute Fridolin und der böse Dietrich« und wie sie alle hießen, die es uns angetan hatten, sodaß wir oft das gleiche Buch immer wieder ausliehen. Ich selber war leider stets bald fertig und mußte dann mit meinen Brüdern feine diplomatische Verhandlungen einleiten, damit sie mir die ihrigen borgten. Hatten wir längere Zeit nicht mitsammen gestritten, ging es meistens nicht schwer, sonst mußte ich eben eine günstigere Zeit abwarten und inzwischen mein Buch noch einmal lesen. Die guten Ermahnungen, die Eltern und Erzieher im Buche hielten, übersprang ich meistens; das war sehr einfach, da immer ein neuer Absatz vorhanden war, wenn die Geschichte weiterging. Hatten wir nichts mehr zum Lesen, verschafften wir uns selber auf dem Ofen Unterhaltung; meistens ging es bald in einen großen Lärm über. Der Vater fuhr auf, sein Gesicht erschien am ›Horizont‹, auf dem Ofen wurde es im Augenblick stille. Der Zylinder über dem Tisch blaffte. Der Docht war so weit herabgedreht, daß nur eine kleine Flamme brannte. Das Petroleum war teuer, man mußte sparen, es brauchte viel in den langen Wintern. Die Spinnräder der Mutter und der Bas Nanne waren unentwegt im Gange. Sie brauchten wenig Licht für den Faden, er wurde im Dämmerlichte dünn und gleichmäßig und lief auf die Spule, ein gewiesener Weg.

Wann ich gelernt habe, weiß ich heute nicht mehr, wahrscheinlich selten oder überhaupt nicht, in der Schule konnte ich's ja doch. Nur die Gedichte mußte ich ein paarmal durchlesen, wenn sie auswendig zu lernen waren. Dann half mir der Reim weiter. Gedichte ohne Reim waren für mich überhaupt keine Gedichte, es gab im Lesebuche auch kaum ein derartiges. Ich dachte dann immer, der Dichter sei nicht imstande gewesen, die Zeilen zu reimen. Kamen wir nach dem Nachmittagsunterricht, wo es oft schon dämmerte, von der Schule heim, warfen wir die Taschen auf die Bänke, die Schuhe darunter, zogen »Patschen« an, gleichgültig, welche wir erwischten, wir waren nicht heikel, ob die von der Bas Nanne oder die vom Pap oder gar die vom Vater, die unsrigen fanden wir meistens nicht, und wenn auch die Bas Nanne sie nicht fand, dann wußte überhaupt nur der liebe Gott, wo sie wieder einmal waren. Wir stiegen auf den Ofen hinauf, die nassen Kleider zu trocknen. Einige Zeit wartete die Bas Nanne, die unter uns Flachs spann, dann fragte sie: »Habt ihr nichts auf, Buben?« Wir schneuzten uns erst und schrien dann: »Nein!«, fast beleidigt, daß sie danach fragte. Wenn wir keine schriftlichen Aufgaben zu machen hatten, sagten wir immer, wir hätten nichts auf. Die Bas Nanne spann weiter. Dann kam der Vater bei der Stubentür herein, der in der Werkstatt nichts mehr gesehen hatte. »Habt ihr die Aufgaben schon gemacht?« rief er zu uns herauf. Dieser Wind fegte uns vom Ofen hinab hinter den Tisch. Wir breiteten die Schulbücher aus, stemmten die Köpfe zwischen die Fäuste und taten, als hätten wir Schwerarbeit vor uns. Dazwischen blickten wir heimlich nach dem Vater, der sich auf die Ofenbank gesetzt hatte. Endlich streckte er sich aus, legte den Kopf auf das hölzerne Kopfbänklein und schloß die Augen. Die Schwerarbeit wurde leichter und hörte alsbald ganz auf. Die Bas Nanne warf ab und zu einen Blick zu uns herüber. »Fertig«, sagte ich und schob die Sachen in die Schultasche zurück. »Hast du auch die Katechismusfragen gelernt?« »Ja, du kannst fragen.« Sie wußte nicht, wo wir waren und zudem kannte sie sich nur im alten ›Kanisi‹ aus, nicht im neuen. Oft waren die Antworten sehr leicht, sie steckten fast in der Frage. Der Kaplan Vöstner war dazu leicht zufrieden. Ärger war es, wenn der Lehrer Katechismus ausfragte. Wer die Antwort nicht wußte, so war ausgemacht, um Zeit zu sparen, stand auf und sagte: »Ich weiß es nicht.«

In der Kirche hätten wir wenigstens auf die »Hauptteile der Messe« achten sollen, so waren wir belehrt worden. Die Meßgebete wurden von einem Mädchen vorgesprochen, wir sprachen sie nach, wenn wir gerade Zeit hatten. Andächtig waren wir nicht. Kam der Katechet zum Religionsunterricht in die Klasse, pflegte der Lehrer nach der Temperatur zu fragen, wenn draußen das ganze Tal von Rauhreif, Nebel und Kälte erfüllt war. »Einundzwanzig Grad«, hieß es dann oder vierundzwanzig oder gar neunundzwanzig. Daß es kalt war, hatten wir auf dem Schulweg gemerkt. Es hatte uns im Gesicht gepizzelt, immer wieder hatten wir schneuzen müssen.

Manchmal kamen wir schon vor dem Mesner nach St. Peter, besonders an Tagen, wo keine Schule war. Die Kirche war noch zugesperrt, Rauhreif hing an der Klinke wie weißes Gift. Wir stampften mit den Füßen auf, um uns warm zu machen, und betrachteten dabei das weißbereifte Metall. Man hatte uns gesagt, wenn wir mit der Zunge es bei dieser Kälte berührten, brächten wir sie nicht mehr los vom Eisen, ohne daß ein Stück Haut hängen bleibt. Wir hatten große Lust, auszuprobieren, ob es sich in Wahrheit so verhielt oder ob man es uns nur weisgemacht hatte. Wir ließen es bleiben, aber oft kam uns die Versuchung an, ob es wirklich so sei. Der Baum der Erkenntnis des Guten und Bösen stand eben nicht nur im Paradiese, er stand auch bei uns in Heinfels – und steht überall.

Bäume um das Haus

An der Hausecke stand, seit ich weiß, ein alter Apfelbaum, der jedes zweite Jahr reichlich trug. Tafelobst war es freilich nicht, aber es waren zumeist schöne, große Äpfel, die uns Kindern vorzüglich schmeckten. An manchen Herbstmorgen war der erste Gang hinaus zum Baum, wenn uns die Hosenträger noch hinunterhingen. Wir wollten nach den Äpfeln sehen, die ein wohltätiger Nachtwind ins Gras geschüttelt hatte. Sah es gerade niemand, erzeugten wir noch nachträglich den Nachtwind, wir fachten ihn zum Sturme an, daß es nur so herunterpolterte. »Heute muß in der Nacht ein ordentlicher Wind gegangen sein«, sagten wir nachher in der Küche und zeigten einen Teil der Äpfel, jenen, der in den Hosensäcken nicht mehr Platz gehabt hatte, her. Freilich, zu oft durften wir das nicht wagen, sonst kam der Sturm über uns, der pfiff und sang wilder als die »Wilde Jagd«, von der uns die Bas Nanne erzählt hatte.

Auf dem Anger vor unserem Haus standen drei alte Kirschbäume und eine Anzahl junge, kleine, die erst der Vater gepflanzt hatte; der oberste trug sehr schöne schwarze Kirschen, die saftig und süß waren, fast wie Pelzkirschen. Je älter der Baum wurde, umso schöner blühte er im Frühjahr und umso mehr Kirschen trug er, obwohl fast jeden Winter ein Ast abstarb. Der unterste Baum war ziemlich unansehnlich. Er trug nur ganz kleine Vogelkirschen, die fast gar kein Fleisch, nur große Kerne hatten. Wir bestiegen ihn nur, wenn alle anderen Kirschbäume, die kleinen und die großen leer waren, genau nach dem Sprichwort: In der Not frißt der Teufel Fliegen. Nur die Mutter zog manchmal mit dem Rechen einen Ast zu sich herab und pflückte die Kirschen in ihren Mund, oder sie gab uns den Auftrag mit, ein paar Hände voll für sie und den Vater zu bringen. Wir taten es, nicht gern, und ganz voll wurde das Kännchen selten.

Der mittlere Kirschbaum war der schönste und nährte haselnußgroße rote Beeren, die einen eigentümlichen Geschmack hatten. An jedem Sommer schimmerte es rot durch das Laub, als läge eine Feuersglut hinter ihm. Solang wir Kinder klein waren und uns nicht auf den Baum getrauten, verdarben die Früchte zu einem großen Teil. Der Vater und der Pap hatten nicht Zeit, Frauen und Mädchen hielten es für unschicklich, auf Leitern und Bäume zu steigen. Als wir Mut und ordentliche Hosen bekamen, verdarben die saftigroten Kirschen nicht mehr. Da wir sie mitsamt den Kernen aßen, halfen sie für Hunger und Durst zugleich. Ich verstehe heute noch nicht, daß überhaupt soviel Kirschen in unseren Kindermägen Platz hatten, ganze Hände voll stopften wir durch den Mund hinein, halbe und ganze Stunden lang. Oft tranken wir Wasser darauf, einer meiner Brüder sogar einmal Milch. In der darauffolgenden Nacht war Heulen und Zähneknirschen neben mir in der Kammer, und die Bas Nanne mußte gleich mehrmals hereinkommen, trösten, Ordnung schaffen, mahnen für ein anderes Mal. In dieser Nacht hätte mein Bruder versprochen, sein Leben lang keine Kirschen mehr anzuschauen, die Bas Nanne verlangte es nicht. Als sich der gekränkte Magen Genugtuung verschafft hatte, konnte die Bas Nanne abziehen. Ein Weltuntergang war behoben.

Heute steht keiner mehr von diesen drei Kirschbäumen, die alle eine Geschichte haben, dafür sind die jungen herangewachsen und groß geworden. Von ihnen hat nur einer eine Geschichte, weil von ihm einmal ein jüngerer Bruder herabgefallen ist, er hätte sich leicht etwas brechen können. Er brach sich nichts, er stieg auch sogleich wieder hinauf, die so jäh unterbrochene Mahlzeit fortzusetzen. Heute ist der Platz leer. Die Kirschbäume stehen nur noch in der Erinnerung, in meiner, in der meiner Geschwister und in der unserer Nachbarn, die sich im Vorübergehen gern die Früchte schmecken ließen, die sie mit der Hand erreichten, was ihnen der Vater herzlich vergönnte, weniger herzlich wir.

Wenn die Kirschbäume blühten, war es Frühling, wenn die Früchte reiften, Schnittmonat, und wenn sie das rote Laub verloren, war man keinen Tag mehr vor dem Winter sicher, entblößt standen sie dann im Anger. Ein Jahr war wieder um, für mich und für sie. Am Barbaratag schnitt die Bas Nanne Jahr für Jahr Zweige ab und stellte sie in eine Vase, damit sie zu Weihnachten blühten. Sie erreichte es nur selten. Die Behandlung mit Wärme und Wasser war zu heikel, und die Bas Nanne hatte wenig Zeit und wir Kinder gar keine. Das wußte sie auch und gab uns deswegen auch keinen Auftrag.

*

Mein Vater hat sein Leben lang gern Bäume gepflanzt. Er begann mit jungen Lärchen, die er im Wald ausgrub und an Stellen einsetzte, wo sie das Erdreich schützen oder einmal den Zaun tragen sollten. Nicht alle kamen auf. Die Fuhrleute verbrauchten in ihrem Unmut zu viele Peitschenstiele. War wieder einmal auf dem Wege einer entzweigegangen, sahen sie sich nach dem nächsten geeigneten Lärchenstämmling um, gleichgültig, wo er stand und wem er gehörte – witsch, ein Schnitt mit dem scharfen Taschenmesser, ein zweiter und dritter, erledigt.

Mein Vater starb mit 80 Jahren. Die Lärchenbäume, die er gesetzt, waren damals erst im besten Jünglingsalter, einige, die auf schlechtem Grund standen und sich mühsam die Notdurft des Lebens zusammensuchen mußten, gar erst in der Jungburschenzeit, sozusagen. An Lebensgier und Widerstandskraft standen sie den Großen nicht nach. Die Vögel sangen in ihren Ästen so fröhlich wie im Gezweig der andern, im Herbst behielten sie die Nadeln nicht weniger lange, das Gesträuch zu ihren Füßen war längst kahl, da leuchtete es immer noch goldig auf ihren Ästen und Zweigen. Meistens war nur der erste Schnee imstande, sie ihnen zu entreißen. Wenige Monate, und sie stehen wieder so grün da, als hätte es keinen Winter und keine Tauernstürme gegeben.

Später pflanzte mein Vater fast nur mehr Obstbäume an. Leider berieten sie ihn in Lienz, wo er die Setzlinge um teures Geld kaufte, nicht gut und gaben ihm Sorten, die in 1100 Meter Höhe nicht mehr fortkommen. Sie blühten wohl im Frühling, aber dann war es zumeist aus, es half auch nicht, daß wir immer und immer wieder nachschauten, ob kein Apfel reifte. Manchmal setzte wohl einer an, aber an einem Morgen lag er im Gras, die rauhe Nacht hatte ihn vom Baume gestreift.

Auch zwei Nußbäume brachte der Vater auf den Hof. Sie wuchsen prächtig, auch Früchte setzten sie an, wir bissen hinein, verzogen das Gesicht und spuckten sie auf den Boden. Leider waren sie auch im Oktober nicht weiter. Der Sommer war für sie zu kurz und die Luft zu kühl, kein Klima für Südland-Bäume. So bedauerten wir auch nicht sehr, als eine Dachlawine den einen zuschanden drückte. Nach Jahren wurde auch der andere umgehauen und zu Brennholz für den Stubenofen aufgekloben, weil nichts von ihm zu erwarten war als Schatten, der das Gras unter ihm zurückhielt.

Auch mit Marillenbäumchen versuchte es der Vater. Sie bekamen leider den Harzfluß und gingen ein, als sie gerade tragen sollten. Mit Pelzkirschen hat er es nie versucht. Ich kannte in der ganzen Gegend nur einen einzigen kleinen Baum dieser Art und einen noch kleineren, die nur einige Jahre lang am Leben blieben. »Sie wachsen bei uns nicht«, sagte der Vater, dabei blieb es. Er mochte recht haben. Lukullus hat die Kirschen nicht vom Norden nach Rom gebracht, sonst würden sie gewiß auch bei uns wachsen. Der Pontus, wo er sie sah und kostete, der Feinschmecker, hat ein wärmeres Klima, so wurde uns seinerzeit in der Geographiestunde beigebracht. Die Tauernwinde sind kein Zephirsäuseln und die Nachtigallen schlagen auf unseren Höhen nicht mehr.

Vogelkirschen wuchsen überall, »im Wald und auf der Heide«. Im Wald unter unserem Felde gab es eine große

Anzahl solcher Bäume, die sich im Frühjahr in Blütenwolken verwandelten, daß es eine Pracht war, der Sommer entsprach leider der Verheißung nicht. Was reifte, holten sich die Vögel, sie waren flinker als wir. »Gönnt es ihnen«, meinte die Mutter, »sie sind auch Kreaturen.« Wir sahen es erst nach und nach ein. Kinder sind geizig und habsüchtig und grausam und zornig, die sieben Hauptsünden reichen bei ihnen nicht aus. Später kommt ein bißchen Vernunft in die dicken Köpfe, es hätte immer noch mehr Platz.

*

Auf dem Hof wird erzählt, vor langen Jahren hätte eine Lawine, die durch den Stadel fegte, den Knecht hinausgekehrt, der eben mit der Futtertruhe Häcksel schnitt. Darauf habe der frühere Bauer den kleinen Wald oberhalb unseres Futterhauses angepflanzt.

In meiner Kinderzeit war es ein hübsches Wäldchen. Es standen breite Lärchen und mächtige Fichten darin. Eine Fichte, die an der Wegkehre, wo es zu den beiden Nachbarhöfen hinaufging, gewachsen war, hatte einen besonders guten Grund gefunden, wie eine Wache stand sie da und zugleich als Muster, wie eine Gebirgsfichte sein sollte. Selbst die Äste waren mehr als armdick und so eng beisammen, daß wir gar nicht erst versuchten, in den Wipfel zu klettern, obgleich uns sonst kein Baum hoch genug war, namentlich dann nicht, wenn wir ein Rabennest vermuteten. Im Hauswald brüteten die Raben ja nicht, es war ihnen zu unruhig, Raben lieben Menschen nicht.

Sooft der Vater gerade Holz brauchte, irgendwo etwas zu stützen oder einzuzimmern, suchte er im Hauswald einen Baum aus, um den es ihm am wenigsten schade schien, weil er vielleicht keinen Wipfel hatte oder weil er nicht recht wachsen wollte, und hieb ihn um. Später sagte er sich, die Lärchen unmittelbar oberhalb des Futterhauses könnten bei einem Sturm aufs Dach fallen und es beschädigen. Es war nur eine Ausrede, er wußte es, im Beutel war wieder einmal kein Geld für die Steuer oder zu wenig. So war das Hauswäldchen schon recht unansehnlich geworden. Es wurde noch dürftiger, als der Vater überhaupt alle Lärchen hackte, als er gerade einmal Lärchenholz brauchte, die Stadelbrücke neu zu legen. Kein Jahr verging, wo nicht ein Baum oder mehrere umgesägt wurden. Er sah überhaupt nicht mehr lange nach dem Wipfel oder nach dem Wachstum, auch die große Musterfichte an der Wegkehre schonte er nicht mehr. Erst hatte er die Äste heruntergeschneitelt und aus den getrockneten Nadeln, die »Plissen« genannt werden, »Leck« (gesalztes Futter) fürs Vieh gemahlen. Wie ein Krüppel hatte der Baum daraufhin ausgesehen, er war entstellt.

Immer noch stand die Brechelstube mitten im Wald, obwohl schon lang nicht mehr jedes Jahr gebrechelt wurde. Überhaupt brauchte es viel Arbeit und Mühe, bis aus dem Lein ein Hemd geworden war, man ging bald lieber in den nächstbesten Stoffladen und kaufte ein baumwollenes. Neben der Brechelstube baute der Vater später einmal für meinen Bruder Anton, der auch im Studium war, eine kleine Hütte, weil ihm die Ärzte frische Waldesluft und Ruhe geraten hatten. Der Vater und ich leisteten ihm oft Gesellschaft in dieser Waldhütte, wir spielten Karten mitsammen, sooft wir Zeit hatten.

Wenn das Hauswäldchen auch dünn geworden war, sodaß die Sonne an vielen Stellen auf den Boden fiel, liebte ich es deswegen nicht weniger. Ich saß in seinem Schatten und las oder schrieb. Der Wind sang durch die Wipfel, die Vögel wisperten, am Rain drüben rauschte das Haselgebüsch, am Himmel zogen weiße Wolken. Mochte es klein geworden sein, in meiner Seele hatte es sich nicht geändert.

*

Auf unseren Hofgründen standen etliche große Eschen und sehr viele kleine. Sie waren zumeist dort angepflanzt worden, wo das Erdreich oder die Wege abzurutschen drohten. Ihre Wurzeln greifen weit aus, man kann sich auf sie verlassen. Äcker dürfen nicht in der Nähe sein, sonst bekommt der Pflug zu tun, so wissen die Eschen ihren Platz zu behaupten, sie sind sozusagen ein hartnäckiges Geschlecht mit Ellbogenpolitik. Außerdem sagt man ihnen nach, daß sie den Blitz anzögen.

Die Esche ist ein Baum, der keine besonderen Schönheiten aufweisen kann, ihre Blüten sind geradezu unscheinbar, nur die Flügelfrüchte machen sich einigermaßen bemerkbar. Im Frühjahr dauert es die längste Zeit, bis sie Blätter ansetzt, die schwarzen Knospen wollen sich nicht auftun, aber wenn sie einmal daran ist, die Blätter aus den Knospen zu stoßen, geht es schnell, fast über Nacht steht sie dann in vollem Laube da.

In meiner Gegend schlägt man nach den ersten starken Reiffrösten im Herbst die Blätter von den Zweigen und Ästen, »die Eschen riffeln«, heißt man das. Man will das Laub als Streu gewinnen; ließe man ihm Zeit, bis es von selbst herabfällt, würde man nicht mehr viel finden, die Herbstwinde hätten es in alle Richtungen verweht. Um diese Zeit freuten mich die Eschen am ehesten. An einem Vormittag, wo draußen auf den Äckern und Wiesen wieder alles weiß war vom Reif, suchte der Knecht die Leiter mittlerer Größe im Schuppen, steckte ein Hackbeil zu sich, lockte uns Kinder, wie man jungen Hunden pfeift, und hinaus ging's in den kühlen Tag, den allmählich die Sonne übersilberte. Der Reif schmolz, die Felder blieben dunkel vor Nässe.

Jedes zweite oder dritte Jahr hieb der Knecht sämtliche Äste von den Zweigen, sodaß die Eschen nachher wie Leichen aussahen, denen der Henker die Glieder vom Leib geschnitten hat. Kein Wunder, daß sie sich's im nächsten Frühjahr noch viel länger als sonst überlegten, ob sie überhaupt ausschlagen sollten oder nicht. Groß war der Gewinn an Streu und Holz nicht, aber man sparte auf dem Hof, wo es möglich war.

Neben dem Haus stand eine Zeile Eschen am Feldwege, der zur Leite hinüberging. Im Sommer hielt der Pap in ihrem Schatten das Mittagsschläfchen. Er breitete, ohne sie abzunehmen, die Schürze auf den Boden, legte den Kopf darauf, zog den Hut über das Gesicht und schon schlief er. Zu Zeiten versuchten wir, es ihm gleichzutun, aber wir hatten keine Geduld und keinen Schlaf, stießen mit den Füßen gegeneinander, hieben wohl auch mit den Armen aus und schnarchten gleich darauf, wenn wir den Bauch des Nachbars erwischt hatten, damit ein anderer als der Übeltäter der Übeltäter gewesen sein mußte.

Die alten Eschen wurden nach und nach umgehauen. Sie hatten nur noch außen herum einen dünnen Holzmantel, der Kern war weit an den Rand hinaus faul. Ich konnte nicht begreifen, daß sie mit so wenig frischem Holz den Gewitterstürmen standhalten konnten. – Hoihoi, blies der Sturm, sie knarrten ein wenig, das war alles.

*

Auf drei Seiten sind die Felder von Wald umgeben und überall macht der Haselstrauch den Vorreiter. Ob sich irgendwo auf der Welt soviel Haselsträucher zusammendrängen wie auf unserem Berghof in Heinfels? Er wuchert auf allen Rainen, er hat sich an den Wegen angesiedelt, mitten auf den trockenen Wiesen steht er breit da. Fast über Nacht, so scheint es, schießt er auf, die Schößlinge jagen in die Luft, sie recken und strecken sich, nichts hemmt ihre Wachslust. Der Vater oder später wir Kinder mochten noch soviel Stauden zu Brennholz aufhacken, schon im nächsten Herbst standen wieder mannshohe Zweige da, wo wir die alte Staude bei der Wurzel weggeputzt hatten. Im dritten Jahr hingen schon wieder Früchte daran. Ein Unkraut sind die Haselsträucher, nicht auszurotten. Im Frühjahr blühten freilich die ersten Blumen unter dem Gezweig, Primeln, Buschwindröschen, Leberblümchen und Lungenkraut.

Mag das Haselgesträuch ein Unkraut sein oder mehr als ein Unkraut, es bot uns doch viel Schönes. Die Stauden waren unsere Turngeräte, wir rutschten an ihnen auf und nieder, »rumpeln« hießen wir das. Ob das Wort etwas bedeutet, weiß ich nicht, eines Tages war es da und ist geblieben, es vererbte sich. Eine Haselstaude rumpeln hieß, irgendwo irgendwie auf die letzten Äste und Zweige hinaufzuturnen und vorne herabgleiten. Den Hosen tat es nicht gut, oft auch der Haut nicht, was machte es aus? Die Hosen bekamen neue dicke Flecke aufgenäht, die Haut wuchs nach, nicht einmal Narben blieben zurück.

Schon im Sommer rissen wir die Nüsse herab, wenn der Kern noch weich war und nur einen Teil der kleinen Schale ausfüllte. Nur weil in manchen Jahren Unmengen Haselnüsse wuchsen, war es möglich, daß immer noch Haselnüsse zu reifen vermochten, ja, daß sogar die Bas Nanne beim Laubrechen Ende Oktober, anfangs November noch Nüsse unter den Stauden fand.

Wir bissen die Nüsse mit den Zähnen auf, öfter noch hämmerten wir sie mit Steinen auseinander oder holten, wenn es ganz feierlich herging und längere Zeit in Anspruch nahm, einen Hammer aus der Werkstatt des Vaters und schlugen auf den Stufen des Vorsöllers darauf los, daß es spritzte. So ungeduldig waren wir, daß der Kern oft nur mehr ein Brei war, von den Splittern der Schale eingeklemmt.

Für Zirmnüsse, dünnwandig und klein, wie sie sind, reichten unsere Zähne vollauf. Die Zapfen holten wir uns von den Zirben aus den Heinfelser Hochwäldern. Wenn wir von den Bäumen herab wieder auf die Erde kamen, sahen wir aus wie Köhler, die Hände voll Pech, das Hemd, die Hose. Daheim legten wir die Zirmzapfen in die glühende Kohle, um die Nüsse hinter den Deckblättern zu lösen. Man mußte die Zapfen zur rechten Zeit umwenden, sonst wurde die eine Seite schwarz – die Nüßchen verkohlten –, die andere blieb harzig. Manchmal zischten sie auf, wie ein Gelächter war es dann, oder hatte das Feuer gelacht?

Die Kerne der Zirmnüsse sind klein. Im Grunde ist es eine langweilige Beschäftigung, die Kapseln aufzubeißen, damit man den winzigen Kern genießen kann. Tausende könnte man essen und wäre nachher so wenig satt wie zuvor. Die Mutter hätte gern gescholten, wenn wir mit pechigen Kleidern heimkamen. Ich schob ihr eine Handvoll Kerne zu, da lachte sie schon wieder. Sie aß sie noch lieber als ich.

*

Kein Ansehen genossen bei uns daheim die Zitterpappeln. Es standen auch nur wenige am Rand der Felder, Gesellschafterinnen der Haselsträucher. Hohe Fichten ragten hinter ihnen auf, fast sah es aus, als seien die Espen ihre Pfleglinge, die sie beschützten und behüteten, oder Fremde, die sie duldeten. Die Fichten waren vornehme Matronen, ihres Ranges und ihrer Würde wohl bewußt, die Espen dagegen wie Kümmerlinge, die sich den hohen Herrschaften anbiederten, ohne Ehrgeiz und Eitelkeit. Nicht einmal eine ordentliche Farbe hatten sie, nur ein schmutziges Grau wiesen sie vor, das aussah, als hinge jahrelanger Staub daran, der sich festgepreßt hatte. Auch groß waren sie nicht und mit einem schönen Wuchs können sie auch nicht prahlen. Da waren die Pyramidenpappeln, diese schlanken, ranken, ganz andere Familienmitglieder, ihre Wipfel schossen in den Himmel, als wollten sie Wolken aufspießen. Auch die Schwarzpappeln waren weit gewaltiger, so, daß zwei würdig befunden wurden, in Panzendorf vor der Antoniuskirche Wache zu stehen. Als Gott die Zitterpappeln schuf, zögerten sie wohl zu lange, sodaß nichts mehr für sie übrigblieb, ihre Vettern und Basen hatten sich zu sehr vorgedrängt und das Beste aus Gottes Hand weggebettelt. Dafür gab er ihnen eines: Sie dürfen schwatzen und wispern, wenn alles in der Runde längst stumm ist und schläft. Immer noch erzählen sie sich dann Geschichten, lächeln ein wenig dazu und erfinden neue. Aus diesem Grund liebte ich sie, mochte sie der Vater auch nicht schätzen, nicht einmal das Holz. Nicht einmal als Kehrreisig für den Stallbesen taugten sie.

Am meisten liebte ich eine, die am Ende des Feldweges stand, dort, wo der Tessenberger Wald sich tief herabschob. Oft blieb ich stehen und horchte und schaute. Was für ein seltsames Spiel der Blätter! Die Fichten rührten sich nicht, das Haselgesträuch stand starr und schweigend da, kein Lüftchen wehte. So kam es mir vor. Die Blätter flüsterten, jedes einzelne war in Bewegung. Die langen Stiele krümmten sich, sie schnellten die Blätter vor und zogen sie wieder zurück, Jüngferchen, die winzig kleine Spiegel hielten, sich zu beschauen. Die Grillen zirpten am Rain und gaben dem Flüstern Antwort, sie verstanden es, was die Espen meinten in der Mittagsstille. Die Espen waren das Einzige, das zu leben schien, indem es sich regte.

*

Unter dem Futterhaus stand ein niedriges Mäuerlein, das über und über mit Holunderstauden umwuchert und eingesäumt war, sodaß man im Sommer nichts von ihm sah. Erst im Herbst zeigte es sich wieder, wenn der Holunder die Blätter abgeworfen hatte und die bloßen Stengel und Äste in die Luft reckte, früher als das andere Gesträuch um unsere Felder. Diesen Holunderbusch bevölkerte ich mit den Träumen meiner Kinderphantasie. Ich dachte, daß hier possierliche Männlein hausten, die sich in Vögel oder Schmetterlinge verwandeln konnten, eine Prinzessin saß hinter dem grünen Gitter und wartete auf den Prinzen, der zu ihr käme und das Leben in ihre Stille brächte. Schon stimmten die Musikanten die Hochzeitsinstrumente, Geigen und Bässe.

In der Mitte erhob sich ein wilder Birnbaum. Er war schön gewachsen, groß und schlank, aber ich kann mich nicht erinnern, daß er jemals auch nur eine einzige Birne hervorgebracht hat. Ich kletterte am Stamm hinauf, setzte mich oben auf einen der letzten Zweige, die mich gerade noch trugen, und fühlte mich als König der kleinen Wesen, die unter mir im Holunderbusch saßen und spielten. Sang plötzlich ein Fink, gleich war es ein Spielmann, der von der Prinzessin ausgeschickt worden war, für sie zu werben. Ich suchte ihn zu erspähen, aber der kleine Vogel hatte sich so gut versteckt, daß ich ihn nicht fand. Natürlich, er wird vom bösen Prinzen verfolgt, der es auf die Prinzessin abgesehen hat, mitsamt seinen Dienern und Knechten. Der Fink schwieg. Sie werden nahe sein, er darf sich nicht verraten, er hat der Prinzessin geschworen, ihr den guten Prinzen ins Gemach zu bringen, von dem sie geliebt wird und den sie wieder liebt, ach, so innig und tief, wie kein Mensch es vermag.

Jetzt singt er wieder. Dort sitzt er, die roten Farben leuchten, er bläht die Kehle, der Schnabel ist weit geöffnet, Strophe um Strophe schmettert er ins Weite. Ein Vogel antwortet, das ist der gute Prinz. Er ist über das Meer gekommen, Tag und Nacht ist er auf Wanderschaft gewesen. Im letzten Jahr hat er die Prinzessin gesehen, seitdem konnte er sie nicht mehr vergessen. Seine ganze kleine Seele ist von ihr ausgefüllt.

Steht ihr noch, ihr Zitterpappeln, ihr Birken am Raine auch, du buschiger Holunder? Seit vielen Jahren bin ich den Feldweg nicht mehr gegangen, den ich so liebte. Die Zeit verströpfelt, Pflanze, Tier und Mensch ertrinkt in ihr und ist nicht mehr.

Nachbarschaft

Auf unserem Hof wurde alle drei bis vier Monate Brot gebacken. An diesem Tage roch es im ganzen Haus nach Mehl
und Teig. Im Ofen brannte am Morgen, wenn wir aufstanden
und in die Küche herabkamen, ein mächtiges Feuer, das
beim Loch herausleckte und an der Küchenwand emporwa-
berte. In grauen Schwaden zog der Rauch dem Kamine zu.

Je älter wir Kinder wurden, umso öfter mußte gebacken
werden. Solang das Brot frisch war, hatten wir nie genug, am
liebsten hätten wir das neue Brot aus dem Backofen heraus
gegessen, mochte auch die Mutter und die Bas Nanne immer
wieder mahnen, daß warmes Brot dem Magen nicht gutkä-
me. Uns bekam es gut, was kümmerte uns der Magen?

Die Bas Nanne, unsere Bäckerin im Haus, machte für uns
immer ein paar ganz kleine Laibe, manchmal warteten wir
vor dem Ofen, bis sie herauskamen. Weil sie heiß waren,
schüttelten wir sie von einer Hand in die andere, waren sie
notdürftig abgekühlt, verschlangen wir sie, mochte die Bas
Nanne predigen, wie sie wollte. Ab und zu mußten wir
abends Kamillentee trinken, auch Schlimmeres ereignete
sich, meistens jedoch ging alles laut- und lärmlos vorüber.
Wir hüteten uns auch, etwas merken zu lassen, solang es
nicht gar zu grob fehlte. »Recht geschieht euch«, war der
Trost des Vaters, »warum könnt ihr nichts erwarten.«

Es war Brauch, den beiden Nachbarhöfen, die eine Viertelstunde höher liegen, jedesmal nach dem Backen einen
Laib Brot hinauf zu schicken. Die Mutter suchte einen besonders großen, runden und schönen aus, damit sich der Hof
nicht zu schämen brauchte, es durfte kein bißchen Rinde an-
gebrannt sein.

Auch die Nachbarn hielten es so. Uns schmeckte natürlich
das fremde Brot immer besser als das eigene, den Nachbarskindern wieder das unsrige. Das ist nie anders gewesen.

Auch das kam vor, daß wir Brot ausleihen mußten, etwa im Sommer, wenn die Bas Nanne wegen der Feldarbeit nicht Zeit hatte zu backen. Brot im Laden oder beim Bäcker in Sillian zu kaufen, wäre keinem in den Sinn gekommen, denn Geld war ein kostbar Ding bei den kleinen Bergbauern, man sparte, wo man irgend konnte. Eine eigentliche Armut gab es auf diese Weise nicht. Das geliehene Brot wurde immer beim nächsten Backen mit guten Zinsen zurückgegeben.

Auch Festtagskrapfen, die Nigelen, wurden mit den beiden Nachbarhöfen ausgetauscht. Diesmal hatten wir vielleicht nicht ganz unrecht, daß uns die fremden besser schmeckten, die Nachbarn backten sie immer mit schneeweißem Mehl, das sie gekauft hatten, und gaben auch mehr Gewürze hinein. Bei uns backte sie die Mutter mit dem Hausmehl, das der Vater in der Mühle gemahlen hatte. Es war dunkler, da mehr Kleie durch den Beutel stäubte, als das Ladenmehl.

Hie und da kam es auch vor, daß Hausgeräte ausgeliehen wurden, aber nur selten, da jeder Hof reichlich versorgt war. Nur den Eisenpflug liehen die Nachbarn an manchen Jahren von uns, wenn sie Feldstücke bebauten, die nicht steil waren und einen ordentlichen Grund hatten, sodaß die Schar nicht gleich an die Steine geriet.

Zu jener Zeit, so kommt mir heute vor, war man in vielem friedlicher und freigebiger als heute, obgleich weit mehr gespart wurde. So erlosch der Brauch noch in meiner Kindheit, bei Begräbnissen Kerzen zu verteilen. Die Frauen zündeten sie auf dem Weg zum Friedhof an, wir Kinder brachten sie immer unangetan heim und gaben sie der Mutter oder der Bas Nanne, sie sollten die Kerzen, die unten einen schwarzen Trauerrand hatten, für uns aufbewahren. Sie taten es auch, aber wir kümmerten uns nicht mehr darum, wie sie weiter verwendet wurden, wir brauchten sie auch nicht. Bei größeren Begräbnissen waren es oft recht ansehnliche Kerzen, meistens waren sie dünn und schlank wie ein Haselsproß.

Manche ließen sogar Kerzen verteilen, wenn ein Kind begraben wurde. Noch früher verteilte man Brot und Salz, wenn eine Leiche aus dem Hause getragen wurde. Ich habe es nie gesehen, der Brauch war schon in meiner Kindheit abgekommen.

Die Zeiten gehen schnell, auch in den Bergen. Alte Bräuche verschwinden, neue kommen auf. Waren die alten besser, sind es die neuen, was liegt an der Frage? Daß heute die Menschen nachbarlicher sind als einstmals, weiß ich nicht. Daran läge es aber.

*

Mitten im Dorf hing auf einem Schuppen, der an ein größeres Gebäude angebaut war, ein Holzschild mit der Aufschrift »Dorf Panzendorf pol. Bez. Lienz Land Tirol«. Darunter waren auf verschiedenen Tafeln Verordnungen und Kundmachungen des Vorstehers angeheftet, die bösen hinter Glas, die weniger bösen hinter einem losen Drahtgeflecht, die gewöhnlichen frei. Unter den freien war auch einmal die Verordnung eines Nachbarbürgermeisters, in der verboten wurde, »Wald- und Wiesenbären« auf seinem Gemeindegrund zu sammeln, nur den Einheimischen sei es gestattet.

Über das Sammeln von ›Wald- und Wiesenbären‹ kamen wir hinweg. Die Rechtschreibung konnten nicht alle so beherrschen wie wir, die darauf gedrillt worden waren wie Pudel, mehr störte uns die Wiederholung des Wortes Dorf auf dem Schild. Was sollte Panzendorf mit nicht einmal 60 Hausnummern anderes sein, das kleine Häuflein Häuser, die der Villgraterbach an den Schloßhügel von Heinfels drängte? »Dorf Panzendorf«, so ein Pleonasmus! – 1938 verlor die Gemeinde Panzendorf ihre Selbständigkeit und wurde ein Vorort von Sillian. Erst nach dem Kriege gelang es, sie wieder zurückzugewinnen. Es war nicht einmal sehr einfach. Etwas verlieren ist leicht, es zurückbekommen schwer.

Zwei Schwarzpappeln bewachen die Antoniuskirche im

Dorf. »1694« steht als Jahreszahl der Erbauung auf dem Steinpfosten des Tores. Einmal in der Woche wird in der Kirche Messe gelesen; sie ist immer gut besucht, auch im Sommer, wenn die Arbeit »kälbert«, wie man sagte. Gegenüber liegt die Schmiede, sie sorgt für Lärm und Ruß. Fast in jedem Haus wohnt ein Handwerker. Meistens sind sie mit der Arbeit in Rückstand, aber mit Geduld und noch mehr Geduld erlebt man alles, vieles in einem Jahr, anderes in zwei und drei Jahren.

Gleich hinter unserer Mühle im Weiler Rabland jenseits der Drau stand, vom gleichen Wasser getrieben, das sogar in der gleichen »Wiere« (Zuleitung) daherrann, das große Wasserrad, mit dem die Maschinen des Gerbermeisters Josef Schraffl in Schwung gesetzt wurden. Das Rad ging ganz selten noch. Meist war die Tür gesperrt, und wir wären doch so gern in die Hütte hineingegangen, die Maschinen zu sehen und die Arbeit. Nur einmal, erinnere ich mich, war der Meister da, aber damals war schon fast alles weggeschafft, ich sah wenigstens nichts mehr, das einer Maschine geglichen hätte. Bald darauf redete man, daß Schraffl in Konkurs gegangen sei. Ich stellte mir das wie einen Weltuntergang vor, wenigstens für den Betroffenen. Aber der Gerbermeister ließ sich nichts anmerken.

Er hatte gewiß sein Handwerk verstanden, ich hatte es nie anders gehört, aber die alten Zeiten waren vorbei, wo die Bauern die Häute von der jährlichen Hausschlachtung dem Gerber zum Gerben brachten, damit ein Ledervorrat auf dem Hofe vorhanden war, wenn der Schuster in die Stör kam, den Kindern und Dienstboten und wohl auch Bauer und Bäuerin neue Schuhe anzufertigen und die alten zu flikken. Nun verkauften sie die Häute an Fellhändler und kauften die Schuhe mehr und mehr im Geschäft. So war dem Gerbermeister Schraffl der goldene Boden entzogen, auf dem sein Gewerbe geblüht hatte.

Er pflegte jeden Tag in die Messe zu gehen, seine Buben ministrierten und trugen kurze Hosen aus feinem Stoff. Sie sagten »Sie« zu Vater und Mutter, zu Weihnachten gab es in ihrer Stube einen Christbaum, den einzigen im ganzen Dorf. Die Schwestern, die schon älter und in einem Dienst waren, kleideten sich völlig städtisch, sie kamen nur selten, ich kannte sie kaum. Wir unterließen nie, den Meister zu grüßen, wenn er auch ab und zu einem eine Ohrfeige gab, der in der Kirche geschwätzt oder gelacht oder sonst etwas getrieben hatte, das nicht in die Kirche paßte. Das große Haus mitten im Dorf gehörte nicht mehr ihm, wir guckten bei den Fenstern in die Stube hinein, in der alles leer war, und gingen mit einem ehrfürchtigen Gedanken, den wir uns nicht so recht erklären konnten, vorbei hinüber zum Tischlermeister Rainer, unserem Paten. Dort erst fühlten wir uns wieder im Dorf.

Wir hatten, da wir auf dem Berg wohnten, nicht viele Beziehungen zum Dorf. Jeden Dienstag wurden wir von der Mutter nach St. Anton in die Messe geschickt. Sonst kamen wir nur ins Dorf, wenn wir eine Bestellung auszurichten oder in der Gemischtwarenhandlung des Alois Rainer etwas einzukaufen hatten, für die Mutter Zucker, Reis, Kaffee, am alleröftesten ein winziges Päcklein Germ, für den Vater Nägel oder sonst etwas Eisernes. Trafen wir es gut, bekamen wir von der Ladin Zuckerlen, trafen wir es schlecht, bekamen wir nichts, dann dünkte uns der Weg umsonst.

Raufereien zwischen uns Bergerbuben und denen im Dorf kamen kaum vor, schon deswegen nicht, weil wir weitaus in der Mehrzahl waren. Kleine Plänkeleien ereigneten sich wohl gelegentlich, doch waren sie ohne Belang. Größeres konnten wir schon deswegen nicht wagen, weil der Lehrer so lange im Tor stand und uns nachsah, bis wir hinter dem Schloßhügel, die vom Dorf auf dem Abkürzungssteige verschwunden waren. Es hätte am nächsten Tag in der Schule kein sanftes Nachspiel gegeben. So währte eigentlich ein ewiger Landfriede, ein geschichtliches Ereignis, das leider nur hier aufgezeichnet ist.

*

Zur Umgebung meiner kleinen Kinderwelt gehören auch zwei historische Sehenswürdigkeiten, einmal das Schloß Heinfels, zum andern die gedeckte Holzbrücke in Panzendorf, die längste von Österreich.

Schloß Heinfels ist nicht sehr alt, die Ringmauern mit den Schießscharten gehen in die Zeit Kaiser Maximilians zurück und damit gewiß auch Teile der Wohnburg. Maximilian hatte die Burg von den Görzern geerbt, die im Jahre 1500 ausstarben. Diese Teile sind am meisten verfallen, im Westen die Ringmauer mitsamt den Ecktürmen, ebenso auf der Nordseite, besser sieht es im Süden und namentlich auf der Ostseite aus, wo sogar noch neben dem Eckturm die Spanischen Reiter standgehalten haben. Der älteste Teil ist der Bergfried; er schließt mit Zinnen ab, die aber eingedeckt sind, sodaß sie kaum in Erscheinung treten. Trotz des Daches hat die Mauer Risse, derart, daß Schwindelfreie an ihr bis zuoberst klettern, was uns seinerzeit noch nicht eingefallen wäre. Der Eingang zum Turme öffnet sich hoch oben, also ist es einer, in den man sich flüchten konnte, wenn es draußen gefährlich wurde.

Im Wohntrakt gelangt man über eine Wendeltreppe zum heute völlig leeren Rittersaal hinauf, hinter dem sich die vollständig verfallene Kapelle befindet. In meiner Kinderzeit waren noch einige Wandfresken sichtbar, ein Teil der Decke war eingestürzt, der Schutt häufte sich am Boden, niemand räumte ihn weg, obgleich damals noch ein oder zwei Parteien im Schlosse wohnten. Die letzten Fresken wurden vor einigen Jahren abgenommen und nach Lienz ins Museum gebracht. Im Innenhof plätschert ein Brunnen, zu dem das Wasser vom Heinfelser Berg heraufgestaut wird; im Winter gefriert er meist ab, da die Leitung – seinerzeit ausschließlich Holzrohre – fast an der Oberfläche liegt. Im äußeren Burghof geht ein Ziehbrunnen in die Tiefe. Sooft wir das Gruseln lernen wollten, beugten wir uns über den Rand und starrten auf den Wasserspiegel hinab. Wir dachten, der Brunnen reiche bis zur Talsohle, wo ihn das Grundwasser speiste.

Von der Kirche St. Peter führte seinerzeit eine hölzerne und mit Brettern gedeckte Treppe hinter die Ringmauer hinauf, die 120 Stufen hatte, so viele, daß sie dem kränklichen Kaplan Vöstner zuviel waren und er wenigstens im Sommer den Fahrweg zu seinem Widum benützte, der im Ostturm der Ringmauer eingerichtet worden war. Außen klafften noch die Schießscharten im Gemäuer, innen waren sie vermauert, neben ihnen waren die Fenster ausgebrochen, schmale Schlitzaugen, die wenig Licht einließen. Die Zimmer waren klein, schwindlig steile Stiegen führten von einem Stock in den anderen. Der Kaplan wäre froh gewesen, wenn seine Wohnung näher bei der Kirche gestanden hätte; der Wunsch ist erst in jüngster Zeit einem Nachfolger erfüllt worden. Der neue Widum steht neben St. Peter auf sonniger Terrasse, ein Südlandsplätzchen von Frühjahr bis Herbst, im Winter umheulen es die Stürme aus Villgraten, die sich mit denen aus dem Oberland kreuzen, ein Konzert, das nur aus Dissonanzen besteht.

Immer wieder ist uns erzählt worden, es gäbe vom Schloß einen unterirdischen Gang hinab ins Dorf; heute sei er zugefallen, wurde hinzugefügt, und ungangbar. Im Schloßkeller bin ich gewesen, ich habe dort auch nach dem unterirdischen Gang gesucht, gefunden habe ich ihn nicht. Er hätte durch den Felsen gemeißelt werden müssen. Den Alten war alles möglich, so kann es auch diesen Fluchtgang gegeben haben, der den Bewohnern des Schlosses zur Freiheit verholfen hätte, wäre kein anderer Weg mehr gewesen.

Die unheimlichste Örtlichkeit des Schlosses war das Burgverlies; es hieß, im Boden steckten Messer und Lanzen, die Spitzen nach oben gekehrt, auf sie sei aus der Höhe hinabgestürzt worden, wer ohne Aufsehen erledigt werden sollte; menschliches Gebein liege herum, Totenschädel. Das waren Geschichten, wir glaubten sie alle. Das Schloß wurde gewaltig durch sie, es bekam eine Geschichte. Einmal entdeckten wir ein Loch im Hunnenturm, zufällig: wie viele Entdeckungen und Erfindungen verdankt der Mensch dem

Zufall! Wir spähten hinunter in die finstere Tiefe, dort unten mußten sie stecken, die Messer, die Knochen. Es war umsonst, das Auge drang nicht durch. Wir warteten, daß es sich ans Dunkel gewöhne, es gewöhnte sich nicht. Später gelang es uns hinabzuklettern, es verlangte Tapferkeit, aber wir wurden enttäuscht, wir fanden nichts als Vogelkot angehäuft, und die Luft stank. Also war es nichts mit den alten Geschichten, sie waren Lüge, Märchen ohne Wahrheit.

Ähnlich mochte es sich mit den Sagen um die alte Holzbrücke, einem Meisterwerk alter Zimmermannskunst, verhalten. In der Brücke hängt ein großes Kruzifix, dessen künstlerische Bedeutung nicht eben hervorragend ist. Das eine Bein der Figur zeigt eine Kerbe, die ein übermütiger französischer Säbelhieb anno 1809 hineingeschlagen haben soll, bis zur Stunde habe sie niemand auszubessern vermocht, obgleich es an Versuchen nicht gefehlt hätte. So nimmt auch heutzutage vor diesem Kreuze noch mancher den Hut ab, der ihn vor anderen aufbehält, denn der Mensch wünscht das Wunder, mag er vielleicht auch nicht daran glauben. Die andere Sage berichtet, Soldaten der Nachhut, als 1797 französisches Militär durch das Pustertal zog, hätten die Brücke in Brand stecken wollen, das wäre von Scharfschützen, die sich am Petersberg verschanzt hatten, verhindert worden. Die Brücke blieb stehen, und heute hält das Denkmalamt seine Hand darüber.

Jahreszeit der Bauern

Anbauen

Oft hatte der Boden vom Winter her noch zuviel Feuchtig-
keit, dann war die Erde klobig und schwer. Die Ochsen
vorne keuchten im Joch, der Schaum flockte ihnen von den
Lefzen. Immer wieder mußte der Vater die Erdknollen vom
Pflugeisen schaben, oft mitten in der Furche.

Bei uns, wo der Schnee früh weggeht und die Frühjahrs-
sonne warm auf die Äcker scheint, war der Boden meistens
trocken, sodaß der Staub über den Acker wehte, als sei es
Nebel. Der Vater am Pflug und die Dienstboten, die hinter
dem Pflug mit der Haue die Schollen zertrümmerten und
einebneten, mußten oft innehalten und sich die Augen aus-
wischen, in denen der Staub brannte. Für uns Kinder gab es
eigene kleine Hauen, und wir mußten sehr bald mithelfen,
großen Nutzen hatten die Erwachsenen von unserer Arbeit
nicht, wir hielten auch nicht lange durch und suchten lieber
Mehlwürmer für die Stubenvögel.

Wir pflügten meist mit Ochsen, weil es billiger kam, und
überall dort, wo der kleine hölzerne Bauernpflug der Alpen
ging, die »Arl«, für die kein Feld zu steil war. Sie warf nur
kleine Furchen auf, man mußte oft fahren, bis ein Acker umgebrochen war, sodaß man wohl ungeduldig hätte werden
können. Der Eisenpflug riß große Schollen auf und wälzte
sie um, die Ochsen waren dafür zu schwach, der Vater mußte
Pferde bestellen. Meistens kamen sie vom Wirt in Tessenberg, zusammen mit dem Bruder des Wirtes, der sie führte
und mit dem wir Kinder uns sehr angefreundet hatten, denn
er kam auch im Herbst, die Dreschmaschine zu führen.

Man legte großen Wert darauf, daß der frisch eingesäte
Acker glatt und schön war, ohne Löcher und ohne Steine
und Wurzeln. Waren die Schollen eingeebnet, säte der Vater

mit weiten Schwüngen das Korn, dann zogen die Erwachsenen die Egge darüber. Tiere hätten zu große Löcher in den weichen Grund getreten, das litt der Vater nicht. Wie ein blanker Tisch mußte der Acker aussehen. Schließlich rechte die Bas Nanne alle Wurzeln und Steine, die von der Egge am Rand liegen gelassen wurden, zusammen und trug sie in den Wald hinunter. In den Ecken drückte sie mit dem Rechenjoch ein Andreaskreuz in die Erde. Jetzt war der Acker fertig.

Meistens fiel Ostern in diese Zeit. Man suchte, mit den gröbsten Anbauarbeiten vorher fertig zu werden, nur kleinere ließ man für später, den Flachs, die Bohnen und Erbsen, und mit den Kartoffeln ließ man sich überhaupt Zeit. Am Karsamstag steckten wir ein Kreuz in die Mitte der Äcker, es blieb dort, bis man Garben schnitt.

Zwei große Äcker hatten wir auf Tessenberger Gemeindegrund. Da sie vom Hause am weitesten ablagen, aber auch ihrer Beschaffenheit wegen, erforderten sie besonders viel Arbeit. Der eine trug viele Disteln mit langen, pfeilgeraden Dolchwurzeln, die tief in den Boden hinabreichten und dem Pflug große Schwierigkeiten machten, den Jäterinnen noch größere. Der Acker war keine Augenweide, auch nicht, wenn er brachlag, aber unten hinter dem Zaun wuchsen viele große Erdbeeren, denen wir Kinder fleißig nachstellten. Meistens kamen wir ja zu spät, da das Geheimnis zu sehr bekannt war, und Diebe wachsen wie Disteln überall. Wir hätten ihnen gern gewünscht, daß ihnen die Erdbeeren, die sie auf unserem Grund und Boden gestohlen hatten, das Gedärm umdrehten, aber Erdbeeren sind so sanft und zahm, daß sie wohl ab und zu einen Ausschlag hervorrufen, aber Magen und Darm völlig in Ruhe lassen. Ja, wenn es immer gegangen wäre, wie wir gewollt hatten, ich glaube, die Welt sähe heute jämmerlich aus und die beiden Weltkriege hätte es dazu gar nicht gebraucht.

Später verkaufte der Vater diesen Acker, weil er ihm zu weit abseits vom Hause lag und zu wenig Nutzen brachte.

Nie genug konnte er Mist haben, und gerade dafür war der Weg zu weit, mehr als vier Fuhren im Tag brachten die langsamen Ochsen nicht an Ort und Stelle. Der Grund war sandig und unfruchtbar, für Disteln und ihre Vettern war es freilich ein Paradies, aber dafür hatte der Vater nichts übrig.

Der zweite Tessenberger Acker lag etwas höher. Er hatte die bessere Erde, das Gras wuchs immer halbmannshoch. Freilich verlangte er fast rundherum einen Zaun, weil die Viehweide der Tessenberger daran stieß. An jedem Frühjahr brauchte der Vater mehrere Tage, den Zaun auszubessern oder neu aufzustellen, kein Wunder, daß er auch diesen Akker nicht über die Maßen liebte, denn trotz allen Vorkehrungen geriet das Vieh doch immer wieder hinein.

Manchmal ging ich mit ihm und sah zu, wie er aus Fichtenästen Ringe drehte und Pflöcke in den Boden schlug. Oft stand ich auch nur da und betrachtete die kleine, vernachlässigte Keusche, die weiter oben stand, wenig unter dem Wald. Sie hatte nur ein Erdgeschoß, der Verputz war zu einem Großteil abgefallen, am Dachmantel fehlten Bretter, es war das »Sast-Häusl«.

Hier hauste mit ihren Kindern und dem versoffenen Mann die Sast-Lene. Sie kam sehr oft auf unseren Hof um Milch, Eier und Schmalz, manchmal bezahlte sie es, gewöhnlich sagte sie »Vergeltsgott«. Die Mutter war auch damit zufrieden. Wir hatten die große, sehr redselige und eigentlich hübsche Frau nicht ungern. Sie stammte aus Ampezzo und erlernte in ihrem ganzen Leben die deutsche Sprache nicht richtig, sodaß wir sie oft auslachten. Sie nahm es nicht übel und fuhr, noch redseliger geworden, in ihrem Kauderwelsch fort. Sie hätte die vielen Kinder nie weiterbringen können, wenn nicht gute Leute sie an ihre Tische genommen hätten. Ihr Mann hütete während des Sommers in Volkzein, der großen Alm im hintersten Winkeltal in Villgraten. Wurde das Vieh abgetrieben, sahen wir ihn an manchen Tagen ›schwer beladen‹ an unserem Haus vorbeitorkeln. Unten, wo das Feldkreuz steht, pflegte er zu rasten.

Die Frau tat uns leid, daß sie einen solchen Mann hatte. Sie weinte auch oft, aber schon drei Minuten später war sie wieder heiter, redete und erzählte. Wenn wir auf den beiden Äckern arbeiteten, kam sie manchmal und leistete uns Gesellschaft. Sie griff nicht zu, wir verlangten es auch nicht, vielleicht wußte sie gar nicht mit Feldgeräten umzugehen.

Ein großer Teil des zweiten Ackers lag im Schatten hoher Fichten, dort wollte im Frühjahr der Schnee nicht schmelzen, wir mußten Asche säen, aber es half nicht sehr viel. Zwischen dem Acker und dem Wald zog sich ein schmaler, sehr steiler und feuchter Rain hin, auf dem so viele junge Fichtenbäumchen wuchsen wie in einer Baumschule, der Wald selber hatte sie ausgesät. Wir rissen sie in großen Büscheln aus und warfen sie hinab in den Wald.

Als wir einmal an einem strengen Wintertag Mist auf diesen Acker führten, hörten wir plötzlich ein lautes Geschrei, das vom Sast-Häusl herunterkam. »Der Geier, der Geier!« Wir sahen auf. Wirklich flog hoch in der Luft ein Hühnerhabicht dahin, der eine Henne in den Fängen trug. Ob ihn das Geschrei der Sast-Lene erschreckt hatte oder ob ihm die Henne zu schwer geworden war, weiß ich nicht. Er ließ sie aus und sie fiel, mit den Flügeln schlagend in den Schnee. Die Frau watete über das Feld herab und nahm die Henne, sie küssend und liebkosend, auf den Arm. Weil wir nicht weit weg waren, kam sie auf uns zu. Der Henne war nicht viel geschehen, unterließ aber, wie sie uns später erzählte, für einige Wochen das Eierlegen, so sehr war ihr der Schrecken in die Fabrik gefahren.

Ja, überall erlebten wir Geschichten. Mir selber erschienen die beiden Tessenberger Äcker immer etwas fremd, als gehörten sie nicht uns. Alle anderen Felder, eine Mooswiese ausgenommen, lagen geschlossen um den Hof, nur die beiden Äcker hatten sich gleichsam fortgestohlen, mitten hinein in die Tessenberger Gründe. Wer von den Alten sie gekauft hatte, sagte der Vater nicht, vielleicht wußte er's selber nicht einmal.

Heumachen

Wir besaßen eine Viertelstunde oberhalb des Hauses eine moosige Wiese, die mitten in den Feldern der Nachbarn lag. Sie wurde immer als letzte gemäht, unmittelbar vor dem Roggenschnitt, manchmal gar erst nachher. Groß war sie nicht, wenn das Wetter gut blieb, konnte man leicht in vier Tagen fertig werden.

Uns Kindern kamen die Wege hinauf sehr weit vor, besonders wenn uns die Mutter mit der Jause schickte oder wenn wir etwas auszurichten hatten und ein Befehl uns hinauftrieb. Stand es in unserem Belieben, war der Weg weit kürzer, wir trippelten Schritt für Schritt hinauf, machten wohl gar Umwege, blieben stehen, rauften ein wenig und stritten, daß sie uns oben längst gehört hatten, wenn wir erst auf halbem Weg waren. Nein, es war wirklich nicht weit.

Oben wurde es für uns erst schön, wenn das erste frische Heu eingetan war. Wir konnten uns in der Schupfe herumtollen nach Herzenslust. Der Vater sah es sogar gern, denn wir kneteten das Heu zusammen, vielleicht hätte alles Platz und er brauchte nicht neben der Schupfe noch einen großen Schober aufzubauen, eine »Driste«, wie solche Schober bei uns heißen. Wir gruben uns im Heu ein, ›schliefen‹ eine halbe Minute oder noch weniger, sprangen aus den Heuwiegen, in die wir uns gebettet hatten, warfen uns gegenseitig Heubüschel ins Gesicht, erwischten und fingen einander und machten bei all dem einen Lärm, als sei die Welt im Untergehen. Die Großen mähten draußen oder wendeten das Heu um, die Bas Nanne rechte das Gras zu schmalen Streifen zusammen, denn es gab Stellen in der Mooswiese, wo nur wenig wuchs. Mehlprimeln blühten noch, die Schöpfe des Wollgrases hoben sich auf, sogar Arnika und der hohe Gelbe Enzian standen da wie höher oben auf den Bergwiesen.

Eigene Bergwiese besaßen wir keine mehr. Einmal hatte eine zum Hof gehört, aber als eine Lawine die Heuschupfe zerstört hatte, verkaufte sie der Großvater einem Tessenberger. Freilich, ob gerade die Lawine schuld war oder ob es ihn verdroß, tagelang mit der Sense zu schaben, bis eine Winterbure (Schlittenfuder) beisammen war, oder ob er Geld brauchte, etwa den Stadel umzubauen, wurde nie gesagt. Alle Nachbarn besaßen Bergwiesen, einer so viele, daß er nie alle mähen konnte. Wo die Heinfelser Felder aufhörten, fingen die Bergwiesen mit ihrem kurzen Gras und den langen Lärchen an. Das sonnenverbrannte Gebälk der Schupfen stand mitten darin, noch besser am unteren Rande, wenn sie dort vor Lawinen sicher waren.

Als Student besuchte ich oft die Nachbarn, wenn sie die Bergwiesen mähten. Schon das kam mir idyllisch vor, daß man unter einem Lärchbaum aus drei Steinen eine Feuerstätte gebaut hatte, die Mittagspolenta zu kochen oder die Knödel zu sieden, die man im Rohzustand vom Hofe mitgenommen hatte. Abends gab es immer Mus, denn man blieb oft die ganze Woche oben und schickte höchstens eine Magd oder ein Kind zu Tal, um sich neu zu verproviantieren, denn Polenta, Knödel und Mus allein waren kein Ideal, auch nicht für die Bergwiesenzeit.

Freilich, bei Regenwetter war es keine Sommerfrische, obwohl die Bauersleute den Aufenthalt in den Bergmähdern gern so betrachteten, trotz aller Arbeit mit Sense und Rechen. Es blieben auch die Gewitter nicht aus, Blitz und Donner war man hier noch näher als unten auf den Höfen, sodaß die Heuschupfe, in die man sich zurückgezogen hatte, jedesmal erzitterte.

Da es Tage im Juli und August waren, wo der Sommer heiß aufs Land brennt, wurde es doch immer ein schöner Aufenthalt. Die Blumen waren verblüht, die Sense faßte fast nur Gras. Das Heu wurde in Riemen, oder wenn es gar zu kurz war, in großen Tüchern zur Schupfe getragen, es war keine große Arbeit. Die große Arbeit war das Mähen und das Zusammenrechen des Grases, immer wurden es nur schmale Streifen, mochten die Mäher noch so breite Flächen vornehmen. Manche Bergwiesen waren so groß, daß man fast eine Stunde brauchte, sie von unten bis oben auszugehen.

Der Mensch war anders hier oben. Er hütete sich, Streit anzufangen, abends klangen Lieder, wenn das Tagewerk vollbracht war. Eine Ziehharmonika schrillte auf, wohl sogar ein Tänzchen wurde auf dem Platz vor der Heuschupfe versucht, es gelang nicht so recht, aber ein Tänzchen war es deswegen doch. Am Himmel flimmerten die Sterne, die weiße Bahn der Milchstraße floß hindurch. Einer erzählte Geschichten, die er gehört oder selber erfunden hatte. Man genoß die Abende im Bergheu. Die Tage waren jetzt im Sommer lang. Im Tal rechnete der Bauer auch den Abend dazu. Hier oben strich er ihn ab. Es war das Geschenk, das er sich gönnte.

Wenn bei uns die Mooswiese gemäht wurde, waren höher oben in den lockeren Wäldern auch die Schwarzbeeren reif. In manchen Jahren waren sie sehr zahlreich, in andern fand sich nur hie und da eine an den grünen Stäudlein, die den Waldboden überwucherten. Wir taten dennoch groß und sagten, man solle uns eine große Kanne mitgeben, wir wollten eine ganze Wanne voll pflücken. Die Bas Nanne lachte uns aus, wissend, wie wenig Schwarzbeeren es heuer gab. So brachten wir nicht viel heim. Der Mooswiese waren wir ausgewichen, damit die Bas Nanne nicht sehen sollte, wie leer die Kanne geblieben war. Die Mutter war auch so zufrieden und lobte uns. Sie aß Schwarzbeeren gern, mir schmeckten sie im Grunde nicht sehr.

Heute ist die Mooswiese an einen Nachbar verkauft, der schon lange ein Auge darauf hatte. Vielleicht hatte sie einer seiner Vorfahren schon besessen, weil sie seinem Hofe viel bequemer lag als unserem. Wie schnell rannten die Sommerwochen dahin. Eben war es Montag gewesen, eine neue Woche hatte begonnen, und jetzt läutete es in St. Peter schon wieder zum samstägigen Wetterrosenkranz. Die Arbeit fieberte auf Acker und Feld, das dürre Heu mußte in den Stadel gebracht werden. Wer konnte wissen, ob das Wetter bis zum Montag schön blieb.

Vernahmen wir auch die Glocken von Tessenberg, dann wußten wir, daß die schönen Tage vorbei sind und das Wetter umschlägt, vielleicht schon morgen, sonst gewiß übermorgen. Hatte es längere Zeit geregnet, standen die Heuschober in langen Zeilen da. Der Wind trug den Duft des trockenen Heues zu uns her, ich sog ihn tief in die Lungen, es schien mir, als berge sich alle Heilkraft der Blüten und Kräuter in diesem köstlichen Duft.

Später rauschten die Sicheln im Gehalm, die Roggenmänner standen auf den Äckern Habtacht, bei uns auf dem Berge und drunten im Tal, nur drüben auf der Schattseite war es noch nicht so weit. Gerste, Weizen und Hafer wurden in die Harpfen zum Trocknen aufgehängt, sie kamen erst in den Stadel, wenn Dreschzeit war.

Kornschneiden

Allmählich gilbten die Halme auf dem Roggenacker, die Ähren wurden fester, die Körner innen weiß und mehlig. Eines Tages holte der Vater die Sicheln aus dem Schuppen, dengelte sie, übergab der Bas Nanne eine, eine zweite der Magd, die dritte behielt er selber, der Kornschnitt begann. Wenn fremde Schnitterinnen dazugedungen wurden, ging der Vater auf dem Acker von der einen zur anderen, ihr die Sichel zu wetzen. Damit sie in der Arbeit nicht aufgehalten wurde, reichte er ihr inzwischen die seine. Hatte die Schnitterin schon eine Heiratsaussicht, wurde wohl manches Scherzwort gewechselt; ist die Hochzeit einmal verkündet oder sitzt sie als junge Bäuerin in irgendeiner Stube, hören die Scherze rasch auf.

Mir kam es immer als etwas Besonderes vor, wenn diese Zeit da war. Woran es lag, weiß ich nicht, ich habe es nie gewußt. Später, als der Vater den Roggen mit der Sense mähte und die Mägde nur noch die Garben heraushoben und aufs Band legten, dünkte es mir weit weniger erhaben. Der Roggen war Weizen, Gerste und Hafer gleichgestellt. Die Halme mochten noch so lang sein, sie sanken unter der Sense, als wäre es Gras. Wenn die Sichel in die Halme fuhr, sie kurz über dem Boden abschnitt und noch mithalf, wenn sie zusammengebündelt und aufs Band gelegt wurden, das war alles viel feierlicher, der Acker duftete, warm rann die Sonne über die Garben und Stoppeln. Die Sense fuhr los, wie eine Maschine war sie gegenüber der Sichel, die Garben wurden nie so schön und gleichmäßig. Die Sense verzettelte die Halme, viele Ähren blieben auf dem Acker liegen, wenn die Bas Nanne sie nicht zusammenrechte, oder eines von uns Kindern sie auflas und einsammelte, wie der Vater es ihm angeschafft hatte. Das war immer die langweiligste Arbeit gewesen, zu der ich verurteilt werden konnte, zum Glück dauerte sie nie lange.

Einmal schnitten wir gerade einen der Tessenberger Äkker, als es eine totale Sonnenfinsternis traf. Obwohl wir davon wußten, war es unheimlich, als das Licht auf einmal nachließ. Wir hatten zu Mittag Glasscherben an brennenden Kerzen geschwärzt und betrachteten nun die Sonne, in die sich das Dunkel langsam hineinschob, bis nichts mehr von ihr zu sehen war. Dabei kam uns vor, als dränge das Dunkel auch in uns hinein. Wir hatten uns auf die Garben gesetzt, auch auf den anderen Äckern hatten die Leute die Arbeit unterbrochen. Die Hühner rannten, ängstlich mit den Flügeln schlagend, dem Stalle zu, als drohe ihnen ein Geier in der Luft. Auch der Hahn hatte allen Stolz verloren, er lief noch schneller als die Hennen. Im Dorfe, so hörten wir später, lief der alte Gorl schreiend durch die Gassen, er wolle seiner Lebtage keinen Tropfen mehr trinken, versprach er, wenn nur dieses eine Mal die Welt noch stehen bliebe. Auch vor den Widum kam er und rief zu den Fenstern hinauf, der geistliche Herr möge herauskommen und ihm die Beichte abnehmen, er wolle sich bekehren und allen Räuschen abschwören.

Im September gibt es auf den warmen Leiten von Heinfels nur noch wenig Äcker, auf denen das Korn steht. Es ist auch Zeit, da das Grummet drängt, es dorrt so schwer in den kühlen Herbstwochen, und der Winterroggen muß angebaut werden. Die Tage sind schon merklich kürzer, das Licht zögert am Morgen, die Abenddämmerung gewinnt mit jedem Tag früher Raum. »Zu Laurenz am Horn, zu Bartlmä am Korn« (10. bzw. 24. August), heißt ein Spruch über den Herbst.

In diesen Tagen wird auf dem letzten Acker die letzte Garbe geschnitten, sie heißt die »Betgarbe«. Fast immer ist es der Hafer, der zuletzt drankommt. Er hat keine Grannen wie der Roggen oder gar die Gerste, die Halme sind weicher, die Schnitterinnen freuen sich, wenn die Grannengarben zurückliegen. Nun bohrt sich ihnen nichts mehr hinter das Rupfenhemd, die Hände bekommen keine Schrammen, man kann die Kopftücher wegtun und Strohhüte allein tragen.

Wer die letzte Garbe schneidet, ist gleichgültig, bei uns war es stets die Bas Nanne, die beste Schnitterin auf dem Hof, auch dann noch, als der Vater mit der Sense auf die Äcker kam, der erste in der Gegend, der damit anfing. Liegt die letzte Garbe da, wird sie sofort zugebunden und aufgestellt. Dann knien sich alle auf dem Acker nieder und verrichten das Ablaßgebet. Immer ist es ein feierlicher Augenblick gewesen. Schon als Kind kam es mir vor, als sei es eine besondere Stunde. Eine lange, große und schwere Arbeit war glücklich beendigt, eine drückende und bange Sorge weg. Hagel hätte die Saaten zusammenschlagen können, gerade zur Zeit, wo in den Ähren die Körner hart wurden und mehlig. Es ist nicht geschehen. Wohl lagen die Halme an vielen Stellen auf dem Boden, von Wind und Wetter niedergebügelt, auf manchen Äckern wußten sie gar nicht, nach welcher Richtung sie sich legen sollten und wählten, unentschlossen, wie sie waren, gleich alle, für die Schnitterinnen und Schnitter ein Greuel.

In manchem Sommer waren die Halme dünn geblieben, obwohl der Vater gesät hatte wie immer, es war zu trocken und zu heiß gewesen, sodaß nicht alle Körner keimten, und die Halme kurz blieben, sich selber ein Spott. Es war in diesem Jahre nicht geschehen, Sonne und Regen wechselten in schöner, sanfter Reihenfolge ab. Man brauchte nicht fremdes Korn zu kaufen oder Hafer und Gerste unter das Roggenmehl zu mischen. Und mochte die Ernte vielleicht einmal nicht so ausgefallen sein, wie sie erhoffen ließ: Auch in diesem Jahr brauchte man nicht Hunger leiden.

Dreschen

Für mich war es wieder einmal ein besonderer Tag, wenn der Vater die Dreschmaschine herrichtete. Es kamen nun vierzehn Tage, wo es laut und lustig bei uns herging.

Wir hatten eine Maschine, die mit einem Pferd geführt werden konnte. Das Pferd kam immer vom Tessenberger Wirt, der Fuhrmann war der Wirts-Franz. Ich konnte langehin das R nicht aussprechen und hieß ihn deshalb nur den »Wits«-Franz. Wenn wir uns später, wo ich das R längst beherrschte, trafen, nannte er sich immer selbst den Wits-Franz. Wir hatten ihn alle sehr gern. Er lachte viel und konnte den ganzen Tag erzählen, wenn wir bei ihm auf der Göpelbank saßen. Auch bei Tische war es immer lustig, wenn der Wirts-Franz mit uns aß, mochte er uns mitunter auch zum Besten halten und uns haushohe Bären aufbinden. Am liebsten sprach er davon, wie er als Bub Vögel gefangen hatte, Meisen, Zeisige und Kreuzschnäbel, wohl auch ab und zu einen Gimpel; wir hörten auch nichts Lieberes. Schon am ersten Dreschtag stellten wir unsere Schlagfallen auf, doch blieb es meistens dabei. Die Meisen, die wir fangen wollten, mieden sie, es half auch nichts, daß wir fünf- und zehnmal am Tag nachsahen. Der Wirts-Franz lachte uns aus. Wir trugen die Falle in ein anderes Gebüsch, aber auch dort fanden die Meisen sie nicht. Ich kannte als Kind alle Strichvögel der Heimat und ihre Lebensgewohnheiten.

Am Tag, da der Vater die Dreschmaschine zusammenstellte, war ich den ganzen Tag um ihn. Vom großen Antriebsrad bis zur Maschine war es ein weiter Weg und es brauchte recht umständliche und verwickelte Übersetzungen mit Riemen und Seilen. Ich verstand nichts von allem, aber ich tat doch, als hinge es von mir ab, daß die Maschine richtig lief, wenn das Pferd gemächlich im Kreise herumging. Wenn sie lief, zitterte das Futterhaus, die Körner spritzen aus der Maschine, die drei Reitern klapperten, sie machten einen noch größeren Lärm als die Dreschmaschine selber, obwohl sie nur die Körner wegzuschütteln und das Stroh auf den Stuhl zu wiegen hatten. Oft kam lange Zeit nichts, dann wieder ein mächtiger Strohballen auf einmal, der sich unter dem Vorhang herausschob.

Das große Antriebsrad für das Pferd stand unter dem Geräteschuppen. Es konnte also draußen regnen oder schneien, was in dieser späten Oktoberhälfte manchmal der Fall war, es berührte uns auf der bequemen Bank nicht. Selbst der Ostwind, der über die Felder herstrich, kam nicht ordentlich zu.

Die Äcker waren abgeerntet, nur die Weißen Rüben hatte man noch draußen gelassen. Manchmal holte ich eine, wenn sie nicht gar zu weit weg waren, auch der Wirts-Franz mußte wenigstens kosten. Ein Festessen war's nicht, oft waren sie bitter hantig, selbst die kleineren, die außen schön rot und blau waren. Wenn ich neben dem Fuhrmann auf der Göpelbank saß und mit dem Taschenmesser eine Rübe bearbeitete, dachte ich an nichts anderes als an das unmittelbar Gegenwärtige. Das große Rad ächzte, die Riemenscheiben knarrten, die Dreschmaschine sang im Firststadel, grauer Staub flirrte aus dem Stadeltor und durch die Söllertür, als brenne es im Hause.

Als wir größer geworden waren, litt uns der Vater nicht mehr auf der Bank neben dem Fuhrmann. Wir mußten die Garben aufbinden und auf den Dreschtisch heben. Beim Roggen kamen wir leicht nach, der hatte lange Halme, die von der Maschine nur langsam geschluckt wurden. Eiliger wurde es, als der Herbstweizen und gleich darauf der Sommerweizen darankam, wo es lauter kleine Garben gab, die von der Maschine nur als Almosen betrachtet wurden. Am allerunliebsten war uns die Gerste, sie hatte lange Grannen, die durch alle Kleider stachen, daß es uns noch im Bett juckte. Die Körner mußten zweimal durch die Maschine gelassen werden, damit es die Grannen abschlug. Man trug sie vom unteren Stadel in den oberen und schüttete sie auf den Dreschtisch, der Vater stieß sie dann mit einem kurzen Besen in die Zähne der Maschine. Ich hatte immer Angst, er käme einmal mit dem Besen zu nah, dann hätte es ein paar Eisenzähne abgerissen, wenn nicht noch Schlimmeres geschehen wäre; ich wartete immer auf das Schlimmste, das am meisten Grusel erregt hätte. Zuletzt kam der Hafer an die Reihe, dort mußte uns die Bas Nanne beim Aufbinden helfen, damit wir nachkamen. Der Vater warf immer ganze Garben in die Walze, wie hätten wir da mit dem Aufbinden nachkommen können!

Jedesmal, wenn eine Getreideart fertig gedroschen war, wurde die Maschine gereinigt und die beiden Städel bis in die letzten Winkel gekehrt. Bei den Körnern, die in die Mühle kommen, hätte es ja nicht viel ausgemacht, wenn ein paar Roggenkörner unter dem Weizen gewesen wären, wohl aber beim Saatgut, der Vater war da immer sehr heikel.

Da nicht alle Garben auf einmal im Stadel Platz gehabt hätten, wurden sie fortzu von den Harpfen geholt. Wir durften uns in die leeren Leiterwagen setzen, manchmal sogar beim Heimweg auf das Garbenfuder. Meistens wurden dabei Ochsen vorgespannt, obwohl ein Pferd im Stall gewesen wäre, aber der Vater sagte, das Pferd sei nur zum Dreschen bestellt worden. Es dauerte immer nur einige Stunden, dann schrillte die Maschine wieder, die Reitern ratterten. War es Zeit zum Essen oder fehlte an der Maschine etwas, riß der Vater an einer Glocke. Dann sprang der Fuhrmann von der Göpelbank herab und hielt mit aller Kraft das große Rad hinter dem Pferd zurück, damit die Maschine schneller zum Stillstand kam. Schwieg das ganze Werk, kam es mir vor, als sei auf einmal alles still geworden. Eben war es noch laut gewesen, in Rabland hatte man es gehört, selbst in Gschwend, plötzlich war alles lautlos. Wenn die Erwachsenen sich etwas zuriefen, war es, als schrien sie, obgleich sie nicht lauter sprachen als sonst.

Das Stroh wurde in der Zwischenzeit auf den Anger gebracht und dort zu einer mächtigen Driste aufgestockt, da es im Futterhaus zu wenig Platz gegeben hätte. Es waren lauter große unförmige Bündel, die auf Stangen zur Driste getragen wurden. Wir durften darauf herumklettern, ›turnen‹ hießen wir das, weil wir immer einen schönen Namen suchten für Dinge, die der Vater nicht gerne sah, aber doch nicht geradezu verbieten wollte.

Wurde die Maschine wieder abgezäumt, war eine schöne Zeit vorbei.

Erdeführen

Auf der Schattseite liegt der Reif in grauen Streifen, so, als hätte es geschneit und das entnervte Gestirn wäre zu schwach gewesen, den Schnee über Tag zu schmelzen. Nässe tropft vom Gebüsch. Ganz selten hängt noch ein Blatt am Gezweig. Kein Vogel singt mehr. Ein leises Piepsen ist ab und zu noch in den Fichten und Lärchen zu hören, eine Meise sucht Nahrung. Nur die Kreuzschnäbel fliegen in großen Schwärmen dem Walde zu, sie brauchen nicht zu hungern, die Samen der Lärchen und Fichten sind reif. Sie müssen nur mit dem gekreuzten Schnabel das Deckblatt aufheben, dann liegt der leckere Bissen da. Aber auch sie singen nicht.

Zu dieser späten Herbstzeit traf es die letzte Ackerarbeit auf den Berghöfen. Die Felder waren fahl, ein kühler Zischelwind fuhr über die Sommeräcker. Da wurde die Erde vom unteren Teil des Ackers an den obersten geführt. In der Ebene kann der Pflug bald auf der einen, bald auf der andern Seite des Ackers mit der ersten Furche beginnen. Das ist auf den Bergäckern nicht möglich und ebenso unmöglich ist es, daß der Pflug Jahr für Jahr unten ansetzt, denn dann wäre oben bald keine Erde mehr vorhanden. Wohl kam es vor, daß der Winter zu früh einfiel, dann mußte diese Arbeit im Frühjahr getan werden, aber dort gab ohnedies eine der anderen die Hand, sodaß oft nur mehr eine schmale Rinne ausgeschöpft und die Erde einfach daneben auf den Acker geworfen wurde, damit der Pflug gehen konnte. Dafür wurde dann im nächsten Herbst ein breites Band ausgeschöpft und die Erde über den Acker hinaufgeführt. Man benützt zu dieser Arbeit kleine Karren, die vorn ein kleines Rad und hinten zwei größere haben, damit die Erde nicht verschüttet wird, wenn der Acker einmal steil ist.

Die langen Seile und Riemen liefen über eine Scheibe, die fest und sicher auf einem großen Holzbock mit Ketten festgemacht war. Der Bock wurde von Zeit zu Zeit versetzt, wenn die Arbeit weiterging. Auf diese Weise konnte das Pferd oder das Zugrind bequem auf dem Wege bleiben, es konnte sogar abwärts gehen.

Unten schöpften die Bas Nanne und die Magd die Erde in den Karren. Da er nicht groß war und sie die Arbeit rüstig taten, war er bald voll. Dann gab die Bas Nanne dem Fuhrmann ein Zeichen, wenn er nicht zusah, das Tier zog an, der Erdkarren schwebte ratternd und schwankend über den unebenen Acker hinauf. Oben schüttete der Vater die Erde aus und häufte sie entlang des Ackerrandes in einem schönen Riegel an, denn bei uns war man auch damit heikel. Schließlich wurde der Karren, die großen Räder voraus, wieder zu den Frauen über den Acker hinabgelassen.

War das Wetter nicht gar zu unfreundlich, setzten wir uns in den Karren und fuhren in die Tiefe. Der Vater hielt uns am Riemen fest, den er durch seine beiden Hände und noch dazu durchs Fürtuch laufen ließ, damit es ihm die Haut nicht aufriß. Unten war ein kleiner Prellbock in die Erde gesteckt, damit der Karren nicht in den Wald hinabschoß, aber der Vater hielt uns so, daß wir es kaum merkten, als wir am Ziel waren. Die Bas Nanne half uns heraus. Dann schöpfte sie wieder zusammen mit der Magd den kleinen Karren mit Erde voll. Oft fuhren wir ein dutzendmal und noch öfter über den Acker hinunter. Wir wunderten uns, daß der Vater die Geduld nicht verlor. Es war nicht immer leicht, den Karren so zu lenken, daß er genau vor den beiden Frauen auf dem Prellbock zu stehen kam. »Wenn der Karren im Wald unten wäre und ihr mit?« lachte die Bas Nanne. »Er ist nicht unten«, gaben wir zur Antwort, das Vertrauen auf den Vater war groß.

Bei schönem Wetter war es eine fröhliche Arbeit. Sie dauerte eine Woche, doch durfte uns Nebel, Wind und Regen nicht verjagen. Das wußte man jetzt im Spätherbst nie. Sie waren mächtig geworden, ihnen gehörte die Welt. Erst schaute der Nebel nur bei einer Talscharte herein, kurze Zeit später fegte ihn der Wind durchs Tal, trieb ihn dem Hochwald zu und preßte ihn an die Häuser. Die Stoppeln froren, immer ärger knarrten die Haselsträucher, als wollten sie sich warm machen wie die Menschen, die die Arme gegeneinander schlagen.

Es konnte sein, daß noch wunderbare Tage ins Land kamen. Das war dann der Altweibersommer, auf den so viele warteten. Es war ein Stück Sommer, das zurückgekehrt war, die Menschen zu erfreuen, besonders die Alten. Nun gehen sie langsam die Feldwege hin, die Sonne scheint auf sie, glitzernde Spinngewebe fliegen durch die Luft. Wer weiß, ob sie den Winter überleben und ob es noch einmal Sommer für sie wird. Die Gelenke sind angeschwollen und schmerzen, die Knie werden gleich müde. Ab und zu blüht noch eine Blume zu ihren Füßen. Das Gras ist braun. Mit jedem Tag wird es fahler. Eines Tages überzieht sich der Himmel mit blassen Wolken. Kalt braust der Wind durchs Tal. Der Winter kommt.

Laubrechen

Die Tage des Laubrechens müssen schön, trocken und warm sein. Auf den Wiesen liegt Reif, die Berge sind vom Winter überkleidet, der tief in den Wald herabreicht. Die Felder um die Gehöfte, die Fluren vor dem Dorf sind von den Rindern abgeweidet, das fröhliche Läuten der Schellen ist verklungen, auch die Feuer schwelen nicht mehr, in denen wir Erdäpfel gebraten haben, alles ist still geworden und sanft und ruhig. Die Sommerfarben sind erloschen, das jauchzende Grün aufgesaugt, einzig der Winterroggen schimmert frisch. Ihm können die herbstlichen Fröste nichts anhaben, er ist stärker als der Winter, selbst unter dem Schnee bleibt er grün, er läßt sich von ihm wärmen, dem kalten, und wartet unverzagt auf den Frühling, mögen ober ihm die Winterstürme hinbrausen.

Tagelang strichen kalte Novembernebel ums Berggehänge, nur für kurze Stunden rastete er in den Wipfeln der Fichten und Lärchen, dann peitschte ihn der Wind weiter. Ihm war jetzt Gewalt gegeben, die ihm der Lenz genommen, und das Land stand offen unter ihm. Wie surrten seine wilden Schwingen, bis in die Stube hörte man sie schlagen. Regen rieselte vom Himmel; wenn der Wind stand, wurde er dichter, wäßrige Flocken mischten sich bei, aber der Winter war es nicht. Am nächsten Tag war es kühl. Die Wege waren ausgewaschen, in den Bergrunsen lag Schnee. Vom Süden fiel warmer Wind ein. Er trocknete die Hänge, weiche Sonne rann über die letzten Blumen, die der Sommer dem Herbst beim Abschied an den Busen gesteckt hatte. Der erste Tag des Altweibersommers war gekommen, die schöne Laubrechzeit.

Die Bas Nanne, der Pap und die zweite Dirn suchten Rechen und Körbe im Futterhaus, gleich nach dem Mittagessen gingen sie los, froh, daß sie wieder in die frische Luft hinauskamen. Noch ist es zu früh für Spinnrad und Webstuhl und die langweiligen Flickarbeiten am Stubentisch. Das ist Winterbeschäftigung, noch ist es Herbst, juhui!

Am meisten Laub ergaben bei uns zu Hause immer die Haselstauden. Überall auf den Rainen standen sie, alle Wälder der Tiefe waren von ihnen umkränzt, sie schoben sich noch zwischen die Bäume hinein, mochte man noch so viele zu Brennholz verhacken, den Stubenofen zu heizen.

Die Arbeit des Laubrechens war mühsam, sie verlangte Geduld und Ausdauer und gutes Gerät. Immer wieder blieb der Rechen hängen, Wurzeln reckten sich aus dem Boden – ritsch, war ein Zahn aus dem Joch gebrochen. An jedem Abend, oft auch in der Mittagsrast mußte der Vater neue Rechenzähne einsetzen. Er schimpfte ein wenig, aber sehr ernst war ihm nicht, es wäre ihm nicht anders gegangen, dachte er wohl, vielleicht noch übler, Männergeduld ist selten größter als die der Frauen.

Ich, der Schulknirps, stand unten am Feldwege, die kurzen Beine auseinandergegrätscht, die Hände in den Hosentaschen. »Habt ihr keine Haselnüsse gefunden?« rief ich zu den Arbeitsleuten hinauf. Die Bas Nanne langte in den Kittelsack, ich wußte, was das bedeutete, und klimmte den steilen, glitschigen Hang empor. Sie schüttete eine Menge Haselnüsse in meinen Hut. Einige hatten ein kleines, rundes Loch, das hatte die Raupe des Haselnußbohrers ausgenagt, um heraus zu kriechen, damit sie sich in der Erde einwühlen und dort verpuppen könnte. Das hatte uns der Lehrer in der Schule beigebracht. Bei solchen Dingen ließ ich mir kein Wort entgehen, dagegen freute mich Rechnen nicht, und doch fing jeder Unterrichtstag mit der Rechenstunde an.

Die Kerne waren jetzt hart und hatten einen anderen Geschmack als im Sommer. Ich klopfte sie mit einem Stein auf oder zerbiß sie mit den Zähnen. Das sollte man nicht tun, warnte die Bas Nanne fast jeden Tag, aber ich tat es doch. Weich und warm umfloß mich die Luft. Ich hatte den Rock ausgezogen und neben mich auf den Weg geworfen. Abends brachte ihn die Bas Nanne in die Stube, ich hatte ihn vergessen. »Sei froh, daß deine Schattseite angewachsen ist, sonst hättest du längst keine mehr.« Es kränkte mich nicht, vielleicht hatte sie recht.

Ich muß immer noch an die schöne herbstliche Wärme denken und an die vielen Nüsse, die ich aufklopfte. Ein feiner silbriger Glanz hing in der Luft, die Fernen waren anders als im Sommer, zarter, leuchtender, wie von innen durchleuchtet sah die Schusterspitze über den Helm herüber. Auf der Schattseite weideten noch ein paar Rinder auf dem Feld, dort drüben waren sie immer später, vor drei Wochen hatten sie erst Hafer geschnitten, Grummetschöber standen noch. Der nächste Tag war noch heller und strahlender. Der Südwind fächelte den Wald. Die Berge waren näher gekommen, weit hinauf war der Schnee weggegangen. Ich dachte gar nicht mehr daran, daß es schon einmal Winter werden hatte wollen.

Am vierten Abend stand der Vater auf dem Söller, als wir heimkamen. »Mich schmerzt das Kreuz«, sagte er und schaute in die Gegend, »ich fürchte, wir bekommen Schnee.« Mir kam selber vor, als sei es heute anders gewesen als gestern und vorgestern. Die Luft war kühler geworden, jetzt am Abend spannte sich dünnes Gewölk über die Landschaft, das alle Helligkeit aufsog. Am nächsten Morgen wehten grauen Schneefahnen um die Gipfel der Berge. Schon zu Mittag schneite es auch im Tal. Die fröhliche Laubrechenzeit war vorbei, die letzte Arbeit im Bauernsommer getan.

Krauthacken

Das ganze Jahr hing die große, viereckige Krauttruhe, als »Krautbrett« bezeichnet, außen an der Rückwand des Stadels, gerade neben der Bank, auf der die Leute vom Kirchgang auszurasten pflegten, die auf den beiden Höfen oberhalb daheim waren. Den breiten Rücken dem Wege zugekehrt, drohte sie andauernd herabzufallen.

Einmal im Jahre, an einem Tag des Spätherbstes, wurde sie benützt, dort nahm der Vater mit dem Pap sie herab und stellte sie im Anger auf zwei Böcke. Dann holte die Bas Nanne ein paar Körbe voll Weiße Rüben, die vor einigen Tagen ausgezogen und heimgetragen worden waren, und schüttete sie hinein. Das Krauthacken konnte losgehen. Es war eine Männerarbeit. An den vier Seiten der Truhe stand je ein Mann mit einem langen Hackmesser. Jeder hatte ein Gesicht, als müßte er sich in eine Schlacht stürzen, selbst der Vater und der Pap; daß ein großes Messer die Menschen so furchtbar machen kann! Bei den zwei anderen wunderte es mich weniger, die hatte der Vater zum Krauthacken gedungen, ich kannte sie oft kaum, wenn es nicht gerade die Nachbarn waren.

War die Truhe ein Stück weit herauf mit Rüben gefüllt, hieben die Männer drein. Sie beugten sich ein wenig über den Rand der Truhe und hackten im Takt, als wollten sie selbst die Truhe zu Fetzen schlagen. Damit sie ein bißchen Abwechslung hätten, gingen sie dabei ganz langsam um die Truhe herum, sodaß immer ein anderer an einer Seite stand. Die Arbeit war nicht schwer und auch bald gelernt. Achtgeben mußten die Männer nur, daß die langen, breiten Krautmesser nicht zusammenstießen, so, wie sie dreingaben, wäre sonst eines, wahrscheinlich beide, Alteisen gewesen. Von Zeit zu Zeit kam der Vater mit Schnaps und forderte die Krauthacker auf zu trinken. Die ließen sich nicht lange heißen. Der Herbsttag war kühl, die Arbeit hatte ihnen zwar warm gemacht, aber ein Gläschen Schnaps ist für die Kälte und für die Wärme gut. Nachher hieben sie wieder drauflos. Zum Reden hatten sie kaum Zeit, alles Körperliche und Geistige an ihnen war auf die geschickte Handhabung der Messer gerichtet.

War eine Portion klein genug zerhackt, was eine Zeitlang dauerte, kam die Bas Nanne und füllte das Kraut in die Bottiche, die im Keller standen. Die frischen Rüben holte diesmal der Vater vom Schuppen, der nur wenige Schritte entfernt war. Hatte die Bas Nanne das ganze Weißkraut in die Bottiche gegeben, legte sie ein Brett obenauf und beschwerte es mit einem Stein. Jetzt konnte das Kraut gären.

Die Weißen Rüben wurden meistens als Nachfrucht gesät; war der Roggen geschnitten, wurde ein Stück Acker mit Hauen dafür umgebrochen. Ich mochte dieses Kraut nie, aber ich wurde nicht lange gefragt. Es kam als Zuspeise zu den Knödeln auf den Tisch, manchmal auch selbständig in einer großen ebenen Schüssel. Dann befand sich eine dünne Schicht Fleisch obenauf. In diesem Zustande mochte ich es auch, wenigstens das Fleisch, aber der Vater duldete nicht, daß ich unter dem Fleisch das Kraut diplomatisch-vorsichtig zur Seite schob und nur dem gesottenen Rindfleisch nachstellte.

Das Krauthacken war an einem Vormittag vorbei. Die Bas Nanne reinigte die Truhe, Vater und Pap brachten sie an den alten Ort. Dort hing sie wieder wie zuvor, ein Ungetüm, schien es, vor dem man sich in acht nehmen mußte. So dachte ich in meinen inneren Märchenstunden. In Wirklichkeit gab ich gar nicht acht, nur dann, wenn mich plötzlich der Gedanke überfiel, schielte ich heimlich zum breiten Rücken des Krautbrettes und eilte vorüber.

Ob die Krauttruhe noch an der Stadelrückwand hängt? Ich glaube nicht, Weißkraut hat keinen großen Ruf mehr auf dem Hof. Fast fürchte ich, meine Neffen sind mir nachgeraten.

Brecheln

Der Tag, an dem gebrechelt wurde, war mir immer ein wenig festtäglich und feierlich, vielleicht aber nur deswegen, weil wegen der fremden Brechlerinnen besser gekocht wurde und weil es ein Tag war, der außerhalb der anderen lag mit einer Arbeit, die nur einmal im Jahre geschah. Man richtete es so ein, daß man immer bis zum Abend fertig wurde.

Die Brechelstube steht wie bei allen Höfen ein wenig von den Häusern entfernt. Leicht könnte sonst der Wind ein Bündel brennenden Flachses etwa in die Scheune wehen, ehe man es wehren könnte. Prachtbauten sind die Brechelstuben nicht. Ein backenofengroßes, viereckiges Loch ist im Erdboden mit rohen Steinen ausgemauert. Wenn nicht oben eine hölzerne Zarge die Mauerung zusammengehalten hätte, hätten sie wohl ein kurzes Dasein gehabt.

Am frühen Morgen des Tages, wo gebrechelt wurde, machte der Vater im Grunde der Grube ein Feuer an, dann legte er oben einen Holzrost darüber, auf dem der Flachs ausgebreitet wurde, damit die Hitze ihn rösten konnte. Es brauchte Geschicklichkeit, das Feuer so fern zu halten, daß es den Flachs nicht ergriff, der mürbe war wie Zunder, und ihn doch röstete. Die erste Brechlerin holte eine Handvoll, fuhr ein paarmal mit der großen, groben Brechel darüber und gab ihn dann weiter. Es war so eingerichtet, daß die letzte, bei uns war es immer die Bas Nanne, den Flachs fertig machte, sodaß er spinnreif war. Während die Brecheln klapperten, feierte auch der Mund der Frauen nicht, selten gab es eine so schöne Gelegenheit, das Gute vom Nächsten aufzuzählen. In großen Haufen sammelte sich die Spreu unter den Brecheln an. Das Klappern hallte weit in die Gegend.

Beim Brecheln war immer nur ein Mann mit dabei, alles andere waren Frauen, meistens war es der Bauer selbst, der den Flachs über dem Feuer röstete. Wenn ein Bursche nahe kam – wutsch, bekam er einen Flachswickel um den Hals geschlungen und mußte sich dann irgendwie loskaufen. Meistens ging es mit einer kleinen Zeche am Sonntag ab. Oft war die Brechlerin auch schon zufrieden, weil sie den Burschen daranbekommen hatte, der zu wenig vorsichtig gewesen war. Brecheln war Frauenarbeit.

Ab und zu besuchte ich den Vater bei der Brechelstube. Bei mir war es ungefährlich, ich war noch kein Mann. Ich sah dem Vater zu, wie er auf dem Holzrost den Flachs umdrehte. Es wäre mir recht gewesen, wenn das Feuer heraufgefahren wäre und ein Bündel weggeschnappt hätte, aber es geschah nicht, der Vater gab zu sehr acht. So ging ich zu den Frauen, ließ mich ein wenig von ihnen hänseln und verzog mich wieder.

Mein Interesse fürs Brecheln setzte erst am Abend wieder ein, wenn die Brechlerinnen sich zum Essen setzten. Wir mußten am Nebentisch bleiben, weil zu wenig Platz war. Bei Tisch wurden Brechelgeschichten erzählt, die Frauen taten groß, wie viele Mannsbilder sie schon daranbekommen hatten. Ich verstand nicht viel von diesen Geschichten, sie interessierten mich auch nicht. Dann war der Tag zu Ende, die Brechlerinnen gingen heim auf ihre Höfe. Der Vater sah noch einmal droben bei der Brechelstube nach, ob das Feuer ordentlich gelöscht sei, vorsichtshalber schüttete er noch ein paar Eimer Wasser darauf; weil der Hausbach in der Nähe vorbeirann, brauchte er nicht weit zu gehen.

Tausend Sterne zogen über den herbstlichen Himmel. Ich stand am Söller und sah zu, wie die Nacht tiefer und tiefer sank. Es dauerte einige Zeit, bis die fahle Milchstraße deutlich wurde und wie ein blasser silberner Bach darüberrann. Alles war still. Die Schwalben waren längst fortgeflogen, die Amsel, die im Frühjahr und Sommer immer lange in die Nacht hinein gesungen hatte, schwieg.

Mahlen

In Rabland jenseits der Drau stand unsere Mühle. Man mußte mit dem Leiterwagen, in dem die Kornsäcke lagen, erst auf dem umständlich langen Tessenberger Wege hinab ins Dorf fahren, von dort durch die Au über den Villgraterbach und gleich dahinter über die schmale Drau, dann waren es nur noch hundert Schritte über einen schlechten Schotterweg, bis man vor der Mühle stand.

Meist spannte die Bas Nanne einen Ochsen ein und kutschierte damit nach Rabland. Wir sprangen wie junge Hunde bald vor dem Wagen, bald hinter dem Wagen auf dem Weg, wohl auch einmal an der Seite, wobei wir uns an den Sprossen des Wagens hielten, was die Bas Nanne besonders ungern sah, denn wir konnten leicht unter ein Rad kommen oder uns sonst beschädigen. Wenn es im Dorf beim Krämer vorbeiging, vergaßen wir nie, sie darauf hinzuweisen, was für gute Zuckerlen man im Laden bekäme. Es half nur selten, die Bas Nanne hatte das Geld vergessen oder es war niemand da, der vor dem Ochsen stehen konnte, damit er nicht allein weiterging.

»Ich«, schnellte ich los. »Ja, du!« kam's zurück, »wenn der Ochs nur den Fuß aufhebt, läufst du schon bis Sillian.« Damit hatte sie nicht ganz unrecht; ich wollte mit Ochsen nie viel zu tun haben. Die Mühle in Rabland gehörte einem halben Dutzend Besitzern, doch war es nie schwer, eine Zeit auszumachen, wo es den einzelnen paßte. Der Vater mahlte zweimal im Jahr, im Herbst, nach der Feldarbeit, und im Frühjahr, bevor sie losging, immer wenigstens eine Woche lang, manchmal auch vierzehn Tage. Im Herbst war die Mühle noch vom Sommer her warm, im Frühjahr war sie kalt, doch war vor kurzem eine kleine getäfelte Kammer angebaut worden, die geheizt werden konnte. Hier war es heimelig und schön, fast wie daheim in der Stube, ja noch schöner, da sie nur klein war und vom frischen Holz duftete. Draußen sprangen die Räder, es drang nur gedämpft herein, selbst die Mühlsteine, das Schütteln der »Gosse« (Schüttkasten) und des Beutels im Mehlkasten störten nicht. Wohl zitterte leis der Boden, doch merkten wir es bald nicht mehr, das Aufschlagen des Überwassers im Bachbett hörten wir nur die ersten Male.

Wir brachten dem Vater das Mittagessen, das auch für den Abend reichen mußte, ab und zu besuchten wir ihn auch sonst. Er kaufte nämlich immer, wenn er mahlte, ein großes Stück Emmentaler Käse und schnitt uns davon breite Scheiben ab, sooft wir in die Mühle kamen. Ich wußte damals nichts Besseres als diesen Emmentaler und besuchte den Vater besonders fleißig, obwohl es für meine Beine ein weiter Weg war, namentlich der nach Hause, wo ich eine Viertelstunde lang über den Heinfelser Berg hinaufsteigen mußte, bis ich den Hof erreichte, und das, obwohl ich alle Abkürzungssteige benützte und oft mehr lief als ging.

Es freute mich, dem Vater bei der Arbeit in der Mühle zuzusehen, besonders, wenn er die Steine schärfte. Es war eine schwere Mühe, den Laufstein mit Walzen und Prügeln abzuheben und so zu stellen, daß er schief dastand, weil man sonst mit den Hämmern nicht gut zugekommen wäre. Das Schärfen selber war eine langweilige Arbeit, bei der ich nur ganz kurz zusah. Plötzlich war ich verschwunden. Ich lief hinüber zum Bahnwächterhaus, das damals noch voll besetzt war, und wartete, bis von Lienz ein Zug heraufkam. Weil er oberhalb der Station Abfaltersbach erst einige Kehren machen mußte, damit er die Höhe erreichte und in die gerade Strecke einbog, schien es mir immer, als machte er ganz unnütze Fahrten hin und her, bis er sich entschloß, endgültig voranzukommen. Dachte ich, daß die Steine jetzt geschärft seien, der obere und der untere, lief ich in die Mühle zurück, denn ich wollte dabei sein, wenn der Vater den »Läufer« wieder an den richtigen Platz brachte.

Die Mühle besaß zwei Gänge und einen Gerstenstampf, den der Vater aber fast nie gehen ließ. Wir trugen die Gerste in die Schloßmühle, dort wurde sie gewalzt, nicht gestampft. Ich liebte die »Gerste« bei Tisch überhaupt nicht, sie kam fast alle Tage als Suppe, deswegen war es mir auch vollständig gleichgültig gewesen, ob man sie walzen oder stampfen hatte lassen.

Abends schüttete der Vater noch einmal beide Gossen voll an, ehe er in die kleine Kammer ging und sich dort auf die Pritsche legte um zu schlafen. Heimzugehen wagte er nicht, obgleich er genau wußte, wie lang es brauchte, bis die Gossen leer waren. Es konnte ja einmal etwas fehlen. Auch so stellte er die Glocke ein, damit er's ja nicht verschliefe und die Steine leerliefen.

Überall in der Mühle lag Staub, auch die Kleider des Vaters waren grau, selbst der Hut. Warum ich eine besondere Vorliebe für die Mühle hatte, weiß ich nicht. Ich konnte stundenlang dem Vater zuschauen oder auf die Räder achten, die unter dem Schüttboden liefen und lärmten. Wie ein großes Gedicht schien es mir.

Fuhreziehen

Hatte es den ersten großen Schnee gemacht, brachte man das Bergheu auf die Höfe. Bei den steilen und hochgelegenen Wiesen der Höllensteinleiten, die im Helmzug der Karnischen Alpen liegen, richteten es die Besitzer so ein, daß sie es an einem Tage ins Tal brachten.

Die Bauern warben im Dorfe und auf den Höfen in Hinterheinfels so viele Heuzieher an, als es brauchte. Am Tage zuvor hatten zwei Männer mit Schneereifen eine sehr provisorische »Riese« (Schleipfweg) zu den Bergwiesen ausgetreten, hatten Schneewächten ausgeschöpft und unter die buschigen Fichten, wo die Flocken nicht zugekommen waren, Schnee hingebreitet.

Die Heubringer brachen um vier Uhr, manchmal schon früher auf. Von unserm Hof aus sah die Bas Nanne, die um diese Zeit immer schon auf war, die Lichter an der anderen Talseite emporsteigen, bis der beginnende Tag sie auslöschte. Dort waren sie den Heudristen und den kleinen Schupfen schon nahe oder hatten sie erreicht. Die Buren wurden aufgeladen, einer half dem andern. Nach einer tüchtigen Jause ging's los. Der Schnee stob hinter den Heuburen, die auf schmalen Kufen liefen, auf. Schon am frühen Nachmittag kamen sie auf den Höfen an. Nun mußte die Bäuerin sorgen, daß den Heubringern nichts abging. Nigelen kamen auf den Stubentisch, Schnaps durfte nicht fehlen. Oft folgte nach dem Essen ein Kartenspiel, bei dem mancher verlor, was er mit der Schicht verdient hatte. Es machte ihm nichts aus, die

Bäuerin hatte sich nicht lumpen lassen, das war die Hauptsache. Da wir ja keine Bergwiesen besaßen, half der Vater und der Pap den Nachbarn, wenn sie angegangen wurden. Eine gefährliche Arbeit war es nicht, weil der Heubringerweg nirgendwo in Lawinenstrichen lag.

Gefährlicher wurde es erst, wenn nach Weihnachten die schweren Blochhölzer und das Brennholz vom Walde, wo es im Frühjahr geschlagen und aufgestapelt worden war, zu den Häusern geliefert werden mußte. Man wartete damit gerne, bis in der Jännerkälte Weg und Schnee steif gefroren waren. Es brauchte viel Erfahrung und Kraft, die kurzen Schlitten, auf denen vorne das Holz mit Ketten festgebunden war, über die Hänge herabzuleiten. Als Kind wußte ich nicht oder dachte nicht daran, wie gefährlich diese Arbeit war. Wohl hatte ich gesehen, wie die Männer mit dem Holzfuder von den Nachbarhöfen herabfuhren. Die Füße glitten voraus, die Hände waren um die Hörner des Kurzschlittens geklammert, sie hielten die Sperrketten. Wenn beide zugleich hinabgelassen wurden, blieb die Fuhre meistens sehr bald stehen, mochte das Gewicht noch so nachdrängen. In den Kehren durfte nur eine Sperrkette hinabgelassen werden, dann riß es den Schlitten von selber herum. Oft blieben sie an einer Eisscholle hängen, dann mußte der Lenker sehen, wie er sich behalf. Manchmal blieb nichts anderes übrig als beiseite zu springen und die Fuhre fahren zu lassen, doch war das vielleicht am allergefährlichsten, da sie mit zunehmender Geschwindigkeit dahinbrauste. Diese Arbeit zog sich oft viele Tage und Wochen hin, namentlich dann, wenn es immer wieder neu schneite, oder wenn der Südwind die Wege auftaute, sodaß die Hornschlitten an den ebenen Stellen stecken blieben und alle Kraft des Mannes nicht mehr genügte, ihn von der Stelle zu bringen. Dann wurde das Holz abgeladen und neben dem Wege liegen gelassen, die Männer kamen mit leeren Schlitten heim. »Wo habt ihr das Holz?« neckte die Bas Nanne. »Versoffen«, gab der Pap ihr zur Antwort.

War das Holz in den tieferen Wäldern geschlagen worden,

gingen die Männer zweimal des Tages, sonst einmal. Kamen sie müde und mit Schnee von oben bis unten bestäubt auf den Hof, luden sie erst die Bure ab, ehe sie in die Stube gingen. Wir mußten ihnen die gefrorenen Gamaschen ausziehen, dann brachte die Mutter Kaffee und geröstete Polenta auf den Tisch; bei der Holzarbeit, so meinte der Vater, helfe nur Polenta gegen den Hunger. Nachher legten sie sich auf die Ofenbank, wo sie alsbald einschliefen, sodaß man sie zum Abendrosenkranz und zum Nachtessen wecken mußte.

Bei großen Mengen Neuschnees war es unmöglich, im Freien etwas zu arbeiten, etwa Mist in die Felder zu ziehen, die im Frühjahr angebaut würden, oder Holz zu klieben oder sonst etwas außerhalb der vier Wände zu tun. Das Schlaraffenmärchen, daß der Bauer im Winter auf der Ofenbank liegen und faulenzen könnte, galt aber auch von diesen Tagen nicht. Der Pap saß am Webstuhl, auch der Vater fand immer wieder eine Arbeit, meistens war er die ganzen Tage in der Werkkammer, die am Futterhaus angebaut war. Den Stall betreute die Bas Nanne, nur die Ochsen der Vater selber. Stundenlang putzte und striegelte er die breiten Rücken und sorgte dafür, daß sie das beste Heu bekamen. Er löste jedesmal ein schönes Geld dafür, denn es waren unter seiner Pflege große fleischige Tiere geworden, die mit schweren Schritten in die Tränke gingen, Wasser zu saufen. Sie hatten so große Augen, die uns ansahen, als leuchte Verstand aus ihnen. Wir hatten jedesmal Mitleid, wenn sie an den Metzger verkauft wurden, nur der Vater hatte keines, wenigstens zeigte er's nicht.

Eines Winters gedenke ich besonders, dort hatte es eines Nachts roten Schnee geschneit. Viele Leute erschraken, als sie es sahen, es bedeute Krieg und großes Sterben, sagten sie. Andere wieder wußten, der Südwind hätte den Staub von den Wüsten Afrikas in die Alpen getragen, davon sei der Schnee rot geworden. Auch als er zusammengesunken und längst anderer gefallen war, merkte man die rote Schicht, wenn man irgendwo eine Grube aushob, etwa für einen Misthaufen im Acker, oder einen Weg in die Felder ausschöpfte.

War das Wetter für einige Tage mild, ging der Vater nicht ungern in die unteren Wälder und schlägerte ein paar Bäume, damit er im Frühjahr schneller fertig würde. Einmal nahm er sogar den Kreuzschnabel, der in der Stube am Überboden hing, und Leimruten mit, ich begleitete ihn, aber wir fingen nichts, es meldete sich auch kein Kreuzschnabel, den unser Tier hätte locken können. Jagd und Fangen prickelte uns allen in den Gliedern.

Streng wie im Sommer waren die Winterarbeiten auf unserem Hof nicht, aber ein Faulenzen litt es auch nicht.

Arbeiten für Kinder

Im Gaden hinter der Stube war der Webstuhl aufgestellt, dort saß den ganzen Winter über der Pap und »wirkte« Loden und Leinen für den Hof und für die Nachbarschaft. Er war sonst als Knecht angestellt, aber im Winter gab es weniger Arbeit, da saß er eben hinter dem Webstuhl und klopfte, daß es eine Art hatte. Er machte immer gute Arbeit, sodaß er Aufträge abweisen mußte, weil er nicht nachkam.

Wenn er in der Stube am großen Haspel den »Zettel« (Kette) aufzog, und die vielen Spulen rollten, schaute ich immer gerne zu; wie wunderbar alles ineinander spielte, nichts riß, kein Faden fiel aus, alles lief ab, als müßte es so sein. Ich kannte mich ja nirgends aus, aber der Pap regierte wie ein Feldherr in der Stube, bis alle Rollen abgelaufen waren. Dann kam der Zettel auf die Walze des Webstuhls und wurde dort aufgespannt. War das geschehen, kam eine langweilige Arbeit, mir wenigstens kam sie immer so vor: das Andrehen der Fäden. Stunde um Stunde saß der Pap geduldig da, manchmal vergaß er sogar, die Pfeife neu zu füllen und in Brand zu stecken. Endlich stand er auf, das Andrehen war fertig, das Weben konnte losgehen. Die Tritthebel flogen auf und ab, die »Schütze« mit dem Eintrag flitzte hin und her, kein Vogel wäre schneller gewesen. Dann folgte der Doppelschlag, der den Eintrag im Zettel festhämmerte. Mit welcher Behendigkeit er die Schütze auffing, bald mit der linken Hand, bald mit der rechten, ganz selten fiel sie ihm auf den Boden! Dann hob er sie mit einem kurzen Stab, der vorne einen Haken hatte, auf. Nur wenn ein Zuschauer wie ich herumstand, mußte ich ihm die Schütze aufheben. Die Zeit, die es länger brauchte, verwendete er, die Pfeife in Ordnung zu bringen. Er rauchte den ganzen Tag, aber das billigste Kraut. Der Gaden war oft so mit Rauch vernebelt, daß man kaum den Weber und den Webstuhl sah.

Nun fiel es dem Pap ein, ich sollte Spulen für die Schütze machen. Es war keine schwere Arbeit, aber wann haben Kinder Zeit, eine richtige Arbeit anzugreifen und vor allem, sie zu Ende zu bringen. Das Garn wurde mit einem Spulrad auf ein zusammengeleimtes Spielkartenblatt gewickelt. War der Faden dick, ein Rupfenfaden, war eine Spule sehr bald fertig, Spulen mit feinem Garn oder mit Baumwolle, das waren die häufigsten, brauchten länger und es gab nach meiner Meinung überhaupt kein Ende, bis die große Schüssel voll und der Pap zufrieden war. Im übrigen wurden wir für diese Arbeit bezahlt, und gar nicht schlecht, zwei Heller für zwanzig Stück, trotzdem schmeckte es mir nicht, das Spulrad zu drehen, eine Viertelstunde lang, eine halbe Stunde. Hundert Dinge fielen mir ein, die Arbeit zu unterbrechen, und wenn ich einmal draußen war, fand mich kein Mensch mehr im Hause. Dann mußte die Bas Nanne die Spulen machen oder der Pap selber, der dadurch viel Zeit verlor. Schaffte der Vater an, gab es keine Widerrede, der deutete mit dem Daumen nach dem Gaden, und ich verschwand dorthin. Gleich darauf schwirrte das Rad, gut gelaunt war ich nicht, aber darauf kam es weder dem Vater noch dem Pap an, die Schütze verlangte die Spulen, fertig. Später wurde der Tarif erhöht, so bekam die Zwangsarbeit einen etwas besseren Geschmack, aber reich wurde ich auch jetzt nicht. Das Geld trug der Vater wie alles, was ich verdiente, auf die Raiffeisenkasse.

Wie still kam mir das Haus vor, wenn an den Sonntagen die Arbeit in der Webstube ruhte; nun war es auch ungefährlich, mich dort herumzutreiben. An Werktagen gab der Pap ein Zeichen, der Vater verstärkte es mit einem Wink, wenn er gerade zugegen war, die Bas Nanne rief: »Spulen machen!« und für die nächste Zeit war ich wieder vollbeschäftigt. Als meine Brüder heranwuchsen, bekam ich Knechte. Manches Eigentum in meinem Hosensack, etwa ein Taschenmesser oder Kugeln, ging drauf, bis ich sie statt meiner am Spulrad hatte. Dann sahen sie mich erst bei Tische wieder.

Zu jener Zeit sah man im Frühjahr, ehe das Gras lang wurde, bei vielen Bauernhäusern das frisch gewebte Linnen ausgebreitet im Freien liegen, wo es mit großer Geduld gebleicht wurde, bis es schneeweiß war. Es war eine Arbeit für die Bäuerin, nur bei uns besorgte es meistens die Bas Nanne. Auch da gab es ab und zu Marschbefehl für mich, wenn sie gerade einmal nicht Zeit hatte, das Tuch zu gießen. Die Arbeit war kurz, namentlich wenn man mit Wasser sparte. Der Winter war vorüber, es gab wieder Blumen auf dem Felde, die Vögel sangen, wie hatte sich die Welt verändert! Im Gaden hatte der Webstuhl bis zum Herbst Ruhe, es war kein Garn aufgezogen, die Walzen waren leer, die »Kämme« hingen am Überboden, das pochende Herz dieses Raumes stand still; erst wenn die Novembernebel ins Tal niederhingen und der Schnee fast täglich tiefer herabkam, kehrte wieder Leben ein. Eines Tages war Winter. »Spulen machen«, hieß es wieder, es hatte sich nichts geändert.

*

Eines Tages packte der Vater einen Bohrer mit langem Stiel in einen kleinen Rückenkorb, dazu eine Anzahl leerer Konservenbüchsen, die das böhmische Bataillon, das seinerzeit im Schloß Heinfels untergebracht gewesen war, über die Mauern hinabwarf, dazu eine Jause, Brot und Speck, und sagte zu mir und meinem ältesten Bruder: »So, jetzt geht ihr hinauf in den Huber Wald, ihr wißt, wo der liegt und kennt die Grenzen. Dort sind alte Lärchen, mit denen nicht viel anzufangen ist, die bohrt ihr ganz unten an; trefft ihr die Pechspalte, rinnt euch das »Lörget« (Baumharz) hinter dem Bohrer wie Honig daher. Dann braucht ihr nur eine Konservenbüchse unterzustellen und zu warten, bis sie voll ist. Trefft ihr die Spalte nicht an oder hat der Baum keine, dann verspundet ihr das Bohrloch und scharrt die Erde wieder drüber und sucht einen anderen Baum aus, der euch günstig erscheint. Ich bin neugierig, was ihr ausrichtet.«

Das war nun freilich ein ganz neuer Auftrag. Früher ist das Lörgetbohren ein eigenes Gewerbe gewesen, heute gibt es nur noch die Bezeichnung. Den Huber Wald kannten wir, der Vater hatte uns schon mit hinaufgenommen, für uns Kinder war es etwa eine Stunde Weges. Unten, wo der Wald an die Wiesen stieß, gab es eine Wolfsgrube, die aber schon fast gänzlich zusammengefallen war. Der Wald stand an keiner schönen Stelle, sodaß wir häufig klettern mußten auf allen Vieren, wenn der Vater mit dem Pap Bäume hackte. Auf die Grenzen hatte er uns besonders aufmerksam gemacht, auch nur das dünnste Stämmchen vom Nachbarwald zu stehlen, wäre ihm etwas Schreckliches gewesen. Das siebte Gebot galt ihm als ganz unumstößlich heilig.

Ich lud den Korb meinem Bruder auf, der stärker war als ich, dann zogen wir los. Den obersten Höfen wichen wir aus, weil es quer durch die Felder näher war, bald war der Huber Wald erreicht. Auf einem Felsen entdeckten wir einen Baum, der nach unserer Meinung eine Pechspalte haben konnte. Wir machten uns heran, kratzten mit der Hand die Erde am Boden weg und begannen zu bohren. Es war keine leichte Arbeit, auch deswegen, weil wir uns am Abhange fast nicht halten konnten. Immer wieder mußten wir die Füße besser verankern; dann zogen wir den Bohrer heraus und klopften die Späne fort. Schon mußten wir in der Mitte des Stammes sein, doch war noch kein Anzeichen zu spüren, daß er Lörget enthielte. Wir bohrten weiter, endlich kam uns vor, als sei die Bohrerspitze pechig. Wir schoben ihn nochmals hinein – und wirklich, wir hatten die Lörgetspalte angetroffen. Goldgelb wie dickflüssiger Bernstein rann das Pech durchs Bohrloch heraus. Wir stellten eine Büchse unter, bis zur Hälfte füllte sie sich sehr rasch, dann ging es langsamer.

Wir suchten andere Bäume, die wir anbohren konnten, nur mit einem hatten wir noch ein wenig Glück. Als die eine Konservendose voll war, gingen wir heim. Der Vater staunte nicht wenig, daß wir ihm schon gleich eine volle Dose Lörget mitbrachten. »Da habt ihr wohl wieder einmal mehr Glück als Verstand gehabt«, bemerkte er.

*

Am meisten verdiente der Vater vor dem Ersten Weltkrieg immer mit den Ochsen. Er kaufte im Herbst ein Paar oder zwei, mästete sie über den Winter und verkaufte sie, wenn die Fremdensaison anging, dem Summerer in Innichen. Meistens bezahlte der Fleischermeister sofort, aber mitunter kam es doch vor, daß der Vater ein wenig warten mußte. Dann kam eines Tages ein Brief, man möchte das Geld holen, je eher umso besser.

Der Vater schickte mich, ich mochte das vierte oder fünfte Jahr in die Volksschule gehen, somit hielt er mich für alt und klug genug, das Geld abzuholen. »Wenn du mit dem Vormittagszug fährst, bist du um Drei wieder da«, sagte er und gab mir Unterweisung, daß ich vorsichtig sein und das Geld nicht verlieren sollte. Sehr wohl war mir nicht, denn es handelte sich um eine große Summe. Aber Widerrede gab es nicht, andererseits fuhr ich um alles in der Welt gerne mit der Eisenbahn, auch gab es beim Summerer, das wußte ich, weil ich als Treiber schon einigemale dort gewesen war, immer ein gutes Essen. Also ging ich auf die Station in Sillian, löste die Fahrkarte, wartete geduldig, bis der Zug kam, und stieg in den ersten Wagen, den ich erreichte. Für meine kurzen Füße war es nicht leicht, die hohen Stufen hinaufzuklimmen. Ich suchte einen Platz am Fenster und genoß die Aussicht, die jeden Augenblick wechselte. Ich kannte sie längst, aber wenn sich oberhalb Vierschach die Innichner und Sextener Dolomiten freier zeigten, von keinen Vorbergen mehr verdeckt, floß es jedesmal groß und neu in mein Gemüt.

Beim Metzger wurde ich, wie ich nicht anders erwartet hatte, aufs Beste bewirtet. Dann zählte er mir das Geld vor, steckte es in einen Briefumschlag und schob es in meine inwendige Rocktasche. Bevor ich ging, gab er mir ganz ähnliche Anweisungen, wie ich sie schon vom Vater empfangen hatte, nur noch eindringlicher. Es waren einige tausend Kronen, die ich heimzubringen hatte, ein Vermögen, und kein kleines. Der Zug ging in einer Stunde, auf den Bahnhof war es eine halbe. Keinen Augenblick brachte ich die Gedanken um das Geld, das ich bei mir trug, aus dem Kopfe. »Du mußt tun, als hättest du keine zehn Kreuzer im Sack«, hatte mir der Metzger aufgetragen. Das war bald gesagt. Ich suchte ein gleichgültiges Gesicht zu machen und glaubte doch zugleich, daß jedermann herunterlesen müßte: Der Kleine hat einen Pack Geld in der Tasche; fällt ihn an, plündert ihn aus, erschlagt ihn, wenn es schon nicht anders geht! Ich schielte die Straße entlang und fühlte unauffällig mit dem Ellbogen nach dem Gelde; ob der Pack wohl nicht vorsteht? Daß etwas in der Tasche war, mußte jeder erkennen. Sooft mir jemand entgegenkam, musterte ich ihn heimlich, ob er gefährlich sei und ich mich vor ihm in acht nehmen müßte. Fast jeder schien mir verdächtig.

Vor dem Schalter standen schon eine Menge Leute, die darauf warteten, daß der Beamte den Vorhang wegschöbe und die Fahrkarten ausgab. Ich stellte mich in die Reihe und wartete mit den anderen. Einige sahen aus wie Zigeuner, dunkle Gesichter, rabenschwarzes Haar. Ein Mann schien mir besonders gefährlich, er blickte auch immer wieder zu mir her, maß mich von oben bis unten und gab Zeichen mit den Augen. Ich trat aus der Reihe und stellte mich ganz hinten an. Dort war ich auch am sichersten, denn da standen Frauen, lauter Gäste, die einen Ausflug nach Innichen gemacht hatten und nun wieder nach Sillian und Lienz, wo sie ihre Sommerfrische genossen, zurückfuhren. Der Vorhang wurde weggeschoben, die beiden Gucköffnungen gingen auf. Der Beamte war flink, sodaß ich ziemlich rasch an die Reihe kam. Ich raffte das kleine Stück Pappendeckel an mich und wischte in den Wartesaal hinüber. Dort setzte ich mich in der entferntesten Ecke auf eine Bank. Der Zigeuner kam und setzte sich neben mich, wobei er »permesso« sagte, das heißt: mit Verlaub, soviel Italienisch verstand ich. Noch während er sich setzte, sprang ich auf und suchte einen anderen Winkel für mich und mein Geld. Als sich dort eine Zigeunerin hersetzen wollte, stand ich wieder auf; auch sie hatte »permesso« gelispelt und mich dabei lächelnd angeschaut. Ich ging auf den Bahnsteig hinaus. Plötzlich war der Permesso-Zigeuner wieder neben mir. Ich lief den Bahnsteig entlang. Da sah ich erst, daß dort eine Anzahl Zigeuner und Zigeunerinnen mit Sack und Pack auf den Zug warteten. Im Augenblick kehrte ich wieder um. Zum Glück standen einige Frauen an der Tür des Wartesaales, zu ihnen hatte ich mehr Zutrauen, sie hatten es gewiß nicht auf mein Geld abgesehen, aber auch hier unterließ ich es nicht, immer wieder mit dem Ellbogen nachzufühlen, ob der Geldpack noch am alten Platze sei.

Der Türsteher bohrte ein Loch in die Karte, auch die Zigeuner mußten den Fahrschein vorweisen, sie hatten einmal nicht Zeit, auf mich zu achten und eine Gelegenheit abzupassen, wo sie mir den Umschlag mit dem Ochsengeld aus der Rocktasche ziehen konnten. Jetzt sah ich den Zug daherkommen, er pfiff und fuhr gleich darauf in die Station ein. Ich stieg in ein Abteil, leider erwischte ich eines zweiter Klasse; der Schaffner schaffte mich alsbald, noch bevor der Zug anfuhr, heraus und trieb mich vor sich her in einen Wagen dritter Klasse. Gerade dort saßen die Zigeuner. Ein Platz war frei: »Da kannst du dich niedersetzen«, sagte der Schaffner und ging. Ich huschte hinter ihm auf den Gang hinaus, drückte mich in eine Ecke und blieb dort wie ein Häuflein Elend während der ganzen Fahrt stehen; nie mehr in meinem Leben will ich soviel Geld bei mir haben! Das schwur ich mir zu, und Gott hat meinen Schwur gehört. Ich danke ihm dafür.

*

Als ich vier Jahre in die Volksschule gegangen war, stellte ich zwar noch immer keinen richtigen Menschen vor, so klein und mager war ich, aber ich hatte doch das Alter erreicht, wo ich nicht mehr die Sommerschule besuchen mußte, die den Sechs- bis Zehnjährigen vorbehalten war; wir anderen brauchten von Ende April bis Allerheiligen in keine Klasse zu schmecken.

An einem Sonntag im Spätsommer kam mir die Geiger Bäuerin von der Hube nach, als ich vom Nachmittagsrosenkranz heimging, und fragte mich, ob ich nicht bei ihnen feldhüten könnte, es wären nur vier Kühe und zwei Kalbinnen. Ich hatte nicht viel Lust, aber die Geigerin hatte ein dreifach übersetztes Mundwerk und so sagte ich schließlich halb zu. Ich könnte, fuhr sie fort, bei ihnen essen und schlafen und bekäme noch dazu ein schönes Taschengeld. Die drei Höfe in der Hube liegen auf der Villgrater Seite des Heinfelser Berges, der unsrige auf der Tessenberger Seite; der Geiger Hof ist der mittlere. Von unserem Haus brauchte man zwanzig Minuten oder mehr, je nachdem man den oberen Weg über Niederriesen ging, zum großen Teil ein armseliger Steig, oder den Kirchweg, der zuerst hinab zur Wegescheide führte und von dort in die Hube hinauf. Als Kind ging ich immer den oberen Weg, selbst wenn die taufeuchten oder regennassen Gräser rechts und links auf den Steig hereinhingen; ich hatte, wie alle Kinder, keine Zeit. Später, als die Zeit kostbarer geworden war, ging ich fast immer den unteren Weg, der schöner und nicht viel länger war, wie sich herausstellte.

Daheim fragte ich den Vater, was ich tun sollte. Er riet zu. Die Mutter riet ab. Die Bas Nanne riet auch ab, der Pap riet zu, also zwei zu zwei. Meine Brüder rieten bald zu, bald ab, je nachdem ich mit ihnen stand. War ich lieb und gut, sagten sie, ich sollte daheimbleiben, war ich bös und zornig, hätten sie mich am liebsten mit Händen und Füßen fortgeschoben. Am nächsten Sonntag paßte die Geigerin schon vor der Kirche auf mich. »Hast du dir's überlegt?« – Ich sagte zu. Von den Meinen nahm ich feierlich Abschied und gab jedem die Hand, als reiste ich weiß Gott wohin. Es war ein Vorgeschmack der vielen Abschiede, die auf mich warteten. Keiner von ihnen wurde viel schwerer als dieser erste, der mich nicht einmal eine halbe Stunde von zu Hause fortführte. Ich hätte von der Hube auf unseren Hof herübergesehen, wäre nicht Wald dazwischen gestanden. Nur den Giebel des Wohnhauses konnte ich erblicken, wenn ich Stellen fand, wo die Bäume einen Durchblick gewährten.

Die Hüterei ließ sich nicht übel an. Das Essen war wie bei uns, einfach und gleichmäßig, mittags Gerstensuppe und Knödel, am Freitag Polenta, abends Brennsuppe und Milchmus. Auch der Rosenkranz nach dem Abendessen war gleich, nur wurde es immer weit später als bei uns, sodaß ich schon recht schläfrig war, wenn der Bauer endlich mit dem »Glaubensbekenntnis« begann. In der Kammer, die mir zugewiesen worden war und wo ich ganz allein schlief, hing die »Brotsteige«; verhungert wäre ich also nicht. Drei Nächte schlief ich in der fremden Kammer, dann lief ich abends, wenn ich die Tiere eingetrieben hatte, heim. Oft nahm ich mir nicht einmal Zeit zu essen, was der Geigerin gar nicht recht war.

Da die Felder der Geigerhube sehr zerrissen waren, da eine Wiese und dort eine, mußte immer das erstemal jemand mitgehen und mir das Grundstück mit den Grenzen zeigen, wo ich das Rindvieh zu hüten hatte. Zuerst ging es auf ein Feld, das hinter Lueg lag, dem letzten Hof gegen Villgraten. Ich mußte fast eine halbe Stunde treiben, bis ich an Ort und Stelle war. Neben dem Geigerischen Feld hatte Lueg eine Wiese, der dortige Bub hütete sie ab. Er war etwas älter als ich, bekam im Ersten Weltkrieg die Goldene für die Erstürmung der Forame, verlor dabei ein Auge und starb früh an der Auszehrung. Das wußte ich damals nicht, es hätte mir wahrscheinlich auch nicht den ungeheuren Eindruck gemacht, den ich von seinem Taschenmesser bekam: es schnitt wie Gift. Er brauchte nur ein Stück Holz gleichsam hinhalten und schon war eine Spelte weg; auf meinem hätte man nach Rom reiten können und wieder zurück. Er holte Haselstekken, schnitt sie mit dem Messer vierkantig und zimmerte am

Hang ein Bauernhaus mit Kammern, Stall und Tenne. Als es fertig war, schenkte er's mir, ich sollte es mit nach Hause nehmen. Das tat ich auch, aber ich war daheim nicht imstande, es wieder zusammenzufügen.

Diese Tage, wo ich Gesellschaft hatte, gingen schnell vorüber. Bald hatten die Tiere das kleine Feldstück abgeweidet, ich mußte mit ihnen auf den nächsten Grund ziehen, der noch weiter vom Hofe entfernt und dazu sehr umständlich zu erreichen war; es war eine steile Leite, die unten ein Fichtenwald abschloß, sodaß fast keine Aussicht war. Hier fiel, da ich ganz allein war, die Einsamkeit wie eine schwarze Wolke auf mich herab. Die Zeit verging so langsam, daß ich nicht wußte, wie ich sie mir vertreiben sollte. Die Geigerin hatte mir eine Taschenuhr mitgegeben, damit ich wüßte, wann ich heimtreiben durfte. Ich sah alle paar Minuten aufs Ziffernblatt, dann wieder nahm ich mir vor, die Uhr recht lange nicht aus der Tasche zu ziehen. Wenn ich es nicht mehr aushielt, weil ich glaubte, nun müßte wenigstens eine Stunde vorüber sein, war es nur eine Viertelstunde oder auch das nicht. Ich sang und schrie, um die Zeit umzubringen: auch das half nichts. Geholfen hätte mir einzig ein Buch, aber ich hatte keins und bekam auch keines zu leihen, nicht einmal einen alten Kalender, den ich nicht schon zwei- und dreimal gelesen hatte. So sang ich selbstkomponierte Weisen. Ich glaube, daß meine Lieder Vorläufer des italienischen Verismo waren, von dem ich freilich damals und noch lange nachher nichts wußte und von dem ich heute wieder nicht allzu viel wissen will.

Ich mochte anfangen, was ich wollte, die Zeit hatte nicht die geringste Eile, eine Schnecke war sie und langsamer als eine Schnecke. Jeden Tag reute es mich mehr, daß ich den Geigerischen zugesagt hatte. Längst lief ich auch während der Mittagspause heim, denn ich mußte erst um drei Uhr wieder die Tiere austreiben. Auch morgens dauerte es oft länger, wenn Reiffrost auf den Feldern lag, ich blieb dann einfach daheim und erschien erst, wenn der Reif aufge-

taut war. Dann kam Allerheiligen, die Felder waren abgeweidet und ich mußte in die Schule, aber das schwor ich mir
heilig und fest, nie mehr im Leben Kuhhirte auf einem fremden Hof zu sein. Auch diesen Schwur habe ich treulich gehalten, und er reut mich auch nicht.

So war es »Brauch«

Neujahrsgeld

Am Neujahrsmorgen schrien wir Kinder schon auf der obersten Stufe der Flurtreppe: »Gelobt sei Jesus Christus! Ein
glückseliges Neues Jahr!« Unten antwortete jemand: »In
Ewigkeit, amen! Ebensoviel!«

Wir legten Wert darauf, daß uns niemand zuvorkam, und
damit wir das erreichten, hatten wir's eilig beim Aufstehen
und riefen es ins Dunkel des Hausganges hinab in der Hoff-
nung, daß es gewiß die Bas Nanne oder den Vater oder vielleicht auch die Mutter erwischte, die in der Küche oder in
der Stube waren und sich für den Kirchgang herrichteten.

Manchmal kam es vor, daß niemand antwortete. Wir stiegen dann langsam die Treppe hinab und wiederholten den
Glückwunsch vorsichtshalber unten noch einmal. Blieb auch
jetzt alles still, war eben gerade niemand herum und wir
mußten warten. Dann geschah es wohl auch, daß die Bas
Nanne plötzlich aus einem dunklen Winkel hervorschoß und
uns ein glückliches neues Jahr wünschte. Wir stritten dann
ein wenig, daß sie zu spät sei und wir schon längst ihr das
neue Jahr »abgewünscht« hätten. Sie gab keine Antwort
darauf, sodaß wir nicht wußten, ob sie unsere Meinung gelten ließ oder nicht.

In der Stube wiederholten wir den Glückwunsch für Vater
und den Pap, der sich eben rasierte und schon eine Anzahl
Schnitte im Gesicht hatte. Ihnen gegenüber legten wir gar
nicht mehr so viel Gewicht darauf, daß wir mit dem Wunsche
zuvorkamen. Sie warteten, bis wir vor sie hingetreten waren
und ihnen ein glückseliges neues Jahr gewünscht hatten.
Vom Pap gab es immer ein schönes Neujahrsgeld, wie wir es
nannten, auch der Vater hatte schon den Geldbeutel hergerichtet und entnahm ihm ein Fünferle oder ein Sechserle –

das waren zehn bzw. zwanzig Heller –, je nachdem er bei Kasse war. Während wir das Geld einheimsten, wurde auch uns ein glückseliges neues Jahr entboten, genauso, als wären wir Erwachsene.

Wir wuschen uns, zogen das Sonntagsgewand an und setzten uns an den Tisch zum Frühstück. Dann ging es zum Gottesdienst nach St. Peter. Schon auf dem Wege überfiel uns der Geschäftsgeist. Wir wünschten allen, die uns begegneten. Sie gaben den Wunsch zurück, dann war es meistens aus, kein Griff in den Hosensack, wo die Geldbeutel begraben waren. Wir waren enttäuscht.

In der Sakristei begann endlich das Geschäft zu blühen. Der Mesner drückte uns zehn Heller in die Hand, das war gut bezahlt, der Kaplan verband es meistens mit dem Ministrantengeld, legte aber immer noch eine Krone dazu, das war geradezu fürstlich. Wir plapperten auch wenigstens ein halbes Dutzend Vergeltsgott heraus, verschütteten dabei die Kohlen oder hielten das Schiffchen schief, daß die Weihrauchkörner herausquollen und über den Boden hinrollten. Der Mesner schalt, aber der Kaplan hob nur ein wenig den Finger, auch das war fürstlich.

Nach dem Gottesdienst entfaltete sich der Geschäftsgeist neu. Wir wußten bereits von anderen Jahren her, wo sich der Glückwunsch rentierte und wo er mit der gleichen Münze bezahlt wurde, die wir boten. In diesem Falle murmelten wir »ein glückseliges neues Jahr«, im anderen schrien wir hell und laut »ein glückseliges neues Jahr!« Es war hell geworden, nur die Kälte war geblieben, aber wir spürten sie nicht mehr. Wir liefen ins Dorf hinab und wünschten den beiden Paten, dem Tauf- und Firmpaten. Dieser Gang machte sich immer ganz ausgezeichnet bezahlt.

Zufrieden stiegen wir zu unserem Hof hinauf. Die eine Hand hatten wir um die Münzen geklammert, die im Sacke klingelten, wenn wir sie mit den Fingern durcheinander wühlten. Jetzt galt es nur noch, den Nachbar Tonigler zu erwischen. Der rückte immer mit zwanzig Hellern heraus, der höchsten Summe, die überhaupt erhofft werden durfte, bestimmte Fälle wie den Kaplan und die Paten abgerechnet. Einmal paßten wir gewiß zwei Stunden in der Kälte, bis er vom Gottesdienste in Sillian den Weg heraufkam. »Ein glückseliges neues Jahr«, schrien wir und liefen ihm entgegen. Er brummte etwas, gewiß erwiderte er den Wunsch, wobei der Atem wie Rauch vom Munde wehte, dann griff er in den Sack und reichte jedem von uns das obligate zwanzig-Heller-Stück.

Wir wischten auf schnellstem Wege in die warme Stube, schütteten das Geld auf den Tisch und zählten es. Schade, daß Neujahr nur einmal im Jahre ist! Wenn wir es gezählt hatten, schoben wir die ganze Summe dem Vater zu. Der rundete sie ab und trug sie am nächsten Sonntag nach Sillian in die Raiffeisenkasse, wo er das Geld auf unsere Sparbücher einlegte. Dort verwandelte sich's später, um viele Sparheller vermehrt, in Kriegsanleihen und verdampfte, als der Friede ins Land kam.

Um Lichtmeß

Schon als Kind schien es mir, als ginge ein Frühlingshauch vom Feste Maria Lichtmeß aus. Damals war es noch ein gebotener Feiertag. In der Kirche zu St. Peter brannten mehr Kerzen als an anderen Festtagen, und der Kaplan weihte ganze Bündel neue, die neben dem Altare auf einem Tisch lagen. Der Vorrat sollte bis zum nächsten 2. Februar reichen.

Das winterliche Dunkel war kürzer geworden, am Abend spürte man schon deutlich, daß der Tag zugenommen hatte, ich wußte genau, die Tage des Winters sind gezählt. »Wenn's zu Lichtmeß stürmt und schneit, ist das Frühjahr nicht mehr weit«, so sagte die Bas Nanne, die hundert Wettersprüche kannte, weit mehr als der Vater. Sie wußte alle Lostage, ich gab aber schon als Kind nicht viel darauf. Das Wetter tut, wie es will, nicht nur im April, auch sonst. Die Eismänner trafen aber doch immer pünktlich ein.

Es gab Lichtmeßtage, an denen die Sonne vom blanken Himmel schien. Dennoch rührte sich der Schnee auf den Feldern und Äckern nicht, sogar die Eiszapfen fielen nicht von den Dachrinnen, so wenig Kraft hatte sie. Ich sah durch die Stubenfenster. Von den Lärchen drunten im Kälbergarten war längst der Schnee aus den Astwinkeln gefallen, sie standen da, als würde es morgen schon Frühling. Es hätte mich nicht gewundert, wenn die Amseln gesungen hätten, aber die schwiegen, sie schwiegen noch lange. Sie brauchten die ganze Zeit, das Futter zusammenzusuchen, wie hätten sie da singen können! So dachte ich. War es kindlicher Unverstand, waren es Hoffnungen, die sich in Wünsche kleideten, bewußt oder unbewußt? Ich wußte es damals nicht, ich weiß es heute nicht besser.

Aber auch heute noch beginnt der Frühling für mich an diesem Tage. Die Schneewälle an den Wegen stören mich nicht, auch das Johlen des Sturmes deute ich als Frühlingssang, etwas grob und heiser, aber doch ein Gesang. Die Lichter der Kirche haben ihren Schein schon in mein Kinderherz geworfen. Sie allein galten, nicht die kalten Nächte, nicht die Eiszapfen am Dach. Ich liebte den Lichtmeßtag mehr als andere, die größer sind und lauter.

Es war zugleich auch Faschingszeit. Merkwürdige Heilige waren im christlichen Kalender verzeichnet: Unsinniger Pfinztag, Rußiger Freitag, Schmalziger Samstag; da stand die Bauernfasnacht, aller Herren Fasnacht und aller Narren Fasnacht. Aber bei uns auf dem Heinfelser Berg gab es keine Faschingsbräuche. In Sillian drunten wurde an den letzten drei Fasnachtstagen das Vierzigstündige Gebet gehalten, ein sonderbarer ›Faschingsbrauch‹. In der zweiten Klasse des Gymnasiums bekamen wir einmal das Thema, die »Faschingsbräuche in meiner Heimat« zu schildern. Zum Glück war es eine Hausarbeit. Was ich sonst getan hätte, weiß ich nicht, denn es war mir nicht ein einziger Brauch bekannt, und was mir bekannt gewesen wäre, fiel mir nicht ein.

Für die Hausarbeit konnte ich mich bei meinen Mitschülern nach Faschingsbräuchen umhören. Das tat ich denn auch ausgiebig. Schließlich wählte ich drei Bräuche aus, brachte sie wie Wilhelm Grimm die deutschen Hausmärchen in einen gemeinsamen Stil und bekam ein »Vorzüglich«. Daß der erste Brauch aus Vorarlberg stammte, der zweite aus dem Unterinntal, der dritte aus der Gegend an der Etsch im Vinschgau, wußte der Professor nicht. Vielleicht wäre es ihm auch gleichgültig gewesen, er rechnete das Darstellungsvermögen, zählte die Schreibfehler dazu, die bei mir nie sehr zahlreich waren, weil ich in der Volksschule einen ausgezeichneten Lehrer gehabt hatte, und schrieb mit zügiger Handschrift das Generalresultat darunter. Der Schwefel wird belohnt, dachte ich im stillen.

Wir hatten nämlich von vornherein die Meinung, bei Aufsätzen dürfte man überhaupt nicht das Einfache und Natürliche, das Nächstliegende und Wahre bringen, das sei langweilig und abgedroschen, man müßte wenigstens ein paar Schnörkel herumschlingen, besondere Lichter aufsetzen. Von Landsleuten höherer Klassen hatte ich erfahren, daß in Sillian wenigsten der eine Brauch geübt wurde, den man das Begraben des Faschings nannte. Auch von Maskeraden wurde mir erzählt, von Tanzbelustigungen. Ich hatte den Aufsatz noch nicht ins reine geschrieben, trotzdem lehnte ich ab. Das Ferne lag mir näher, ich blieb bei meinen drei Abschnitten, und wie die ausgezeichnete Note erwies, mit Recht. Heute sind die Faschingsbräuche genormt, der Lärm ist gestiegen, die Tanzerei ausgeartet, die Geldverschwendung allgemein. Die Faschingsbräuche von Sillian sind wirklich nicht sehr von denen im Vinschgau, im Unterinntal und in Vorarlberg verschieden. Ich ahnte es, also war die Note doch richtig.

Bestimmt nicht zu den Faschingsbräuchen gehörte das »Blasigen» am 3. Februar. An diesem Tag wurde bei uns in

St. Peter wie in den anderen Kirchen Tirols der Blasiussegen erteilt, damit man gegen Halskrankheiten geschützt bleibe. St. Blasius war ein Bischof und Märtyrer aus dem griechischen Osten und hatte nach der Legende einen Knaben gerettet, dem eine Fischgräte im Hals stecken geblieben war. Er wird als einer der Vierzehn Nothelfer verehrt.

Der Mesner band in der Sakristei zwei Kerzen mit einem roten Band so zusammen, daß sie wie ein Andreaskreuz aussahen. Während des Segens waren sie angezündet. Wer den Blasiussegen empfangen wollte, kniete am Kommuniongitter nieder, der Priester hielt die gekreuzten Kerzen vor dessen Gesicht, legte oben die rechte Hand in den Zwickel, sodaß es hersah, als legte er sie auf, und sprach: »Auf die Fürbitte des heiligen Blasius, Bischofs und Martyrers, bewahre dich der Herr vor Halsschmerzen und vor jedem anderen Übel, im Namen des Vaters und des Sohnes und des Heiligen Geistes, amen.« Er machte ein Kreuzzeichen in die Luft und ging zum nächsten. An der Kommunionbank war ein flottes Kommen und Gehen, die Schritte der Männer, Frauen und Kinder hallten im Kirchenraum. Viele knieten sich nachher noch ein paar Augenblicke in die Bänke, um zu beten. Es waren mehr Leute gekommen als sonst an den Werktagen. Der Kaplan sprach den Segen lateinisch, aber sie wußten, was die Worte bedeuteten, schon in der Schule sind sie ihnen erklärt worden. Sie hatten es nicht vergessen. Die Lippen der Frauen bewegten sich leise, als sprächen sie den Segen nach. Wenn der Priester zum nächsten ging, machte jedes das Kreuzzeichen auf Stirne, Mund und Brust und erhob sich von den Knien.

Die Kinder waren schon aus der Kirche gegangen, die Frauen, Kopftücher auf und wollene Handschuhe an, blieben am längsten in den Bänken knien. Der Kaplan reichte die Blasiuskerzen dem Mesner zurück, der löschte sie aus und trug sie in die Sakristei. Ihm folgte der Priester mit dem Kelch, den er auf dem Altar gelassen hatte. Er fror an den Händen, zu lange hatte der Segen gedauert. Ihn segnete niemand an diesem Tag, es war kein zweiter Geistlicher im Dorfe, so betete er still für sich die Segensformel.

Gestern, zu Lichtmeß, war Kerzenweihe, heute waren zwei davon zum Blasiussegen angezündet worden. Wie eng hingen diese Tage zusammen, Glieder einer Kette sind es, die von der Erde zum Himmel reicht.

Fastenzeit

Sie begann am Aschermittwoch mit dem Aufstreuen der geweihten Asche auf unsere Schöpfe und mit Leidensbildern in den schwarzen Rahmen, die der Mesner auf den Altar gestellt hatte. Sie paßten nicht zur feinen Arbeit des gotischen Schnitzaltares, er bekam durch sie etwas Düsteres und Schwermütiges, das sich mir, ob ich wollte oder nicht, ins junge Herz senkte. Die Bilder stellten Szenen aus dem Leiden Christi dar, aber sie waren so nachgedunkelt, daß ich es nicht recht herausbrachte. So legte ich noch Bösartigeres in die Gesichter der Henker, die den Heiland geißelten und ihm mit langen, dicken Stecken die Dornenkrone auf das Haupt drückten, als der Künstler, weiß Gott vor wie langer Zeit, in sie gemalt hatte. Einer der Folterer, das glaubte ich zu sehen, drückte zufrieden die Zunge zwischen die fleischigen Lippen und gab dem Kollegen mit schiefem Auge einen Wink, fester auf die Stange zu drücken, die Dornen steckten erst in der Haut, sie müßten bis auf die Knochen hinein.

Von diesen starken Bildern abgesehen, die bis Ostern auf dem Altar blieben, während seine Flügel geschlossen waren, war die Fastenzeit für uns Kinder nicht viel anders als die übrigen Wochen des Jahres. Wir lärmten und schrien, rauften und stritten, warfen einander in den Schnee und rieben dem Gegner das Gesicht ein, daß es puterrot wurde, obwohl uns die Bas Nanne eindringlich gepredigt hatte, wir sollten in der Fastenzeit still und verträglich sein, Vater und

Mutter gehorchen und ein bißchen auch ihr. Nichts dergleichen.

Einiges ereignete sich ja, das sonst im ganzen Jahr nicht vorkam. Das eine war, daß an bestimmten Tagen vor dem Mittagessen eine lange Reihe Vaterunser gebetet wurde, wenn etwas von Fleisch auf den Tisch kam. Meistens waren es nur Knödel, und die enthielten so wenig Speck, daß man gewiß wenigstens ein paar Vaterunser hätte auslassen können, aber der Vater betete unentwegt weiter vor und achtete streng darauf, daß wir uns dabei gut betrugen.

Erfreulicher war es, daß öfters eine Frau auf den Hof kam, die in einem großen Korbe Weißbrot brachte und es in den Häusern verkaufte. Das ganze Jahr gab es nur Roggenbrot, das im Sommer hart war wie Stein, aber wenn die Frau in der Stube den Korb niederstellte, kaufte die Mutter doch immer einen großen Wecken und die Bas Nanne jedem von uns einen Brezen. Das war etwas Besonderes, denn Brezen gab es damals nur in der Fastenzeit. Wir aßen sie, solang die Frau noch in der Stube war, sich wärmte, rastete und schwatzte. Es fehlte auch nicht an heimlichen Winken, die Bas Nanne sollte uns noch einen kaufen, aber sie merkte es nicht, so gute Augen sie sonst hatte, namentlich, wenn wir etwas angestellt hatten. Wir sahen, daß die Frau noch eine ganze Reihe von Brezen im Korbe hatte, aber die Bas Nanne blieb völlig verstockt, obwohl sie sonst ein gutes Herz hatte und an jedem Sonntag für uns etwas Gutes aus dem abgründigen Kittelsack zum Vorschein brachte, im Winter Zuckerlen, im Sommer Obst, wenn sie vom Hauptgottesdienst in Sillian heimkam. War die Frau fort, sagte die Bas Nanne wohl, es sei jetzt Fastenzeit, das sollten wir bedenken und nicht so naschhaft und gefräßig sein, das gehöre sich nicht. Der große Wecken verschwand in der Schürze der Mutter und wurde von uns nicht mehr gesehen. Schon bei der Jause aßen wir wieder Schwarzbrot, als ob die Frau gar nicht auf dem Hofe gewesen wäre.

Es gab noch anderes, das die Fastenzeit abhob. Dahin gehört, daß uns der Lehrer zweimal in der Woche, am Mittwoch und am Freitag, nach dem Nachmittagsunterricht geschlossen in die Kirche führte, den Kreuzweg zu beten. Lidwina Huber, die etwas älter war als ich und später Lehrerin wurde und noch später Dominikanerin in Lienz, betete vor: »Wir werfen uns hier zu deinen Füßen nieder und beweinen mit den Tränen des heiligen Petrus und der heiligen Magdalena ...«, so begann sie. Einmal hatte sie das Vorbetbuch vergessen, da betete sie den ganzen langen Kreuzweg einfach aus dem Gedächtnis und blieb dabei nur einmal kurz stecken. Sie kannte im Katechismus sogar die Nutzanwendungen auswendig, die bei jedem Abschnitt hinterdrein standen, schwer zu verstehen und noch schwerer zu lernen waren, weshalb sie gar nicht aufgegeben wurden.

Immer in die Fastenzeit fiel mein Geburtstag am 25. März, zugleich Maria Verkündigung, damals auch noch ein gebotener Feiertag. In St. Peter wurde vom Kaplan ein sogenanntes Rauchamt gehalten, viele Leute gingen nachher noch zum Hauptgottesdienst nach Sillian, es war so Brauch. Auf den Leiten und Hängen in Heinfels war es um diese Zeit fast völlig aper, nur in schattigen Runsen und auf den Feldern, die hinter einem Walde lagen, waren noch graue Reste Schnees vorhanden. Die Amseln sangen in der Morgenfrühe, der Hauswald hallte wider vom Gezwitscher fröhlicher Meisen, die dem erwachten Insektenvolk nachstellten und schon Ausschau hielten, wo sie ihre Nester bauen könnten. Jeden Tag brachten wir Blumen heim, wir hatten sie an Stellen abgerupft, die wir genau kannten, meistens Vergißmeinnicht, aber auch Huflattich und Primeln. Ein längeres Leben hatten nur die Vergißmeinnicht, sie kamen in einen Teller mit Wasser, in der Mitte wurden sie durch eine kleine Madonnenstatue niedergehalten. Wenn ich nicht vergaß, Wasser nachzuschütten, wuchsen sie zu wahren Stauden empor, die immer neue Blüten trieben. Es war unglaublich, welchen Vorrat sie ständig erzeugten, aber schließlich war ihre Kraft doch erschöpft. Inzwischen blühten im Freien so viele Blumen vielerlei Art, daß mein Interesse dahin war. Kindeslust hält nie lange an, ich warf die gebleichten Schösser von Vergißmein-nichten aus der Kammer. Maria Verkündigung war längst vorüber. Und was hatte ich zu meinem Geburtstag geschenkt bekommen? Von der Mutter ein hartgekochtes Ei. Die Bas Nanne, die alle unsere Geburtstage im Gedächtnis hatte, hatte sogar gratuliert. Die anderen wußten nichts, jedenfalls taten sie nichts dergleichen.

Die letzten Tage der Fastenzeit waren recht still. Am Kar-freitag aßen die Erwachsenen fast nichts, so blieb für uns mehr. Leider gab es nur gesottene Polenta, die bei uns Kin-dern einen noch niedrigeren Kurs hatte als Knödel. Nur wenn sie geröstet aufgetischt wurde, schnellte der Kurs hin-auf. Am Karfreitag geschah das am allerwenigsten. Im Hause war es ruhig, der Vater litt auch bei uns nicht viel Lärm. Auch die Glocken schwiegen, sie waren nach Rom ge-flogen, wie uns gesagt wurde, und kamen erst am Karsams-tag wieder zurück. Wirklich kam uns vor, als hätten sie einen froheren Klang als zuvor. Auch mit der Orgel verhielt es sich so, wenn sie bei der Auferstehung am Karsamstag auf-dröhnte und der Kirchenchor ein gewaltiges Lied sang. Auf dem Altare waren die dramatischen Bilder verschwunden, die Flügel standen offen, alles schien erlöst und froh, die Heiligen an den Wänden und die Menschen im Schiff.

Der Palmbesen

In manchen Orten Tirols geht es am Palmsonntag zu, als gelte es einer Maifeier. Haushohe Palmlatten werden von Knaben durch die Straßen zur Kirche getragen, im Schiff rei-chen sie fast bis ans Gewölbe, bunte Bänder und Brezen schmücken sie, daß sich die Stangen biegen.

In Heinfels trugen wir höchst bescheiden einen Palmbesen aus Salweiden zur Weihe. Fiel Ostern und damit der Palm-sonntag spät, waren die Kätzchen schon groß und blühten oder waren eher am Verblühen. In anderen Jahren, wo Ostern zeitig war, hatten sie erst kleine, graue Knöpfe angesetzt, die kein Aufsehen machten, sodaß der Palmbesen ziemlich kümmerlich hersah.

Es spielte keine Rolle, ob der Besen groß oder klein war, wir kannten ausnahmsweise keinen Ehrgeiz, wir prahlten nicht wie sonst so oft. Damit wir nicht schon auf dem Wege die Palmkätzchen abstreiften, wild und mutwillig, wie wir waren, steckte der Vater einen kurzen Stiel hinein und befahl uns, den Besen auf der Achsel zu tragen. Wir taten es, bis wir vom Lärchenwalde unter dem Haus gedeckt waren, sodaß wir nicht mehr gesehen werden konnten. Eine Zierde war er nicht mehr, als wir ihn in der Kirche vorne zum Speisgitter hintrugen und dort langsam und vorsichtig niederlegten, langsam deswegen, damit wir Gelegenheit hatten, die anderen Palmbesen zu betrachten, wenn auch nur rasch und kurz.

Als wir Ministranten waren, bettelten wir vom Mesner einen Olivenzweig, den Kaplan wagten wir nicht darum anzugehen. Daheim steckte die Bas Nanne ihn in der Stube hinter das Kruzifix, dort blieb er, solange noch ein einziges dürres Blatt am Aste hing. Meistens fielen die Blätter nach und nach dem Staubtuche zum Opfer, manchmal traf sie der Schwung des birkenen Heiligen Geistes, der bei Tisch der Hand des Vaters stets griffbereit nahe war. Hatten wir keinen Olivenzweig erbettelt, zu Zeiten war der Mesner gar sparsam, ja geizig, wurde ein Zweig aus dem Palmbesen hinter das Kreuz im Tischwinkel gesteckt. Das übrige wurde im Tennen auf einen Nagel gehängt.

Im Sommer bei gefährlich aufziehenden Gewittern holte die Mutter einige Zweige, nahm etwas vom vertrockneten Blumenstrauß des Hohen Frauentages, dazu ein paar Späne des Osterscheites und verbrannte alles zusammen im Küchenherd, damit kein Blitz in den Häusern zündete und der Hagel den Feldern nicht schadete. Auch wir Kinder hatten eine heillose Angst vor den Gewittern. Daran dachten wir am Palmsonntag nicht. Wir stritten auf dem Heimwege, am liebsten hätten wir den geweihten Besen verwendet, den Nachbarskindern damit eins über den Rücken zu hauen. Das war nicht recht, wußten wir, wir hätten fromm sein sollen und eingezogen und sittsam, auch auf dem Heimweg, wir trugen doch etwas Geweihtes, das nicht mehr uns gehörte, nicht völlig uns, wie noch auf dem Hinweg.

Die Kartage

Der Karfreitag ist immer ein etwas besinnlicher Tag gewesen, mochte er auch nach außen hin als Werktag gezählt haben. Das Bebauen der Felder war bei uns auf der Sonnseite im vollen Gange, manchmal, wenn Ostern spät fiel, schon fast abgeschlossen. Dunkel hoben sich die Äcker von den Wiesen und Anewanten, die sie umgrenzten, ab, die ersten Schmetterlinge gaukelten mit ungeschicktem Flügelschlag darüber, Krähen und Tauben lauerten im Geäst der nahen Fichten, die Äcker zu plündern. Gegenüber auf der Schattseite langte der Schnee noch weit herab. In Hollbruck und Gschwend waren erst die abgewehten Hügel aper, die Bauern hatten Asche auf die Äcker des Herbstroggens gesät, um die Schneeschmelze zu beschleunigen.

Am Karfreitag ruhte die Arbeit oder es wurde höchstens etwas rasch zu Ende gebracht, zu dem der Vortag zu kurz gewesen war. War das Wetter trüb oder regnete es gar, gingen die Arbeitsleute nicht aufs Feld. Die Männer bosselten daheim, besserten etwas aus, nahmen dieses und jenes zur Hand und legten es wieder zurück, die Frauen putzten und scheuerten Stube und Kammer, wischten die Stiegen blank und die Dielen auf dem Tennen. Selten sprachen sie ein Wort dabei, auch nicht, wenn sie aneinander vorübergingen oder nebeneinander schafften.

Die Stille der Karwoche, »das bittere Leiden und Sterben unseres Herrn und Heilandes Jesus Christus«, von dem schon während der Fastenzeit bei jeder Predigt die Rede ge-

wesen war, dann die langen Messen mit der Leidensge-
schichte zwischendrin am Anfang der Woche, andererseits
die abgekürzte Messe, wie verstümmelt, am Karfreitag, dazu
passende Betrachtungen, die man in der Postille nachlas
oder in einem anderen alten Buch, das im Hause vorhanden
war – wie hätte dies alles ohne Nachhall bleiben sollen in
den einfältigen Herzen einfacher Menschen? Immer gingen
an diesen Tagen einige Leute vom Hof in die Kirche, die Bas
Nanne, der Vater, der Pap und wir älteren Buben. In der
Kaplaneikirche zu Heinfels wurden die Zeremonien der
Kartage nicht gehalten, nur abends gab es eine kurze Andacht und zuvor für jene, die Zeit übrig hatten, eine Anbe-
tungsstunde vor dem Allerheiligsten in der Sakristei, wo es
seit dem Gründonnerstag aufbewahrt wurde.

Wir mußten den weiten Weg nach Sillian in die Pfarrkirche machen. Die weitgespannte, lichte Halle war durch Vor-
hänge an den Fenstern des Presbyteriums in eine düstere
Schwernis gehüllt, ein Kreuz lag am Kirchenboden zur Ver-
ehrung ausgesetzt. Von den ganzen Zeremonien verstand ich
nichts. Ich besaß kein Buch, in dem ich sie hätte nachlesen
können, es erklärte sie mir auch niemand. Vielleicht hatte
der Kaplan in der letzten Religionsstunde vor den Osterfe-
rien es getan, längst war es wieder verflogen, wohl gar nie bis
ins Hirn vorgedrungen. Von unserem Kirchenstuhl aus, der
fast genau in der Mitte des Schiffes war, sah ich, klein wie ich
damals war, nichts von dem, was vorne am Altar vorging.
Und doch war es auch in mir, als flatterte ein dunkler Vogel
durch meine Seele: Karfreitag. Ich horchte auf, wenn vorne
der Priester sang oder rückwärts der Chor antwortete. Es
bedrückte mich seltsam, daß keine Orgel klang und keine
Glocke; die hölzernen Klappern machten einen häßlichen
Lärm statt des Klingelingling der Meßglöcklein, ich fuhr zusammen, sooft sie aufprasselten. Neben mir kniete die Bas
Nanne oder der Vater, manchmal auch der Pap, der sonst
meistens im Zwischengang stehenblieb. Sie lasen in einem
Gebetbuch oder beteten den Schmerzhaften Rosenkranz.

Daheim auf dem Hofe schrien wir an diesem heiligen Erlösungstage weniger, das hatte uns die Bas Nanne aufgetragen und die Mutter, wir stritten auch nicht mitsammen und trugen ohne Auftrag Holz in die Küche oder fragten mit großen, sanften Bereitschaftsaugen, ob sie sonst eine Arbeit für uns hätten. Nannten sie keine, setzten wir uns draußen auf die Stufen des Vorsöllers. Ober uns wehten weiße Frühlingswolken hin, die Schwalben waren noch nicht zurückgekommen. Alles um uns war feierlich verhalten, der Wald mit den hundert Wipfeln, das Haus, wir selbst.

Am Karsamstag begannen in Sillian die langen Zeremonien mit der Feuerweihe, der Vater war schon um sechs Uhr fortgegangen. Tags zuvor hatte er in der Holzbeuge ein besonders schönes, gerades und astfreies Scheit ausgesucht, das sich leicht in dünne Späne spalten ließ. Das nahm er mit und ließ es im Osterfeuer anbrennen. Solange ich weiß, hat immer er das Scheit zur Feuerweihe getragen, nur heimbringen durften es manchmal wir Buben, doch lobte uns die Mutter dann nur selten, so sehr hatten wir uns mit dem rußigen Ende Hemd und Kleider beschmutzt.

Nach dem Mittagessen, wo es wie gewöhnlich an Samstagen die kleinen, mit Weißkraut gefüllten und mit grauem Käse überstreuten halbmondförmigen Schlipfkrapfen gab, löste der Vater Späne vom Scheite, längere und kürzere, und fügte sie zu Kreuzen zusammen. Damit schickte er uns aufs Feld hinaus. Wir mußten auf jeden bebauten Acker ein Kreuz hineinstecken, möglichst in der Mitte.

Beim Winterroggen brauchten wir nicht weiter acht zu geben, aber auf den neu gepflügten Äckern streckten die Samen erst kurze braune Spitzen hervor, die wie ein Flaum erschienen. Wir machten uns möglichst leicht, damit wir keine Löcher hineintreten sollten, wenn wir das Kreuz in die Mitte steckten. Es hätte unordentlich ausgeschaut, wenn jetzt überall im geglätteten Erdreich unsere Fußspuren zurückgeblieben wären. Gott sollte mit Wohlgefallen auf unsere schönen Äcker herabblicken – und die Nachbarn auch.

Was von diesem Scheitholz noch übrig blieb, wurde für beziehungsweise gegen die bedrohlichen Unwetter der Hundstage im Sommer aufgespart. Da schnitt die Mutter einige »Speltern« herunter und machte damit im Herd ein kleines Feuer an, damit der geweihte Rauch aus dem Kamin in die elektrisch geladenen Lüfte aufstieg. Währenddessen lief sie auf den Söller hinaus, goß aus einer Flasche Weihwasser in die hohle Hand und sprenkelte es nach allen Richtungen auseinander. Dazu flüsterte sie alte Gebetsformeln, die sie von ihrer Heimat mitgebracht hatte. Mein Gott, welche Angst hatten wir vor solchen Gewittern, da konnte nur Gott helfen und seine Heiligen. Wie wichtig war doch der Karsamstag mit seiner Feuerweihe, – schien uns!

Ostereier

Zu Ostern hatten wir immer alle Hosensäcke voll gefärbter Eier, wir taten wenigstens so. Die Wirklichkeit sah ganz anders aus. Die Mutter färbte wohl eine Schüssel voll, aber es traf für jede Person doch nur zwei, die Familie war groß, und die Hennen hatten womöglich nicht den richtigen Ernst, sich fleißiger ans Eierlegen zu machen. Sie konnten zwar, seit es aper war, wieder auslaufen, sie benützten die schöne Freiheit auch, aber dafür hatten sie bei den Nestern im Stall keine rechte Zeit und legten nur, wenn es gar nicht mehr anders ging. Wenigstens auf Ostern hätten sie fleißiger sein sollen, das dachten wir, dann hätte es uns mehr Eier getroffen; aber wir bekamen ein blaues und ein grünes, aus. Damit gingen wir zur Schule und taten groß damit.

Es gab zwei Spiele, um Ostereier zu gewinnen oder zu verspielen. Das eine war, daß man zwei aneinanderstieß, erst Spitz auf Spitz, dann Gupf auf Gupf oder umgekehrt. Das zerbrochene Ei gehörte dem, dessen Ei ganz geblieben war. Oft ging es nun so aus, daß beim einen der Gupf, beim andern der Spitz zerbrach, was dann? Es gab zornigen Streit und eine Wortklauberei, wer wichtiger sei und entscheide, der Gupf oder der Spitz. Wir behaupteten, das junge Huhn sitze im Gupf, weil es im Spitz nicht Platz hätte, also sei jener wichtiger. Der Gegner ließ das nicht gelten oder behauptete das Gegenteil. In Wahrheit wußten wir überhaupt nichts von diesen Dingen. Eine Henne saß wochenlang auf den Eiern, eines Tages waren die Hühnchen da, wie das zuging, mochten andere wissen.

Aber auch dann, wenn ein Ei an beiden Seiten zerbrochen war, ließen wir es womöglich nicht gelten, sondern schrien, er habe geschwindelt. Es gab allerhand Möglichkeiten dazu, sie wurden auch ausgenützt. Ganz Schlaue verschafften sich hölzerne Eier, die genauso aussahen und so gefärbt waren wie echte, ein solches zerbrach freilich nie. Meistens erkannten wir schon am Gesicht, womit der Betrüger es versuchen wollte. Auch der Stoß klang anders als bei richtigen Eiern. Andere bliesen ein Ei aus und füllten es mit Pech, schwierig war dabei nur, die beiden Enden so herzustellen, daß man nichts merkte. »Du hast ein Pechei!« schrien wir, der andere zottelte ab. Er fürchtete Schläge, sie wären auch nicht ausgeblieben. Wir wurden leicht handgreiflich, besonders dann, wenn wir weit genug vom Schulhaus entfernt waren, damit wir den Lehrer nicht zu fürchten brauchten. Mädchen hätte man vielleicht mit Pecheiern überlisten können, aber damit wollten wir nichts zu tun haben, wir hätten uns bis Pfingsten geschämt. Wir versuchten es gar nicht erst, so gern wir ein Ei gewonnen hätten.

Das andere Spiel, das wir trieben, war auch keine hundertprozentige Freude. Man hielt ein Ei so in der Hand, daß oben zwischen Daumen und Zeigefinger eine kleine Spalte offenblieb. Durch diese mußte der Partner einen Kreuzer so lange aufs Ei werfen, bis er steckenblieb, dann gehörte das Ei ihm. Jeder Kreuzer, der das Ziel verfehlte oder nicht steckenblieb, gehörte dem anderen. Es waren bittere Kreuzer, fast nie traf der andere die Spalte, die wir möglichst schmal machten, auf Anhieb, es ging auf die Knochen oder aufs

Fleisch. Wenn die Münze dort auch nicht geradezu stecken-blieb, es war doch sehr schmerzlich, da immer mit ganzer Kraft geschmissen wurde. Es war ein Spiel, wo der Geiz so-fort und gerecht bestraft wurde. Machten wir die Öffnung klein, damit uns das Ei bliebe, gingen die scharfen Kreuzer umso sicherer auf die Finger, die Öffnung größer zu machen, fiel uns dennoch nicht ein.

Bei diesem Spiele half auch ein Pech- oder Holzei wenig, da nur umso mehr Kreuzer aufs Fleisch gingen, denn auch beim richtigen Ei blieb er selten stecken, selbst dann, wenn er mitten in die Spalte traf. Entweder war die Kraft zu gering oder es ging eben sonst schief. Dieser Osterbrauch mit den gefärbten Eiern dauerte nie lange, meistens gingen die Eier und die Freude zur gleichen Zeit aus.

Der sogenannte Osterhase war zu Hause gänzlich unbe-kannt. Als ich in der Volksschule durch andere Kinder damit konfrontiert wurde, wehrte ich mich dagegen, da ich schon immer gewohnt war, die Dinge nach der Wirklichkeit ins Auge zu fassen. Wald- und Feldhasen, auch »Königshasen« (Kaninchen) waren mir geläufig; gegen die Existenz von Ha-sen, die Eier legen, sträubte ich mich. Außerdem wußte ich, woher die Ostereier kommen, da gab es bei uns keine Ge-heimnistuerei. Im Vinzentinum war dann vom Osterhasen nicht mehr weiter die Rede, er schien nicht ins ernste Haus zu passen, und ich will heute noch nichts von ihm wissen.

Ganz anders war es mit den Ostereiern. Die Mutter färbte sie zwar immer nur ganz einfach, grün oder blau, sie gab auch nicht sehr acht, ob die Farbe überall gleichmäßig haftete, sie hatte nicht Zeit dafür. An manchem Jahr waren auch we-niger Hennen oder sie hatten sich noch nicht ans Eierlegen gewöhnt, so mußte die Mutter lange zusammensparen, bis die Schüssel voll wurde, die es brauchte. Dagegen großartig gefärbt waren die Eier, die wir als Ministranten vom Kaplan Vöstner erhielten. Es waren auch nur zwei, aber sie zeigten die buntesten Muster, die wir nicht genug bewundern konn-ten. Einmal waren sie so schön, daß ich es nicht übers Herz brachte, sie sogleich zu essen. Ich legte sie in der Kammer auf die Kommode, damit ich sie jeden Tag betrachten konnte. Gelegentlich fragte die Mutter, ob ich die Ministranteneier gegessen hätte. Ich hatte sie nicht gegessen. Dann sei es höchste Zeit, meinte sie. Nein, es war gar nicht höchste Zeit, denn als ich das erste schälte, stieg ein so übler Geruch auf, daß ich schleunigst damit abfuhr. Das zweite öffnete ich gar nicht erst. So kann auch die Sparsamkeit von Übel sein.

Engeleintanzen

Die Himmelfahrt Christi in der Pfarrkirche war etwas ganz Großes für uns Kinder, sodaß wir lange vorher kaum über anderes mitsammen sprachen. Es gab doch so wenig Ereignisreiches auf dem einsamen Berghof.

Sobald wir ordentlich gehen konnten, nahm uns die Mutter oder die Bas Nanne mit nach Sillian zum Nachmittagsgottesdienst, bei dem die »Auffahrt« stattfinden sollte. Obwohl die Bas Nanne immer reichlich früh kam, war die große, lichte Kirchenhalle schon mit Erwachsenen und ganz besonders mit Kindern gefüllt, immer auch mit solchen, die bei diesem Anlaß zum allerersten Mal in die Kirche mitgenommen wurden.

Im Mittelgang, genau unter dem »Himmelloch« stand in einem Meer von Blumen der Auferstandene, eine altehrwürdige Statue. Ich kannte sie schon, weil sie seit der Auferstehungsfeier am Karsamstag auf dem Tabernakel des Hochaltares gestanden hatte. In der Höhe ober ihr schwebten, ein Viereck bildend, vier Engel, kleine putzige Barockfiguren, sie sollten Christus bei seinem Heimgang begleiten.

Als die Sakristeiglocke gezogen wurde, trat der Pfarrer mit den beiden Kooperatoren an den Hochaltar. Bald darauf begann ein langes lateinisches Singen, bei dem der Chor hinten auf der Empore und die drei Priester vorn am Altare abwechselten. Die Geistlichen saßen auf niedern Schemeln, die mit einem weißen, mit Stickerei verzierten Stoff überzogen waren, der Pfarrer in der Mitte, die Hilfspriester, seine Knechte, etwas tiefer, rechts und links zur Seite. Sie sangen die Tagesvesper, ich verstand nichts davon. Die älteren Leute, besonders die Frauen, lasen in Gebetbüchern, auch die Bas Nanne, andere beteten still für sich den Rosenkranz. Ich selber blickte immerfort nur zur Statue im Blumenmeer, damit mir ja der Augenblick nicht entginge, wo sie zum Himmel aufzuschweben begänne. Sooft das Seil, an dem sie befestigt war, ein wenig zitterte, hoffte ich schon, daß es soweit sei, aber ich wurde immer wieder enttäuscht. Sie sangen und sangen, die Priester vorn, der Chor hinten, es nahm kein Ende. Meine Ungeduld wuchs, die Spannung. Endlich schien das Ende da zu sein, die Priester erhoben sich von den Sitzen und traten an den Altar.

Ich hatte mich, da ich klein war, auf die Kniebank gestellt, damit ich besser zusehen könnte. Nein, der Auferstandene rührte sich nicht. Der Chor sang jetzt das Magnifikat, während vorne der Altar beräuchert wurde. Dann kam noch einmal ein Lied, das besonders lang dauerte. Die Priester standen vor den Altarstufen, ab und zu neigten sie mitsammen das Haupt. Die Ministranten standen am Kommuniongitter, einer schwang das Rauchfaß, ein zweiter trug das Schiffchen, die anderen hielten Kerzen oder falteten die Hände vor der Brust. Ich verzappelte beinahe.

Jetzt war der Chor mit dem Liede fertig, die Priester traten noch einmal zu den Schemeln, die an der Seitenwand neben der Sakristeitür standen und auf denen sie früher gesessen waren, diesmal blieben sie vor den Schemeln stehen. Auf der Empore spielte der Lehrer die Orgel. Im nächsten Augenblick setzte der Chor wieder mit einem Liede ein, jetzt sang er deutsch, aber ich verstand dennoch nichts.

Das Lied war zu Ende, nur die Orgel ging noch weiter. Die Frauen hatten die Gebetbücher in die Kittelsäcke geschoben und die Rosenkränze dazugelegt. Sie hoben die Gesichter auf, leicht nur, die aufgesteckten Zöpfe gingen ein wenig nach hinten, im Nacken schob sich die Haut zusammen. Jetzt, wirklich, jetzt zitterte das Seil. Auch die vier Engel fingen an, unruhig zu werden, sie hoben sich und sanken zurück, das dünne Seil, an dem sie hingen, schlenkerte. Ich starrte auf einen der Engel, der etwas höher schwebte als die übrigen.

In diesem Augenblick löste sich der Auferstandene vom Tische, auf dem er geruht hatte, er stieg ein Stück weit in die Luft, nach meiner Meinung viel zu hoch, fast bis auf die halbe Höhe, er fing an, sich langsam und gemessen zu drehen, immer gleichmäßig, nie schnell oder überhaspelt. Bald erschien die segnende Hand, bald die weiße Fahne, die er in der Linken hielt, stets dünkte es mich, als seien sie mir zugewandt, nur mir, auch das Gesicht wandte sich im Drehen nach mir, sooft es in die Richtung kam. Während er sich langsam, würdevoll drehte, entfernte er sich immer weiter vom Boden und strebte dem Kirchengewölbe zu, mit der Öffnung mitten drin, die ihn aufnehmen sollte.

Die vier Engel, die sein Geleit bildeten, drehten sich viel rascher, oft hüpften sie förmlich und machten kleine Sprünge in der Luft vor Freude und Munterkeit, die Füße zappelten, das Gewand schien sich zu bauschen, wie ein lustiger Tanz war es, den sie aufführten. Dabei schwebten auch sie im Kirchenschiff höher und höher. Manchmal waren sie dem Auffahrenden voraus, manchmal folgten sie ihm erst. Ein Stück weit unter dem Gewölbe blieben sie in der Luft schweben, weil für sie keine Öffnung da war, durch die sie hinaufgezogen werden konnten. Sie tanzten noch eine Zeitlang, dann wurden sie ruhiger, kamen zur Ruhe und blieben still im Raume hängen.

Christus schwebte jetzt ganz nahe unter der Gewölbeöffnung. Die Drehungen wurden langsamer und langsam, dann hörten sie auf, die Fahne war in die Öffnung hineingestoßen. Die Statue des Auferstandenen wurde hinaufgehoben und verschwand für die Augen der Vielen, die ihm nachsahen. Ein Lächeln stand auf meinem Gesicht, auch die Bas Nanne lächelte und die anderen, Kinder und Erwachsene. Die Priester waren in die Sakristei gegangen, die Orgel war still. Sie hatte nur leise gespielt, während Christus auffuhr, wie ein fernes Singen war es gewesen.

Auf dem Heimweg erzählte uns die Bas Nanne, daß im Sommer die Gewitter just aus derjenigen Richtung kämen, in die Christus zuletzt geblickt hatte. Ich wußte es genau: er hatte nach Kartitsch gesehen. Nein, von dorther kamen die Gewitter nicht, sie kamen immer von Innichen herab oder von Villgraten heraus. Später erfuhr ich, daß das Loch im Kirchengewölbe oval, nicht eben rund sei, und daß folglich die Statue nur, wenn sie nach Kartitsch gewendet war, hinaufgehoben werden konnte.

Heute sind diese alten Kirchenbräuche verschwunden, der Tanz der Engel hat aufgehört.

Die Pfingsttaube

Pfingsten ist, nach Weihnachten und Ostern, der Mittelpunkt des dritten Festkreises im Jahr. Das Wachstum hat die volle Kraft erreicht, auf den Feldern wogt das Gras, selbst die Saat wiegt sich schon auf den grünen Stengeln. Von Tag zu Tag wächst sie höher, so gewaltig ist die Triebkraft der Erde geworden. Der Wald steht mit neuen Wipfeln da, sie sind noch blaß, erst allmählich strömt ihnen die saftige Farbe zu. Wie schnell das Leben groß und stark geworden ist! Sprangen nicht eben erst die Knospen am Gebüsch, Huflattich und Vergißmeinnicht blühten? Nun ist alles eine einzige grüne Weite geworden, längst ist das Zittern vor Winter und Frösten vorbei.

Als Kind fiel mir das Pfingsfest zunächst gar nicht auf, es war ein Sonntag wie so viele im Jahr. Daß der Kaplan mit einem feuerroten Meßgewand aus der Sakristei an den Altar trat, war schon etwas Neues. Meistens trug er ein weißes, an Festtagen das mit dem gestickten Kruzifix am Rücken, das mir ausnehmend gefiel, obwohl es schon damals nicht mehr sehr neu war. Die Sänger stimmten auf dem Chore das Kyrie an, das Gloria begann, Epistel und Evangelium wurden abgesungen.

Dann kam etwas, das es nur am Pfingstsonntage gab. Der Kaplan setzte mit der Messe aus und wartete, auf der Empore verstummte die Orgel, es wurde still in der kleinen Kirche St. Peter. Da schwebte plötzlich die geschnitzte Taube vom Gewölbeloch herab. Sonst hing sie im Schiff oder war so weit hochgezogen, daß man sie kaum sah. Ein großes Kunstwerk war es nicht, aber was verstanden wir davon? In immer mächtigeren Schwüngen schwebte sie über den Köpfen der Kirchgänger hin; als ob sie lebte, zog sie dahin, bald über uns Buben, bald über den Mädchen. Es wunderte uns, daß der Mesner es wagte, sie so weite Bögen fliegen zu lassen, sie hätte doch an einer Rippe der alten Kirche anstoßen können. Sie stieß nicht an, sicher und rasch flog sie im Kreise.

Ich wußte ja, daß es der Mesner war, der auf dem Gewölbeboden die Taube lenkte, machmal erschien auch ein weißer Hemdsärmel über dem Himmelloch. Es machte uns nichts aus, niemand lachte, wie es sonst wohl geschehen wäre. Mit weiten Augen starrten wir zur Höhe. Eben vorhin hatte der Kaplan vorgelesen, daß am ersten Pfingsttage der Heilige Geist vom Himmel herabgekommen wäre. Nun war er da in unserer einfachen Kaplaneikirche, nicht in Wirklichkeit, nur als Sinnbild, nur eine hölzerne Taube, aber es war der Heilige Geist.

Allmählich schwebte die Taube höher, die Bögen wurden enger, nur wenig unter dem Gewölbeloch kreiste sie noch ein paarmal, dann hob sie der Mesner hinauf und verschloß die Öffnung mit einem Deckel. Der Priester stimmte das Kredo an, die Orgel spielte wieder, der Chor sang. Was noch kam, war ein Sonntag wie andere.

Prozession

In der Kaplaneikirche St. Peter hing an der Nordwand des Schiffes, die dem Schloßhügel zugewandt und deshalb ohne Fenster ist, das ganze Jahr hindurch eine große Kirchenfahne mit einem nachgedunkelten Bild in der Mitte.

Am Fronleichnamstage nach dem Amt, das an diesem Morgen besonders früh gehalten wurde, nahmen zwei Männer sie herab und brachten sie auf den engen Platz vor die Kirche hinaus. Dort wurde sie aufgestellt und dann einer kleinen Schar, die nach Sillian zum Hauptgottesdienst und zur feierlichen Prozession zog, vorausgetragen. Wir hätten, hinter der Fahne einherschreitend, beten sollen, aber wir sahen nur auf den Träger, den es bald nach links, bald nach rechts riß, trotzdem der Helfer die Fahne, an zwei vergoldeten Schnüren haltend, gegen den Wind zu steuern versuchte. Oft kam urplötzlich ein Stoß daher, die Fahne bauschte sich, der rote Brokat mit dem Bilde wehte waagrecht hinaus, im nächsten Augenblick fiel sie wieder herab, nur die Enden flatterten noch. Der Träger mußte die Füße breit auseinander stemmen, damit er das Gleichgewicht zu halten vermochte, ehe die Fahne weiterschwebte, ins Dorf hinab und die Straße entlang nach Sillian, der Pfarre.

Kaum hatten wir den Markt erreicht, hörten wir schon die Musikkapelle blasen, die gleich uns zur Kirche hinaufzog. Auf und nieder zuckte der Stab des Kapellmeisters. Die Musikanten waren in Tracht gewandet: weite rote Janker, enge schwarze Kniebundhosen, weiße Wadelstrümpfe und grüne Hüte mit großen Krempen, auf denen zwei Hahnenfedern wippten. Dahinter scholl der Gleichschritt der Schützen. Die neue Fahne wehte ihnen voran, die alte von Anno 1809, von einem gestrickten Beutel zusammengehalten, wurde mitgetragen. Es blitzte der Säbel des Kommandanten, der die Befehle donnerte mit einer Stimme, die man dem kleinen Mann gar nicht zugetraut hätte.

An den Hausfronten flatterten die Fahnen, grün lagen die

Felder um den Markt, die Möser zwischen Straße und Drau, sprossende Äcker und der Nadelwald droben in der Höhe. Der Aufmarsch hatte den Kirchplatz erreicht. Setzten im Turme die Glocken aus, lief oben am Waldrand, wo der Weg nach Schlittenhaus und zu den Höfen am Sillianer Berg hinaufführt, der Böllerschütze mit glühender Lunte von einem Böller zum andern. Das Echo rollte in die Berge hinein und kam zersplittert zurück, neue Böller folgten, lauter noch und donnernder als die ersten. In der Kirche brauste schon die Orgel, der Chor stimmte das Kyrie an, sie sangen heute nur eine kurze Messe, denn die Prozession nachher dauerte lang.

Vom Waldrand herunter hallten drei Böller, im Turme fingen die Glocken an, die Prozession auszuläuten. Sie nahm den Weg von der Kirche herunter auf die Straße, dort ein Stück ostwärts, dann zu den unteren Häusern des Marktes. Beim Bildstock des hl. Nepomuk, der auf dem Marktplatze steht, wurde das letzte Evangelium gesungen. War der vierte Wettersegen vorbei, zog die lange Zeile der Prozession wieder zum Gotteshaus hinauf. Den ganzen Weg säumte ein Spalier von grünem Reisig, das rechts und links in den Boden gesteckt war.

Voraus gingen die Schulkinder, erst die Knaben, dann die Mädchen, diese weiß gekleidet oder wenigstens weiße Schürzen umgebunden und künstliche Kränze im gelösten Lockenhaar. Zwei rote Ministrantenfähnlein flatterten vorne, ein Kreuz inmitten. Hinter den Kindern kamen die Männer, die Ledigen und die Verheirateten, die schwungvolle Barockstatue des Schutzengels wurde von den Unverheirateten getragen. Drei große Fahnen gingen im Zuge, eine mit den Ledigen, eine mit den Ehemännern, und die von Heinfels. Die Träger hatten Mühe, sie aufrecht zu halten und an den Hindernissen, die sich über die Straße spannten, glücklich hinwegzubringen. Es riß sie hin und her, sie mußten die Füße spreizen, oft ein paar Schritte zurückweichen, um das Gleichgewicht wieder zu erhalten, dann schritten sie wieder dahin, als wäre nichts gewesen. Vor und hinter ihnen klaffte eine Lücke im Zuge, Träger und Schnürehalter mußten sich rühren können. Auf keinen Fall durfte die Fahne auf den Boden kommen, das wäre für beide eine Schande gewesen und sie hätten sich geschämt das ganze Jahr lang. Der Vorbeter hatte eine grelle Stimme, es war immer derselbe, schon jahrelang. »Gegrüßet seist du, Maria, voll der Gnade, der Herr ist mit dir, du bist gebenedeit unter den Weibern und gebenedeit ist die Frucht deines Leibes, Jesus, der im allerheiligsten Sakrament zugegen ist als wahrer Gott und Mensch!« Dumpf beteten die Männer »heilige Maria, Mutter Gottes, bitt für uns arme Sünder, jetzt und in der Stunde unseres Absterbens, amen« nach.

Dahinter folgte schwerfällig im Gleichschritt die Schützenkompanie, der Hauptmann an der Spitze, den Säbelgriff fest in der Faust. Sie hatte noch keine Tracht. Dann kam die Musikkapelle. Zwischen den Evangelien spielte sie Marschmusik, dann senkte der Kapellmeister den Stab, die Musikanten leerten die Hörner aus und suchten die Noten für das nächste Stück.

»Hochgelobt und gebenedeit sei das allerheiligste Sakrament des Altars«, tönte es in die Ruhepause; das war die Stimme der beiden Kooperatoren, die neben dem Allerheiligsten einhergingen. Der Pfarrer mit der schweren, goldenen Monstranz, die in eine Halfter um den Hals eingehängt war, damit er leichter tat, schritt unter dem brokatenen Himmel, den die vier Bürgermeister der Seelsorgsgemeinde trugen, angetan mit blauen Mänteln aus feinem Tuch und weiße Handschuhe an den Händen. Der Weg war lang, die Prozession dauerte fast zwei Stunden, alles mußte würdevoll langsam vor sich gehen. Die Lehrpersonen vorne bei den Kindern sorgten dafür, daß der ganze Zug das rechte Gleichmaß behielt, ohne Stockungen, ohne Hast.

Hinter dem Klerus waren die Jungfrauen eingereiht, auf ihren Scheiteln leuchteten die weißwächsernen Kränze. Den Zug beschlossen die verheirateten Frauen, denen die Altvorsteherin ein blaues Fähnlein, das sie selber spendiert hatte, voraustrug. Die Ledigen hatten weiße Schürzen an, die Verheirateten buntfärbig seidene, die bei der leisesten Bewegung blinkerten.

Jeder der vier Feldaltäre war stets, seit die Leute wissen, an derselben Stelle aufgerichtet. Den Familien, denen das oblag, galt es als ein ehrenvoller Dienst. Jedesmal nach dem lateinischen Absingen eines Evangeliums bestieg der Pfarrer das niedrige Podium und erteilte mit der Monstranz den Wettersegen in die vier Himmelsrichtungen. Die Leute knieten mit einem Knie nieder auf den Weg, sogar die Schützen. Der Hauptmann machte mit dem Säbel die Ehrenbezeigung, dann kurze Kommandorufe, und die Salve der Büchsen krachte! Blaugrauer Rauch und Papierfetzen stoben in die Luft, man roch den Pulverdampf. Droben antwortete der Böllermann mit Schüssen, im Turme läuteten die Glocken zusammen.

Beim letzten Evangelium auf dem Marktplatz konnte sich das Schaugepränge der Prozession so richtig entfalten, der farbige Prunk, die Klänge und Gesänge. Die alte Prangersäule des seinerzeitigen Landgerichtes Heinfels steht hier, von niemandem beachtet. Der Kirchenchor sang die Responsorien, die Musik spielte. Die Prozession kehrte zur Kirche hinauf zurück, vom Turme wurde sie eingeläutet. Die Himmelträger begleiteten das Sanktissimum bis zum Speisgitter, dann wurde der Traghimmel an seinen Platz in die Bänke gestellt. Der Organist intonierte das Tantum ergo, noch einmal gab der Pfarrer mit der Monstranz den Segen, dann verschloß er sie im Tabernakel. Die Geistlichkeit zog mit den Ministranten in die Sakristei, und wir Heinfelser mit unserer Kirchenfahne wieder die weite Strecke zurück nach St. Peter, wo sie dann wiederum das Jahr über an der nordseitigen Kirchenwand hing.

Wetterrosenkränze

An allen Samstagen nach Peter und Paul fand bis in den Frühherbst hinein um sechs Uhr abends der sogenannte Wetterrosenkranz statt. Der Kaplan bekam dafür jedesmal einen Gulden, das waren nach 1900 zwei Kronen, der Mesner wurde mit Korn entschädigt.

Weil die Arbeiten auf dem Felde während des Sommers drängten, an den Samstagen noch mehr als unter der Woche, wurden fast nur Kinder zu den Wetterrosenkränzen geschickt. Die Erwachsenen hatten nicht Zeit, nur einige alte Leute, die den Pflichten des Lebens schon entsprochen hatten, knieten in den hinteren Kirchenbänken. Obwohl der Kaplan keine große Stimme besaß, drang sie doch leicht durch, so klein war der Chor, der ihm half. Auch die Frauen, die nachbeteten, füllten St. Peter nicht an. Freilich, wenn wieder einmal über den Villgrater Bergen ein Unwetter aufzog, versprachen viele insgeheim, den Wetterrosenkranz fleißiger zu besuchen.

Schön wären die Sommer gewesen, wenn nicht die Angst vor Gewittern so groß gewesen wäre. Bei uns zu Hause galt als sicheres Anzeichen die Regel: wenn sich um Neun vormittags über der Schusterspitze ein Wölklein zeigt, kommt sechs Stunden später ein ›Wetter‹. Es war auch jedesmal beängstigend, wenn von Innichen herab die wilde Wetterwand sich näherte, der jähe Windstöße vorangingen. Auf dem Anger bogen sich die Kirschbäume und schnellten wieder zurück. Alle Glocken der Kirchen und Kapellen in der Umgebung läuteten zusammen, am mächtigsten die Große in Sillian. Auf der Schattseite brannten einige Bäume, die der Blitz angezündet hatte. Mitten am Nachmittag war es dunkel geworden, im Hause war es noch dunkler als im Freien. Wir hatten alle Fenster geschlossen, die Mutter versuchte mit Sakramentalien, das Wetter zu vertreiben. Sie sprengte Weihwasser in die Weite und zündete im Herde Geweihtes an, gleichsam als Elemente der Gegenwehr: Feuer und Wasser.

Ich stellte mich mitten in die Stube, um womöglich verschont zu bleiben, wenn der Blitz ins Haus einschlüge. Bei jedem Blitz machten wir das Kreuzzeichen, oft kamen wir gar nicht nach, so rasch hintereinander zackten sie durch die Luft. Die Mutter oder die Bas Nanne begann laut vorzubeten, wir beteten willig nach. Endlich schlugen die ersten schweren Regentropfen an die Fenster, sie trafen so hart aufs Glas, daß wir schon fürchteten, es seien Hagelkörner. Oft waren welche beigemischt, aber das war nicht schlimm. Heinfels liegt in keinem Hagelstrich wie etwa Innervillgraten oder Anras oder Tilliach.

Wenn das Wetter in der Nacht losbrach, machte es mir nichts aus. Die lautesten Donnerschläge waren nicht imstande, mich aufzuwecken. In der Früh wunderte ich mich dann, wenn die Bas Nanne sagte, ein so schreckliches Unwetter sei schon lange nicht mehr gekommen, sie hätte sich selber gefürchtet, und ein Bauer in Tessenberg, habe sie gehört, hätte seine Kinder geweckt und sie das Sonntagsgewand anziehen lassen, damit sie etwas Besseres am Leibe hätten, wenn der Blitz sie erschlägt.

War das Gewitter verzogen, zeigten sich im Westen schon wieder blaue Tiefen im Firmamente, wer dachte jetzt noch an Wetterrosenkränze und den Vorsatz, sie fleißiger zu besuchen? »Glücklich über die Bruck – verlacht man Nepomuk!« Am nächsten Samstag knieten nicht mehr Leute in den Kirchenstühlen als an den früheren. Der Hagel hatte nicht bis ins Tal gereicht, nur die Figgólwiesen unter der Tessenberger Alm und die Tessenberger Asten waren weiß gewesen.

Ich ging gerne in diese Wetterrosenkränze, oft machte ich mich schon eine Stunde früher auf den Weg, obwohl die Strecke kaum eine Viertelstunde betrug, ich hatte sie auch schon in vier Minuten zurückgelegt, auch zwei Stunden hatte ich gebraucht. Beim Gang zu den Wetterrosenkränzen brauchte ich meistens eine Stunde. Es war so schön, in der angenehmen Naturstimmung allein dahinzuwandern. Ich kostete die selbstverständliche Vertrautheit der Landschaft aus, die um mich war, seit ich wußte. Sie sank in meine junge Seele hinein und rührte sie an, ich wurde verwandelt von ihr und hätte nicht sagen können, auf welche Weise es geschah.

Nach dem Rosenkranze war das Landschaftsbild völlig verändert, die Sonne war hinter Stalpen niedergegangen, Schatten und Schein erloschen. – Die Wetterrosenkränze werden nicht mehr gehalten, aber in meiner Erinnerung lebt alles, als sei es gestern gewesen, wo ich den Fahrweg hinabging nach St. Peter, vorbei am verfallenen Schloß, die Augen in die Landschaft gekehrt, die mir gehörte.

Allerseelen

Der Allerheiligentag zeigt ein doppeltes Gesicht. Am Vormittag, der den Heiligen Gottes gilt, ist es hell und froh, zu Mittag schon wird es dunkel, still und traurig. Allerheiligen hört auf, das Gedenken für die Armen Seelen beginnt.

Oft wird zu dieser Zeit schon Schnee auf den Leiten gelegen sein, eine kalte weiße Schicht, zu einer anderen mag es geregnet haben. Diese Tage sind von meinem Gedächtnis weggeschwunden, die Jahre haben sie von der Tafel fortgewischt, als hätte es sie nie gegeben. Geblieben sind nur die anderen, an denen der Herbst freundlich über dem Tale hing und in den Wipfeln der Nadelwälder webte. Die Vögel schwiegen, sie schwiegen schon lange, nur eine Meise piepste ab und zu, ein Rotkehlchen zirpte im leeren Haselgebüsch, ein Schwarm Zeisige flog trällernd vorbei.

In diese Stimmung hinein klangen die Allerseelenglocken zu Mittag, eine volle Stunde lang: von St. Peter in Heinfels, vom Antoniuskirchlein in Panzendorf, von den kleinen Kapellen zu Gschwend und zu Similer in Rabland, von Tessenberg, von Hollbruck, von Kartitsch und St. Oswald waren sie zu hören, übertönt vom großen Geläute der Sillianer. Wir standen vor dem Hause und hörten zu. Es schien uns, als tönten sie anders, keine Festklänge mehr wie am Vormittag.

Das Feld vor dem Hause war vom Heimvieh abgeweidet, die letzten Gräser waren vom Reiffrost gebräunt. Kinder, sagt man, kennen kein Mitleid, dennoch drang diese Stimmung tief in unsere Herzen. Wir hatten von der Mutter und von der Bas Nanne und später in der Schule gehört, daß dieses Läuten den Armen Seelen im Fegefeuer gelten wollte. Wir falteten die Hände, die Hüte hatten wir auf den Rasen geworfen. Goldgelb leuchteten die Lärchen im Hauswäldchen, über sie weg tönten die Glocken, die kleinen, die mittleren, die großen. Alle hatten nur eine Stimme in dieser langen Läutestunde.

Auf den Allerheiligentag folgte die Allerseelenwoche. Jetzt in der Rückerinnerung scheint mir keine Zeit so ungewöhnlich ernst gewesen zu sein wie sie, höchstens die beiden letzten Kartage. Einiges war auch anders als sonst im Jahre.

In der Frühe während der Messe betete der Mesner den sogenannten Seelenrosenkranz vor. Er hatte keine schöne Stimme, er mühte sich auch nicht ab, langsam und eindrucksvoll zu sprechen, dennoch wirkten die altertümlichen Gebete, die er zwischen die Gesätze einschaltete, auf unser Gemüt, sie drangen in uns hinein, ob wir wollten oder nicht. Wie ein Gedicht schienen sie mir, obwohl sie keinen Reim hatten und auch sonst ganz anders lauteten als andere Gebete, die wir gelernt hatten. »O gütigster Jesus, wir bitten dich durch deine schwere Angst und durch den blutigen Schweiß, den du für uns arme Sünder am Ölberge vergossen hast, du wollest den Armen Seelen, namentlich unserer lieben Eltern, Verwandten und Guttäter, die etwa noch im Fegefeuer büßen, ihre Tränen abwischen und ihnen die ewige Ruhe verleihen.« Bei der anschließenden Lauretanischen Litanei wurde die Muttergottes angerufen, sie möge sich der Armen Seelen erbarmen, das Bittfürsie des vielstimmigen Chores der Nachbeter folgte auf jede einzelne Anrufung.

In gleicher Weise wurden daheim in der Stube die Abendrosenkränze gebetet, nur hängte der Vater nach der Litanei noch einige Vaterunser eigens für die Toten der Sippe an. Wir kannten sie nicht, sie waren gestorben, bevor wir gekommen waren, selbst die Namen waren uns fremd, als gingen sie uns nichts an. Dennoch falteten wir die Hände inniger und beteten nach: »Lasse sie die Früchte der Erlösung genießen und führe sie zur ewigen Erquickung!« Nachher blieb man noch eine Zeitlang vor den Stühlen und Bänken knien und verharrte in stillem Gebete. Endlich erhob sich der Vater, die Bas Nanne und die Mutter blieben am längsten knien.

Das Abendessen war meist schon vor dem Rosenkranz eingenommen worden. So saß man noch einige Zeit um den Tisch beisammen, auch wir Kinder durften aufbleiben. Die Erwachsenen sprachen von den Toten des Hauses, sie hatten sie noch selber gekannt oder zumindest von ihnen gehört, Frohes und Bitteres.

Andauernd während des Jahres wurden die Armen Seelen erwähnt, für die Mutter waren sie der verläßliche »Wecker« zum Aufstehen. Keine Haue und kein Rechen durfte mit den Zähnen und Zinken nach oben irgendwo liegen und liegen bleiben. »Dreh ihn um«, befahl die Bas Nanne, »sonst muß eine Arme Seele draufsitzen.« Stieß man etwa am Weihbrunnkrügel an, daß es schwankte, ließ man das verschüttete Wasser den Armen Seelen gelten. Man rief sie an wie Heilige, die schon im Himmel waren. Sie waren uns stets gegenwärtig und nah, aber so nah wie in der »Seelwoche« waren sie nie.

Auch unheimliche Geschichten kamen in dieser Stunde zur Sprache. Sterbende sollen sich »angemeldet« haben, Tote waren zurückgekehrt und jemandem leibhaftig erschienen. Unbekannte schwarze Vögel hatten sich auf die Söllerstangen gesetzt und sich nicht vertreiben lassen. Bei Nacht waren auf freiem Felde zuckende Flämmlein gesehen worden. »Geht schlafen, Kinder«, sagte die Bas Nanne. Wir tappten vor ihr die Stiege hinauf, sie leuchtete uns nach. Der Nachtwind stieß ums Haus, sonst war es sehr still. Die Toten schliefen drinnen im Sillianer Friedhof. »Wir bitten dich, o Herr, du wollest deine Gnade den Armen Seelen im Fegefeuer zuwenden, auf daß sie, die an dich geglaubt und auf dich gehofft haben, nicht länger mehr leiden müssen, sondern zu den ewigen Freuden geführt werden.« Vielleicht war es gar nicht der Nachtwind, vielleicht hatte ein Verstorbenes, an das niemand dachte, um Hilfe gerufen. So schien uns.

Ins Rorate

In meiner Kindheit wurden die Rorateämter zu St. Peter in Heinfels schon um sechs Uhr gehalten. Zu dieser frühen Morgenstunde war es noch dunkle Nacht. Wir mußten immer schon um Fünf aufstehen, die Bas Nanne weckte uns, manchmal auch die Mutter. Sie stellten eine kleine Petroleumlampe auf die Kommode und gingen wieder aus der Kammer. Manchmal mußten sie nach fünf Minuten wieder kommen, weil sich nichts rührte, sie blieben dann bis zum vollen Erfolg. Zornig und aufgebracht waren sie nicht. Sie beteten uns ein kurzes, gereimtes Morgengebet vor.

Zum Frühstück gab es für uns Kinder immer Milchnokken, die wir gern aßen, besonders dann, wenn obenauf kleine Schmalzbäche rannen. Heute noch möchte ich Milchnocken, aber niemand kann sie mehr richtig kochen, so habe ich schon lange darauf verzichtet. Nun gibt es Bohnenkaffee mit Biskuit, Honig und Butter, Dinge, die mir damals fast gänzlich verschlossen waren, aber sie schmecken mir alle zusammen nicht so gut wie Mutters Milchnocken.

Die Erwachsenen aßen Brennsuppe mit Bohnen und Milchmus, der Vater und die Bas Nanne, manchmal auch die Mutter, tranken Kaffee, natürlich einheimischen, echten »Tiroler Oberlindober Gesundheitsfeigenkaffee mit Originalzichorie«. Uns schmeckte er nicht. Der Vater verlangte viel Zucker, dann sagte er nichts, der Bas Nanne war er recht. Sie hat zeitlebens sich hauptsächlich mit Kaffee genährt und wurde 82 Jahre alt. Noch im Sterben hielt sie ein Schälchen Kaffee in der Hand, mit dem sie aus der Küche in ihre Kammer gegangen war.

Weil es immer so ist, daß die Entfernten zuerst in die Kirche kommen und die Nächstwohnenden zuletzt, machten wir uns schon auf den Weg, wenn es in St. Peter erst das Erste geläutet hatte, das war eine volle halbe Stunde vor Beginn des Rorates. Man hörte das Läuten nicht gut auf unserem Hof, selbst die Große ist klein, dazu steht der Schloßhügel zwischen der Kirche und unserem Haus, aber die Bas Nanne wußte genau, ob es geläutet hatte oder nicht. Sie hatte Ohren wie ein Luchs, sie war auch die Einzige, die achtgab, auf die Stubenuhr konnte man sich nicht verlassen. War es Zeit, schob sie uns vom Tische weg und beim Tor hinaus.

Auf den Stufen des Vorsöllers warteten wir, bis die Spanfackel, deren mehrere der Vater für diese Zeit auf Vorrat hergerichtet hatte, richtig brannte. Kam er aus der Küche, wo er sie im Herdfeuer entfachte, trat er an die Spitze des kleinen Zuges und hieß uns folgen. Die Hand mit der Fackel war seitwärts ausgestreckt, damit er dem Lichte nicht im Wege stand und wohl auch, daß ihn der Rauch und die Glühfunken nicht trafen, die von den knatternden Spänen wegwehten. Es traf sich fast jedesmal, daß die Nachbarsleute von den beiden höhergelegenen Höfen herabkamen. Wenn sie an unserem Stadel vorbeigingen, gaben sie auf die Funken acht, die von der Fackel spritzten und hielten wohl gar die freie Hand vor die prasselnde Flamme, damit kein Unglück geschähe. Meistens warteten wir auf sie, denn sie besaßen Pechfackeln, die länger brannten als die unsrigen. Die Erwachsenen grüßten sich, tauschten ein kurzes Wort und schritten dann schweigend durch die verschneiten Felder hinab. Der Weg war sehr schmal, man schöpfte immer nur eine enge Furche aus, wenn es wieder einmal ordentlich geschneit hatte. Der Fahrweg wurde erst breit aufgemacht, wenn die Tessenberger Pferdefuhrwerke Rundholz lieferten, das geschah aber fast nie vor Weihnachten. So war auch

nicht daran zu denken, eine Rodel zu nehmen. Auch so stießen wir immer wieder bald links, bald rechts an die Schnee-
mauer und wurden ausgelacht, wenn wir einen Fluchersatz
herausfauchten, denn fluchen durften wir nicht, schon recht
nicht in der Adventzeit.

Wir sahen auf allen Steigen Fackelschein wandern, von
Kollechen, Similer, Gschwend und Rabland her über die
Aue, aus der Schloßmühle und von Panzendorf herauf. Bei
der Wegscheide kamen die Leute von der anderen Seite des
Heinfelser Berges, wo viel mehr Häuser stehen – auch der
Lehrer wohnte dort –, sodaß schließlich die Fackeln in einer
langen Zeile St. Peter zuströmten. Oft brannte eine Fackel
früh zu Ende und wurde weggeworfen, die andern wurden
vor der Kirche in den Schnee gesteckt und so ausgelöscht.
Dann traten wir ein.

In der Mitte des Schiffes brannte die große Petroleumam-
pel, es dünkte uns, daß auch Wärme, nicht nur Helligkeit von
ihr ausstrahlte. Dennoch bohrten wir die Hände in die
schwarzen Pelzkappen und hauchten mit dem Munde darüber und bildeten uns ein, daß die Finger so wärmer hätten.
Die Bänke füllten sich. Jemand hustete, immer jemand, bald
auf der Frauenseite, bald auf der Männerseite, bald droben
auf der Empore und häufig mehrere gleichzeitig. Dann
schellte die Sakristeiglocke, die Ministranten traten an den
Altar, einer mit dem Rauchfaß, einer mit dem Schiffchen,
zwei zum Dienst für Buch und Kännchen, zuletzt kam der
Kaplan. Die Orgel rauschte auf, das Rorate begann, »Tauet
Himmel, den Gerechten, Wolken regnet ihn herab …«, so
hatten wir's gelernt. Die Rorateämter sollten uns auf Weihnachten vorbereiten, das Fest aller Feste. Auf dem Chore
sangen sie eine mehrstimmige Messe, der Weihrauch wehte
durch das Kirchenschiff.

Es war nicht mehr sehr kalt, wir brauchten nicht mehr auf
die Pelzkappen zu hauchen, auch das Husten war seltener
geworden. Einige Frauen hielten die Gebetbücher in den
Händen und lasen, die Männer sahen vor sich hin auf den

Altar, als schauten sie bloß zu. Die Fenster der Kirche wurden grau, der Morgen kam. Wenn das Amt aus war und wir vor die Kirche traten, wellte fahles Schneelicht über den Hügel, auf dem das Schloß steht; der Villgraterbach rauschte leis unter seinem Eisgewölbe, und wir Schulkinder mußten in die Schule.

Die Nikolausbescherung

In der Schule und auf dem Wege und auch daheim sprachen wir ein Langes und Breites vom Nikolaustag, vorher und besonders nachher, wo wir aufzählten, was wir bekommen hatten. Die Geschenke waren, nach den heutigen gemessen, immer recht mager. Daheim gab es einige Äpfel und Nüsse oder Nüsse allein, bestenfalls dazu einen Kranz Feigen für alle Geschwister gemeinsam, manchmal, wenn die Bas Nanne nicht rechtzeitig an den Tag gedacht hatte, auch gar nichts. In der Schule lagen Griffel und Feder, wohl auch ein Schreibheft und ein farbiges Heiligenbildchen auf dem Platz, wenn wir eintraten, uns vor der Schulmesse noch ein wenig zu wärmen.

Die Geschenke waren es nicht, die uns diesen Tag in besonderer Erinnerung hielten, es war vielmehr das Geheimnisvolle und Wunderbare, das um den hl. Nikolaus und seinen Tag kreiste. Bald hieß es, Sankt Nikolaus komme mit einem Esel, der in einem Karren oder auf einem Schlitten die Geschenke hinter ihm herziehe, ganze Berge von Geschenken, Körbe voll Äpfel, Nüsse in großen Säcken, aber auch Hefte und Bücher, Griffel und Federhalter, dazu Schimmel, auf denen man schaukeln konnte, Wägelchen mit versilberten Rädern, Puppen für die Mädchen, große, kleine und sehr kleine. Der Mund lief uns über, wenn die Bas Nanne all das Wunderbare aufzählte, das der Esel des Heiligen mitzöge.

Wir mußten eine Handvoll Heu aus dem Stadel herüberholen und auf die Stufen des Vorsöllers legen, jeder von uns auf eine andere Stufe, ich als Ältester zuunterst, die andern der Reihe nach auf die anderen. Das Heu war am Morgen verschwunden, nur einzelne Halme lagen noch im Schnee, aber wir hatten keinen Esel gesehen und auch nichts gehört, nicht einmal Spuren fanden wir im Schnee, so genau wir suchten. Aber freilich, es hatte in der Nacht ein wenig geschneit und wir wußten auch gar nicht, wie ein Esel eigentlich aussieht. Wir stellten uns ein Tier darunter vor, das eine Mischung von Ochs und Pferd war, eine graue Farbe und lange Ohren besaß, aber nur zwei Laute des Alphabetes sprechen konnte. Keiner von uns hatte jemals einen Esel gesehen, einen richtigen Esel nämlich, nicht solche, wie wir zeitweilig genannt wurden, in der Schule und auch daheim.

Zu einer anderen Zeit wieder hieß es, Sankt Nikolaus trage die Geschenke ein Knecht nach oder ein Engel vom Himmel. Wir mußten die Schuhe auf die Bank stellen oder die Hüte auf den Tisch. In der Früh waren Nüsse und Äpfel darin, aber vom Heiligen hatten wir nichts gespürt. »Ihr schlaft ja wie die Murmeltiere«, sagte die Bas Nanne. »Hast du den Heiligen gehört?« wollten wir wissen. Nein, sie hätte auch nichts gehört und wüßte deshalb auch gar nicht, wann er gekommen sei, ob vor Mitternacht oder nach Mitternacht. Den Pap fragten wir schon gar nicht und den Vater und die Mutter auch nicht, die wiesen uns alle an die Bas Nanne, die sei oft halbe Nächte auf und hätte ihn am ehesten hören müssen.

Manchmal, wenn wir gar zu unfolgsam, wild und ungebärdig waren, wurde eine andere Nikolausgeschichte aufgetischt: Der Heilige hat einen bösen Begleiter, den Klaubauf, mit, der steckt alle bösen Knaben und alle unfolgsamen Mädchen in einen Korb und trägt sie hinunter in den Bach oder hinauf in den Wald, jedenfalls weit, weit fort, wo es ganz dunkel ist vor lauter hohen Bäumen; »dort könnt ihr dann sehen, wie ihr wieder zurückfindet.« Die Bas Nanne hatte ganz dunkle Augen, wenn sie es erzählte, meistens am Spinnrad, das in solchen Augenblicken auch ganz anders ging als sonst. Waren wir noch zu wenig eingeschüchtert, fügte sie hinzu, erst letztes Jahr sei drunten im Dorfe der Klaubauf herumgegangen, aus dem Korbe hätten zwei zuckende Kinderbeine herausgeschaut und ein Wimmern und Heulen sei zu hören gewesen, daß allen, auch den Erwachsenen ganz anders geworden sei. Uns war dabei so ähnlich zumute, wie mit dem »Blutschinken«, mit dem uns im Sommer der Vater gedroht hatte, wenn wir in die Bohnen gingen.

Wer hätte bei solchen Geschichten, die wir aufs Haar glaubten, nicht klein werden sollen? Wir schlichen still herum, stritten nicht mitsammen und taten gern die kleinen Arbeiten, die uns aufgetragen wurden, schleppten Holz in die Küche, machten der Mutter im Herde Feuer an, holten den Vater von der Werkstatt herüber zum Mittagessen oder setzten uns still, bescheiden und sittsam hinter die Schulaufgaben. Besonders fleißig lernten wir die Katechismusfragen, damit wir nicht steckenbleiben sollten, wenn der hl. Nikolaus etwas wissen wollte.

Ich kann mich nicht erinnern, daß jemals der Heilige ›persönlich‹ zu uns gekommen ist, er hat immer nur »eingelegt«. Wohl hörten wir nachher, daß er in Panzendorf unten gesehen worden sei, aber das Dorf war schon ein Stück Welt, wir kamen selten hinab. Dort gab es auch sonst zu Zeiten Harfenschlägerinnen, Bärentreiber, Zigeuner, die aus den Händen weissagten, – warum sollte also nicht auch St. Nikolaus dort aufgetaucht sein. Der Weg auf den Berg herauf war ihm gewiß zu beschwerlich, kalt war's und Schnee hatte es auch.

Wenn wir uns die Wahrheit gestanden, hatten wir gar nichts dagegen, daß er nicht gekommen war. Wie leicht konnte man bei den Katechismusfragen drausgeraten, und wenn erst jemand, etwa die Mutter, ihm erzählte, wie schandvoll wir uns oft betrugen, wie laut wir durchs Haus tollten und alles zerbrachen, was wir in die Hände bekamen – wer hätte uns da vor dem Klaubauf retten können! Prahlten wir erst ein wenig, wir würden ihm schon die Augen auskratzen, wurden wir bald stiller, es war doch nur eitel Flunkerei. So waren wir beglückt und zufrieden, wenn am Morgen Nüsse und Äpfel als Geschenk des Heiligen in den Hüten oder in den Schuhen lagen. Das Schönste, so weiß ich es heute, ist immer das Geheimnisvolle und Wunderbare, keine Wirklichkeit reicht an sie heran.

Weihnachtsfeiertage

Allmählich mehrten sich die Anzeichen, daß Weihnachten nahte. Eines Tages kam der Metzger, der schlachtete das Schwein vor dem Hause. Wenn es geholt wurde, liefen wir so weit in die Felder hinein, als wir nur konnten. Erst wenn wir dachten, daß es vorüber sei, tauchten wir wieder auf, um zuzuschauen. Es war großartig, wie gut sich der Mann im Innern des Schweines, das im Hausflur aufgehängt wurde, auskannte. Länger brauchte er nur, wenn er sich das Stück Fleisch mit dem Schwanz herausschnitt, das ihm gehörte; es wurde, so schien mir, von Jahr zu Jahr größer. Sobald das Schwein eingesurt und verräumt war, setzten die Frauen das Haus unter Wasser. Uns litten sie dabei nicht um sich, weder in der Stube noch im Tennen noch sonst irgendwo im Feuerhaus, so trieben wir uns, wenn das Wetter es zuließ, im Freien herum, bis wir wieder landen konnten.

Um und nach 1900 war die Weihnachtszeit in unserer Gegend noch sehr einfach und völlig von den alten Gebräuchen bestimmt. Jetzt ist ja vieles anders geworden, die Welt schlägt seit den beiden Weltkriegen die Wellen bis in die hintersten Bergtäler.

Nach der Hausräucherung am Heiligen Abend, die der Vater nach Einbruch der Dunkelheit vornahm, wurde in der Stube vor der Krippe der Rosenkranz zu Ende gebetet. Bald darauf kam ein bescheidenes Abendessen auf den Tisch, meistens Brennsuppe mit gesottenen Erdäpfeln wie an anderen Abenden. Die Bas Nanne war im Stalle früher fertig geworden, der Pap war überhaupt nur vormittags hinter dem Webstuhl gesessen, auch der Vater hatte nur ein bißchen im Hause herumgebosselt und dann am Nachmittag die Weihnachtskrippe aufgestellt.

Die Bas Nanne hatte sie vom Dachboden herabgetragen, erst den »Berg«, dann in der Schürze die Figuren, Menschen und Tiere, die dazugehörten. Die ganze Zeit über war sie in einer alten Truhe eingesperrt gewesen, damit wir Kinder nicht zukamen. Diesem Umstande wohl war es zu verdanken, daß sie ohne größeren Schaden Weihnachten immer wieder erlebte. Trotzdem war immer etwas beschädigt, manchmal zerbrach etwas auch erst, wenn wir die Krippe ansahen, der Vater sagte wenigstens so. Wir wollten gleich mit Hand anlegen, den Stall und das Hirtenfeld bürsten, weil sich Staub angesetzt hatte, oder die Figuren aufstellen helfen. »Laßt das, Kinder«, mahnte der Vater, »ihr habt zwei linke Hände.« Der Vorwurf kränkte uns, aber so ganz unrecht hatte er nicht. »Geht rodeln, sonst werde ich mit der Krippe bis Dreikönig nicht fertig.« Gegen diesen dringlichen Klang von Vaters Stimme gab es keinen Einwand. Zwar, die Rute war diesmal nicht zur Stelle. Als die Stube für die Feiertage gescheuert wurde, hatte die Magd geäußert, daß der verbrauchte Besen auch keine Zierde mehr sei – wann war der Birkene Segen je eine? – und warf ihn kurzerhand ins Herdfeuer. Ersatz war noch nicht geschaffen, nach Weihnachten würde er wohl eines Tages wieder da sein. Wenn wir vom Rodeln zurückkamen, stand die Krippe an ihrem Platze im Stubenwinkel und war so schön wie eh und je. Es war zwar nur eine ganz einfache, kunstlose Arbeit, aber sie gefiel uns doch immer. Sie blieb stehen, bis der Weihnachtsfestkreis zu Ende war.

Das Räuchern ging immer so vor sich, daß der Vater mit dem Gluthafen vorausging, wir Kinder und der Pap, der Weihwasser sprengte, hinterdrein zottelten. Erst wurden alle Räumlichkeiten des Wohnhauses aufgesucht, dann gingen wir hinüber in die Ställe und Städel, hier drückte der Vater den Deckel besonders beflissen auf den Topf, damit ja kein Funke heraussprühte. Die Hausräucherung wurde noch zweimal in derselben Art wiederholt, am Silvesterabend und am Vorabend von Hl. Dreikönig. Darauf verschwand der Gluthafen, der nichts anderes als ein defektes Kochgeschirr war, wieder an seinen Platz. Ich weiß heute noch nicht, wo er aufbewahrt wurde, obwohl ich sonst im Auffinden ausgedienter Gegenstände ein Meister war.

Nach dem Abendessen krochen wir Kinder auf den Ofen, wo wir in der schönen Wärme sehr bald einschliefen. Die Frauen hatten in der Küche zu tun, die Männer lasen am Tisch in der Postille oder in der Heiligenlegende, manchmal gingen sie auch schlafen.

Um elf Uhr wurden wir von der Bas Nanne geweckt. Es gab vor dem Kirchgang Kaffee mit Nigelen, denn damals war die Kommunion beim Mitternachtsamt, die Nüchternheit geboten hätte, noch nicht in Brauch. Wie auch die Nacht war, ob dunkel oder hell, ich fühlte mich immer seltsam angerührt. Es gab keine zweite Nacht im Jahr, wo ich um diese Zeit auf dem Wege zur Kirche war und nicht in der getäfelten Kammer schlief, fest, wie Kinder schlafen.

In St. Peter wurde ein Hochamt gehalten. Es gab viele Hochämter während eines ganzen Jahres, aber so feierlich erklang doch keines, nicht einmal zu Ostern oder am Patroziniumsfeste. Es brannten auch viel mehr Kerzen als sonst. Am Altare standen die weißsilbernen Leuchter, zwischen ihnen, ein wenig erhöht, ruhte ein kleines Christkind in einer Holzwiege. Auch vor den Apostelkreuzen waren Kerzen aufgesteckt, der Mesner brauchte lange, bis er alle angezündet hatte. Wir knieten in den Bänken, die uns zugewiesen waren. Nach und nach wurde die Kirche so voll wie nie im Jahre. Die Sakristeiglocke wurde gezogen, der Kaplan schritt mit dem schönsten Meßkleid, das die Sakristei barg und nur selten verwendet wurde, an den Altar, von einer Reihe Ministranten begleitet, die in frisch gewaschenen und gebügelten Chorhemden und Kitteln steckten. Alles war Glanz und Helligkeit, obwohl damals auch die Kirche kein elektrisches Licht hatte, noch lange nicht. Die Kirche wurde allmählich warm von den vielen Männern, Frauen und Kindern, die sie füllten. Wenn der Priester das Gloria angestimmt hatte, schellten alle Glocken, die kleinen der Ministranten, die größere Sakristeiglocke und die beiden im Türmchen. Die Orgel donnerte mit allen Registern und Bässen: »Ehre sei Gott in der Höhe und Friede den Menschen auf Erden …!« Der Chor sang die Pastoralmesse von Reimann, allerdings mit großen Kürzungen, es war Jahr für Jahr dieselbe. Als Offertoriumseinlage wurde ein Hirtenlied gesungen. Das »Stille Nacht, heilige Nacht«, das heute so bekannt ist, war damals nur sehr selten zu hören, auch das Turmblasen war nicht Brauch.

War der Gottesdienst aus, liefen wir auf schnellstem Wege nach Haus. Dort gab es jetzt die gute Nudelsuppe, angereichert mit aufgeschnittenem Frischfleisch, auf die wir uns Jahr für Jahr mehr freuten. Die Bas Nanne, die daheim geblieben war – auf jedem Hofe blieb in der Hl. Nacht jemand zu Hause –, hatte sie gekocht. Gleich darauf ging es in die Kammer und ins Bett. Die Kammer war kalt, das Bett auch, wir spürten es nur ein paar Augenblicke, dann schliefen wir schon. Auch der Pap schlief bei uns, aber der brauchte weit länger, bis er die Füße im Bett hatte.

Am Morgen des Christtages wurde wieder ein Amt gehalten, das fast ebenso zahlreich besucht war wie die Mette, ja, viele Leute gingen nachher noch nach Sillian zum Hauptgottesdienst, um auch eine Weihnachtspredigt zu hören. So fleißig waren wir nicht. Wir rodelten zwischen den Häusern herab, bis wir auf und auf voll Schnee waren. Am Ofen ließen wir ihn schmelzen, oft hatten wir uns Zehen und Finger erfroren, es brannte fürchterlich, wenn sie dann wieder warm bekamen. Das Mittagessen am Christtage war weit einfacher als heutzutage. Wohl gab es frisches Schweinefleisch im Hause, aber die Bäuerinnen konnten allgemein nur das kochen, was gang und gäbe war, auch die Mutter hatte nichts anderes gelernt; so kann ich mich nicht erinnern, daß es jemals etwa einen richtigen Schweinsbraten gegeben hätte. Wir wußten nichts davon, so wenig wie von einem Christbaum und der Bescherung am Heiligen Abend.

Um halb zwei Uhr wurde in St. Peter feierlicher Rosenkranz gehalten, den wir besuchen mußten, dann konnten wir wieder rodeln oder in der Stube die Geschichtenbücher lesen, die uns der Lehrer in der letzten Schulstunde vor Weihnachten geliehen hatte. Auch die Erwachsenen lasen etwas, zum Kartenspiel galt ihnen dieser Tag als zu heilig. Meistens war es ein alter Kalender oder der »Tiroler Volksbote« mit den unterhaltlichen Geschichten vom Reimmichl, die eben damals begannen.

Am Stephanstage vormittags war wieder feierliches Hochamt. Als wir groß genug waren, mußten wir ministrieren. Vor dem Amte besorgten wir die Glut fürs Rauchfaß, wobei es nicht selten allerlei Unglücksfälle gab, dann war dem Mesner der Tag durchaus nicht zu heilig, daß er uns nicht eine Ohrfeige gegeben hätte, die sich gewaschen hatte. Der Kaplan lächelte dazu, wenn er es sah, wahrscheinlich war er froh, daß er die Strafe nicht selber vollstrecken mußte.

Nach dem Nachmittagsgottesdienst gingen wir zu den beiden höher gelegenen Höfen hinauf, die Krippen anzuschauen. In der einen Stube gab es eine sehr merkwürdige, weil der Krippenberg aus einem Holzstrunke bestand, den die Ameisen nach allen Richtungen hin ausgenagt hatten. Es waren Nischen und Höhlen für die Figuren und den Stall hineingebrochen. Am meisten gefiel mir immer der Gamsjäger, der hoch oben vor einem solchen Loch stand und mit dem Gewehr auf eine Gemse zielte, die auf der entgegengesetzten Seite der Krippe, gleichfalls vor einer Höhle, als wäre sie ein Höhlentier, ins Weite lugte. Er hat sie nie getroffen, denn ich sah sie Jahr für Jahr an der gleichen Stelle stehen.

Nach den Feiertagen gingen die Werktage der Woche weiter, doch setzten die Arbeiten auf dem Hofe nur langsam ein. In der Früh gingen auch die Männer zur Messe, dann wurde erst gejaust, dabei ließ man so viel Zeit vergehen, als möglich war. Endlich ging der Vater in die Werkstatt, um Schlitten zu machen, die bei ihm bestellt wurden, oder klob unter der Stadelbrücke Scheiter, der Pap stieg hinter den Webstuhl, die Frauen setzten sich an die Spinnräder, die sie während der Feiertage aus der Stube getragen hatten. Wir hatten noch Ferien, erst am 2. Jänner hieß es wieder Schulegehen. Beim Abendrosenkranz wurden vier Kerzen vor der Krippe ange-zündet, dann knieten sich die Erwachsenen vor Stühlen und Bänken nieder, breiteten die Schürze darüber und fingen an zu beten. Wir Kinder blieben auf der Ofenbank sitzen. Manchmal schliefen wir sitzend ein, manchmal hielten wir infolge mehrfacher Rippenstöße, die meistens von der Bas Nanne ausgingen, die uns am nächsten war, bis zum Ende durch. Der Silvestertag verging auf unserem einschichtigen Hof wie jeder andere Werktag des Jahres. In der Früh wurde die Messe besucht und am Abend fand die Hausräucherung statt. Es gab kein Bleigießen und keine andere Erforschung der Zukunft, man wußte nichts von diesen Dingen.

Die Kleine Räucherung

Jedes Jahr mußten wir an den drei großen Festen der Weih-nachtszeit, dem Christtag, an Neujahr und zu Dreikönigen, auf das Mittagessen warten. Es war längst fertig gekocht, die Schüsseln und Platten wurden in die Stube getragen und dort auf der Bank neben dem Tische niedergestellt. Der Dampf stieg auf, ein angenehmer Duft breitete sich aus. Freilich, großartig nach den heutigen Begriffen war es nicht: Fleisch-suppe, gesottenes Rübenkraut, das die Mutter sehr gut ko-chen konnte, mit einer fetten Schicht Schweinernem oben-auf, Knödel, die schon förmlich gestiftet waren, und eine Schüssel voll Nigelen.

Die Bas Nanne, der Pap, selbst die Mutter standen in der Stube, aber sie trafen nicht die geringste Anstalt, etwa die

Krautplatte auf den Tisch zu stellen und uns aufzufordern, niederzusitzen. Sonst hatte es die Bas Nanne immer sehr eilig, uns an die Plätze zu bringen, wo wir am Tische hingehörten, heute rührte sie sich nicht. Alle standen da, fast feierlich, keins sprach ein Wort, nicht einmal, wenn wir ungeduldig wurden und mit spitzem Finger auf die Magengegend zeigten, weil wir uns auch nicht zu reden getrauten.

Wir hätten uns ja vom letzten Jahr her erinnern können, warum wir warten mußten, aber nein, das war völlig ausgewischt. Sonst taten wir oft groß, daß wir bei Gebrauch der Vernunft seien, wie man das so heißt, wenn man den Sonntag vom Montag unterscheiden kann und auf der Stubenuhr die Stunden herabzulesen vermag, was lange eine heikle und hintertückische Sache gewesen war. Nicht die kleinste Erinnerung kam. Die Bas Nanne machte eine Andeutung, indem sie vor sich hinblies wie der Vater in den Gluthafen, wenn zu wenig Rauch aufstieg, wir verstanden es nicht. Nur merkten wir jetzt, daß der Vater fehlte. Aber der kam öfter erst später, weil er Vorsteher war, und ausgerechnet vor dem Essen kamen die Leute am liebsten. Nicht einmal setzen durften wir uns, gleich jagte uns die Bas Nanne von der Bank auf, auch diesmal ohne Wort, aber so, daß wir sofort verstanden, was sie meinte.

Endlich kam der Vater bei der Tür herein, und jetzt wußten wir freilich im Augenblick, warum wir gewartet hatten: Es war doch die Räucherung der Speisen vor dem Mittagessen fällig. Der Vater trug den gleichen alten Hafen mit der herausgebrochenen Scherbe oben unter dem Deckel wie gestern bei der Hausräucherung, ein dünnes, graues Wölklein stieg von der Meisterwurz auf, die er draußen in der Küche auf die glühenden Kohlen gegeben hatte. Sie war am Hohen Frauentag mitsamt dem Blumenstrauß bei der Kräuterweihe in der Kirche gesegnet worden. Er lüftete den Deckel ein Weniges, damit der Rauch besser auskam, ging vor der Bank, auf der die Speisen standen, auf und ab, schwenkte das Gefäß darüber hin und her und betete dabei das Ablaß-

gebet vor, fünf Vaterunser, fünf Avemaria und fünf Ehresei-
demvater und das Glaubensbekenntnis. Wir anderen standen und beteten nach. Nachher ging er mit dem Hafen wieder hinaus in die Küche und schüttete die Glut in den Herd.
Jetzt hatten es die Mutter und die Bas Nanne eilig, die
Schüsseln auf den Tisch zu stellen und uns an die Plätze zu
weisen.

Das mit dem sauren, weißen Kraut war so eine Sache, mit
der wir uns nicht sonderlich beschäftigten und schon gar
nicht aus Überzeugung. Das, was obenauf lag, hätte uns ja
gepaßt, aber der Vater litt nicht, daß wir rasch und heimlich
mit dem Löffel oben hinfischten und das Kraut zurückließen.
Wir mußten uns zu jedem Bröcklein ordentlich hinzuarbei-
ten. Auch die Knödel hatte ich als Kind bekanntlich nicht in
mein Herz geschlossen, diese große Liebe kam erst später;
aber was einmal auf dem Teller war, mußte gegessen werden, anders tat es der Vater nicht, der den Krautstollen weit
in der Schüssel vorangetrieben hatte und die Knödel mit wenig gemessenen Handbewegungen auf dem Teller zerklei-
nerte und im Magen begrub. Mein Hunger reichte höchstens
noch für die mit Mohn und Zuckerwasser angemachten Nigelen, und das auch nur dann, wenn ich vorher in der Küche
keine Gelegenheit gehabt hatte, mich zu versorgen, weil die
Mutter einmal nicht Deutsch verstand. Diesfalls gab ich ihr
Auftrag, einige für mich zur Marende aufzubehalten, dort
hätte ich im Bauche wieder Platz. Sie vergaß leicht darauf
und gab die Nigelen, die nach meiner Meinung mir gehörten,
den Kindern, die ins Haus kamen, unsere Krippe anzuschau-
en.

Fleischspeisen wie Schnitzel, Braten oder Faschiertes gab
es damals überhaupt nicht auf dem Hof, auch Wein war nie
im Hause. Heute ist es anders. Die jungen Bäuerinnen haben
alle Kochen gelernt, man spart auch weniger und denkt:
Weihnachten ist nur einmal im Jahr. Selbst die Kleine Räucherung wird nicht mehr überall gehalten. Die Zeiten sind
schnell, aber in vielem ist der Mensch noch schneller.

Kirchtage

Uns Heinfelsern geht es gut, wir haben viermal im Jahre Kirchtag; den ersten am »Tonigentag« in Panzendorf, den zweiten zu Peter und Paul in Heinfels, den dritten zu Maria Himmelfahrt in der Pfarre Sillian, und den letzten, allgemeinen im Oktober, wo alle Welt Kirchtag hat.

Die kleine Barockkirche in Panzendorf ist dem hl. Antonius von Padua geweiht. Es ist ein schöner achteckiger Bau, gefällig und ohne Aufdringlichkeit steht er neben der Straße. Das Patrozinium wird am 13. Juni gefeiert.

Um diese Zeit begann auf den sonnigen Leiten des Heinfelser Berges, der sich ober dem Dorfe und hinter dem Schloß Heinfels gegen Tessenberg hinzieht, das Heumahd. Dieses Fest ließ man noch vorübergehen, dann zischte die Sense ins tauige Gras, die Frauen breiteten die Mahden auseinander und rechten die Ränder der Wiesen sauber. Ein eigentlicher Festtag war es ja nicht, zum mindesten nicht für uns Berger, im Dorfe, wo die Kirche steht, feierten sie ihn mehr, dennoch arbeitete auch auf dem Berge am Vormittag niemand.

Der Altar war mit Blumen und einer Unmenge Kerzen geziert. Um das Bild des Heiligen, das in den Jahren sehr nachgedunkelt war, blühte ein Kranz kleiner Lampen. Pfingstrosen, die in Panzendorf erst um diese Zeit blühen, standen, wo ein Plätzchen frei war. Sie welkten rasch, jeden Tag mußte der Mesner sie auswechseln.

Am Tonigentag sang der Chor ein vierstimmiges Amt. Der Lehrer spielte die Orgel, sie ist nicht größer als ein Kleiderkasten. Die Stimmen waren unrein, immer wieder blieb eine Taste stecken. Es störte nicht. Die Kirche war mit Menschen angefüllt. Wer in den Bänken Platz finden wollte, mußte ihn eine halbe Stunde früher besetzen. Die anderen standen im Gang, horchten auf die Festpredigt, sahen zum

Altar und freuten sich des Festes. Die Kirche dünkte ihnen größer als sonst, auch die beiden Glöcklein im Turm hallten mächtiger. Die Ministranten trugen neue Röcke, der Weihrauch duftete, in dünnen Schwaden stieg er zum Bild des Heiligen auf. Mehr als eine Stunde dauerte der Gottesdienst, er währte niemandem zu lang wie wohl sonst manchmal.

Das Volk strömte ins Freie. Vor der Kirche hatte die alte Zollerin einen Obststand errichtet, sie machte gute Geschäfte. Meistens gab es an diesem Tage die ersten Kirschen, nicht heimische, die reiften erst mit dem Roggen und mit der Gerste und waren klein wie Erbsen, nein, fremde aus Südtirol, vielleicht gar noch von weiter herauf.

Nach dem Patrozinium war acht Tage lang in St. Anton eine Abendandacht mit Rosenkranz und einem passenden mehrstimmigen Liede, das der Chor auf der Empore sang. Nie während des ganzen Jahres haben wir mit den gleichaltrigen Panzendorfern so viel gerauft wie in dieser Oktave. Wir Berger Buben dachten schon in der Kirche fast nur daran, wie wir sie mit den Brennesseln, die wir auf lange Haselstecken banden, damit die Arme länger wurden, ordentlich erwischen könnten. Meistens unterlagen wir in diesen Schlachten. Der hl. Antonius half nicht zu uns. Er hatte ganz recht. Glühwürmchen leuchteten in der Luft, die Grillen zirpten. Dunkel spannte sich der Himmel über die Berge. Goldene Sterne flimmerten. Wir sahen und merkten nichts davon, wie liefen einander nach, rauften und balgten. Die Erwachsenen hatten wir vorausgelassen, was verstanden sie von unserem Kleinkrieg?

*

Die gotische Kaplaneikirche St. Peter steht unter dem Schloß Heinfels, etwas außerhalb der Ringmauern am Burghügel. Ihr Patrozinium, unser Hauptkirchtag, fällt auf den 29. Juni, der im Kalender damals noch eine rote Farbe hatte zum Zeichen, daß es ein allgemein gebotener Feiertag war.

Meistens, wenigstens in meiner Erinnerung, war fast jedesmal schönes Wetter. Der Heuschnitt hatte eben erst begonnen, es gab noch viele Wiesen, auf denen das Gras stand, nur der Roggen überragte es und warf blausilberne Wellen, wenn der Wind darüberfuhr. Tags zuvor hatte die Sommerschule geschlossen, die Ferien waren da.

In allen Häusern wurden auf den Festtag Nigelen gebakken. Man überlegte, wen man am Kirchtag zu Mittag einladen könnte. In Betracht kamen in erster Linie Frauen und Männer, die einmal auf dem Hofe Dienstboten gewesen waren, erst in zweiter Linie Verwandte von Villgraten oder Sillianberg oder auch von Strassen und Tessenberg. Viele kamen nie, die meisten der Geladenen fanden Ausreden, ähnlich wie die in der Bibel, aber einige Gäste waren immer bei Tisch. Die Mutter hatte zum Kochen das Sonntagskleid angezogen, das war unerhört. Ich erinnere mich nicht, daß es noch ein zweitesmal geschah, denn sie war in allem sparsam und vorsichtig außer den Armen gegenüber. Es gab Milchreis statt der Gerstensuppe, dann Knödel, leider, wenn auch etwas bessere als sonst, und zum Nachtisch Nigelen. Wir Kinder mußten wegen der Gäste ganz besonders sittsam sein, sodaß wir uns fast nicht zu essen getrauten und beinahe hungriger aufstanden, als wir zu Tisch gegangen waren. Zum Glück gab es in der Küche Abhilfe und droben in der Elternkammer, wo die Nigelen aufbewahrt wurden. Die Mutter kannte uns und an diesem Tage war sie überhaupt nur Güte und Barmherzigkeit.

Am Nachmittag vor Peter und Paul wurde in St. Peter eine Vesper gehalten. Es wurde mit aller Gewalt dazu geböllert, dennoch kamen nur wenig Leute, fast nur Kinder, die Erwachsenen hatten nicht Zeit oder nahmen sich nicht Zeit.

Umso feierlicher war der Gottesdienst am Festtage. Schon das war einmalig, daß die beiden kleinen Glocken im Türmchen, einem unansehnlichen Dachreiter, geläutet wurden. Sonst zog der Mesner einfach auf der Empore an den beiden Seilen, die herabhingen. Heute durften wir in die enge, niedere Glockenstube klettern und »hinaufläuten«, so weit wir wollten. Am feierlichsten dünkte es uns, wenn wir die Glocken auf den Kopf stellten, dann kamen die Töne so weit auseinander gezogen, getragen feierlich, wie es zu einem großen Festtag zu gehören schien, denn an und für sich konnten wir mit den Heinfelser Glocken nicht großtun wie etwa die Sillianer mit ihrer alten Löfflerin und einer noch größeren, die später dazu kam und von einer einzigen ledigen Frau bezahlt worden war.

Ganz außer der Ordnung aber war es, daß die uralte Petrusstatue, die sonst immer hinter der Tür unscheinbar in einer Nische stand und kaum beachtet wurde, vom Mesner an diesem Tage vor die Kirchtür gestellt wurde. Er trug einen Tisch aus der Schule herauf oder vom Widum herab, breitete eine Decke darüber und stellte die Statue darauf. Nie versäumte er dabei, einige Kupfer- und Nickelmünzen aufs Tuch vor die Statue zu säen, damit die Kirchenbesucher leichter draufkämen, warum eigentlich St. Petrus heute heraußen in der prallen Sonne stand. Die Münzen sollten seine Stimme sein, aber sie wurde von ganz wenigen nur gehört und verstanden. Petrus schien es gleichgültig zu bleiben, er war im Himmel und brauchte sich um diese irdischen Dinge nicht mehr zu kümmern, und er tat es auch nicht, wie der Mesner Jahr für Jahr bekümmerter feststellen mußte.

Gleich neben der Kirche krachten die Böller auf der Felsenplatte, die heute den neuen Widum trägt. Einer, den ein Böllernarr aus eigenen Mitteln beschafft hatte, war besonders groß, wir bestaunten ihn stets mit Respekt. Er wurde immer als letzter losgelassen, wir hielten dann die Hände vor die Ohren, es hatte geheißen, wir müßten das Trommelfell schützen. Oft vergaßen wir's oder unterließen es aus Eigensinn. Keiner von uns hätte sich getraut, ihn mit der glühenden Lunte abzubrennen, obwohl wir sonst nicht leicht Angst hatten, und es schien uns sogar, als ob auch der Böllerschütze jedesmal »Reue und Leid« erweckte, bevor er mit der Zündstange sich dem Ungetüm näherte. Dann schoß eine

Feuersäule auf, es tat einen furchtbaren Krach, lange noch rollte das Echo nach. Die anderen Böller waren nur Kleinhäusler dagegen, die nicht prahlen konnten. Wir fragten den Mann, warum er den Großen nicht öfter lade. Die Antwort war, er brauche zu viel Pulver, jedesmal wenigstens zwei Weingläser voll, die anderen seien mit der Hälfte und mit noch weniger zufrieden und machten doch auch einen ordentlichen Lärm. Schon wenn die kleinen Böller krachten, klirrten die Kirchenfenster, beim großen blieben sie zuerst eine Zeit ruhig, erst dann erzitterten sie, beinahe bis zum Bersten, außen fiel Tünche vom Sims und rieselte ins Gras herab.

Die Kirche hatte zwei Portale, das Südtor, das zur Barockzeit herausgebrochen worden war, und im Westen das alte gotische Portal, welches durch das ganze Jahr geschlossen und versperrt war, nur an diesem Tage stand es offen. Wenn man draußen vorüberging, konnte man mit einem Blick durch das ganze Kirchenschiff blicken bis vorne zum geschmückten Altar, den heute zwei Fähnchen flankierten. Die Altarflügel waren geöffnet, der Zierat von Schnörkeln und Fialen erglänzte. Das Schiff bot nicht viel Raum, wenn wir nicht gerade ministrieren mußten, fanden wir kaum einen Platz, so viele Leute kamen von auswärts. Dicht strömte die Menge herein, sie drängte ans Kommuniongitter, die Bänke waren zum Brechen voll, die Luft in der Kirche wurde stickig, die Blumen am Altare ließen die Köpfe hängen. Durch die Fenster schien die Sommersonne, die große rote Fahne an der Nordwand des Schiffes troff von Licht und Farbe, die goldenen Leisten am Triumphbogen brannten, das Zeichen der Dreifaltigkeit, das von der höchsten Wölbung des Bogens herabsah, glühte. Nur der Beichtstuhl vorne vor den Männerbänken blieb dunkel, bloß der Widerschein von Licht traf ihn, doch der drang nicht in die drei Nischen, die er barg, in die des Priesters und in die beiden anderen der Beichtkinder.

Predigt und Hochamt wurden an diesem Tage von der

Pfarre aus gehalten, der Kaplan las nur die Frühmesse. Es dünkte uns, als sei er völlig zurückgedrängt von all dem Festlichen. Er gehörte anscheinend den Werktagen, dem gewöhnlichen Leben. Morgen ist er wieder allein in der Kirche, in der er tauft und predigt und die Messe liest und Beichte hört und die Kommunion austeilt und die vielen Rosenkränze während des Jahres vorbetet. Sogar der Sängerchor wurde von der Pfarre gestellt, sie wollten zeigen, daß die Kaplanei Heinfels zu Sillian gehört. Nur die Orgel durfte unser Lehrer spielen. Sie hatte ein gebrochenes Pedal, und wer damit nicht vertraut war, mußte die Bässe schweigen lassen, und das hätte sich für den Kirchtag schon ganz und gar nicht gehört. Die Glasscheiben der Fenster mußten mitklingen, dann war es uns recht.

Auf der Böllerplatte krachte es neuerdings, es war das Zeichen, daß der Gottesdienst aus sei. Zum Zwölfuhrläuten wurde zwar noch einmal geböllert und am Nachmittag bei der Vesper, dann wurden die gußeisernen Ungetüme weggeräumt, und wenn nicht eine außertourliche Festlichkeit fällig war, etwa eine Primiz, bekamen wir sie ein Jahr lang nicht mehr zu sehen.

*

Am 15. August, Maria Himmelfahrt, wird in Sillian das Patrozinium gefeiert. Solange ich daheim war, dünkte mich dieses Fest immer als eines der feierlichsten im Jahr. Der Sommer stand auf seiner Höhe, die Tage waren heiß. Die Zeit der Ungewitter war noch nicht vorüber, nur der frühere Einbruch der Abenddämmerung verriet den nahenden Herbst. Die Äcker gilbten, auf vielen standen schon die Stoppeln, nur der Hafer war immer noch grün.

Das Betläuten mit der Sillianer Großen am Vorabend war von Böllerschüssen begleitet, den Festtag anzukündigen. Auf den Äckern hatten die Männer die Hüte abgenommen, die Sicheln der Schnitterinnen waren unter die

Achseln geklemmt, so beteten sie zusammen den Englischen Gruß. Nach dem Betläuten wurden noch die Schnittzeilen fertig gemacht, dann war für die Frauen Feierabend. Die Männer mußten noch die Garben binden und auf den Harpfen zum Trocknen aufhängen. Auch für sie endete die Arbeit früher.

Die Mutter war überhaupt nicht aufs Feld gekommen, sie hatte daheim Nigelen gebacken. Auch wir waren in der Küche geblieben, nicht beim Backen zu helfen, wir hätten uns nur im heißen Schmalz die Finger verbrannt, wir wollten bloß sehen, wie ihr die Nigelen gerieten. Sie gerieten immer gut, wir sparten auch mit dem Lob nicht, aber es hatte keine Wirkung, die Mutter schwieg und backte, backte und schwieg. Wir liefen ums Haus oder sahen nach den Arbeitsleuten auf dem Felde. Kamen wir nach fünf Minuten an den Herd zurück, jammerten wir über den großen Hunger, aber die Mutter backte und schwieg. Nur zum Betläuten öffnete sie den Mund und sagte, daß wir den Englischen Gruß beten sollten. Wir sprachen die drei Gegrüßt-seist-du-Maria und am Schluß ein Vaterunser für die Armen Seelen. Dann backte sie weiter, uns hatte sie vergessen. Die Krapfenschüssel stand so nahe vor uns und war doch zugleich so fern.

Am nächsten Tage freilich bekamen wir zu jeder Mahlzeit so viel Nigelen, als nur einmal in uns Platz hatten, und das war keine geringe Zahl. Am Vormittag gingen wir nach Sillian zum Gottesdienst, solange wir klein waren, nahm uns die Bas Nanne mit, die Mutter mußte bei den kleinen Kindern zu Hause bleiben.

Die Pfarrkirche schien uns an diesem Tage noch heller als sonst. Der Hochaltar war von Blumen überwölbt, dazwischen standen die Kerzen, dicke und dünne, kleine und große, die dünnen bogen sich in der Hitze und fielen herab, wenn der Mesner nicht rechtzeitig acht hatte. Die roten Sakramentsfähnlein und das blaue der Jungfrauen steckten in der Halterung der Stuhlwangen, die barocke Schnitzfigur des Schutzengels stand vor den Männerstühlen, die Muttergottesstatue auf der Frauenseite. Alle, dazu Ampeln auf hohen verzierten Stangen wurden bei der Prozession mitgetragen. Die großen Fahnen blieben bis zur Prozession im Fahnenkasten, sie hätten in der Kirche kaum Platz gehabt. Der Marschschritt der Schützen scholl herein, das Spiel der Musikkapelle. »Halt!« Die Schützen standen stramm. Der Kraler Jaggl, der beim Militär Zugsführer gewesen war, kommandierte sie. Die Musikkapelle spielte den Marsch zu Ende.

Die Predigt vor dem Hochamt hielt ein fremder Geistlicher, sie dauerte nie weniger als eine halbe Stunde, meistens länger, eine kurze Festtagspredigt wäre damals den Leuten gar nicht recht gewesen, das Fest hätte darunter gelitten. Nachher klang die Sakristeiglocke, die Orgel auf der Empore rauschte auf, alle Register hatte der Oberlehrer gezogen. War das Asperges vorbei, begann das Kyrie und Gloria. Meistens wurde eine der großen Messen von Ignaz Mitterer gesungen, hie und da auch die eines alten Meisters. Nach dem Hochamt begann die Prozession mit den vier Evangelien. Sie nahm den gleichen Weg wie die am Fronleichnamstag.

Der Mesner hatte die Blumen für den Schmuck der Altäre vom halben Markt zusammengetragen und hatte auch sonst alle Hände voll zu tun. Er wurde für seine Mühe an diesem Tage zum Mittagessen in den Pfarrhof geladen. Auch die einheimischen Studenten waren eingeladen, sie ließen sich diese Gelegenheit, festlich zu tafeln, nicht entgehen. Zu Hause merkten wir bei Tisch nicht viel vom Sillianer Kirchtag, es war, von den Nigelen abgesehen, wie an allen anderen Sonntagen.

*

Zur Zeit, da ich noch in Heinfels zur Schule ging, hob sich der Kirchweihsonntag im Oktober nicht mit der Üppigkeit und der Tanzfreude von den anderen Sonntagen ab, wie es heutzutage der Fall ist.

Wohl war das Mittagessen besser, doch blieb es im sonntäglichen Rahmen, in den Knödeln gab es mehr Speck und mehr Eier, mit denen sonst die Mutter sparte, und am Schluß kamen als das eigentliche Festgebäck wieder die Nigelen auf den Tisch. In der Kaplaneikirche St. Peter wurde ein feierliches Hochamt gehalten und in der Pfarre Sillian war es noch weit feierlicher, am meisten fiel uns auf, daß an den zwölf Apostelkreuzen auf der Kirchenwand heute Kerzen brannten.

Eines freilich hob den Landkirchtag bei uns von anderen Festen und Sonntagen ab, ein merkwürdiger Brauch, der am Kirchtagsamstag geübt wird und der auch heute noch nicht ganz untergegangen ist, mag die Zeit noch so viel Altes aufgezehrt haben. Es war das Knallen mit langen Peitschen auf freiem Felde. Die Äcker waren abgeräumt, das Weidevieh klingelte auf den Wiesen, es hatte ungehinderten Auslauf, nur von den Herbstsaaten, die saftig grün in den Furchen standen, mußten wir es zurücktreiben.

Auch wir besaßen daheim eine wohl an die drei Klafter lange, aus Lederriemen geflochtene Peitsche. Während des Jahres hing sie, für uns Kinder unerreichbar, im Tennen an der Wand oder sie lag, ebenso unerreichbar für uns, auf einem Stehkasten, zusammengerollt wie eine schlafende Schlange. Wir wußten kaum, wozu sie dienen sollte, noch weniger, sie zu handhaben. Am Kirchtagsamstag nahm der Pap sie herab und gab vorne einen Stiel daran, den er aus einem jungen Lärchenwipfel zurechtgeschnitten hatte, er mußte kürzer, aber stärker sein als einer der gewöhnlichen Peitschen. Ans dünne Ende band er einen spannenlangen Schmitz aus einer vorne aufgefransten Hanfschnur, den er mit ganz besonderer Sorgfalt und nach immer neuer Überlegung in die Lederpeitsche einknüpfte.

Gegen Abend ging er damit in das hintere Feld, wir Kinder folgten ihm. Wo der Feldweg zu Ende war, stieg der Pap über den steilen Rain hinab auf einen fast ebenen Weizenakker, unter dem ein Waldstreifen hinzog. Wir hörten von der Schattseite herüber das Knallen anderer »Geißeln« und konnten es fast nicht erwarten, bis der Pap es ihnen zeigte, denn das würde er ihnen gewiß. Er hatte eine Riesenkraft und trug größere Heuballen in die Scheune als selbst der Vater. Wir waren droben am Wege stehen geblieben und sahen von dort zu. Es brauchte Geschicklichkeit und einige Übung, die Geißel ordentlich auszuschwingen, damit der Schmitz richtig Atem bekam und losknallte wie ein Böller. Der Pap holte aus wie ein Riese, nun folgte Schlag auf Schlag in einem gewissen Rhythmus, er antwortete denen auf der Schattseite. Von Sillianberg, von Hollbruck, das gegenüber auf der Höhe liegt, von St. Oswald herab, sogar von Tessenberg herein, hörte man es hallen und knallen; wie ein starkes Männerlied war's, das dem Kirchtag am Vorabend gesungen wurde.

Ich empfand, daß der Landkirchtag doch ein recht sonderbares Fest sei, denn zu keinem anderen wurde jemals mit Peitschen geknallt. Wenn wir heimgingen, der Pap feierlich von uns geleitet, war es dunkel geworden. Und dann hing die ledergeflochtene Peitsche wieder ein langes Jahr lang an der Tennenwand oder lag, zusammengerollt wie eine Schlange, für uns unerreichbar, auf dem Stehkasten in der Knechtekammer.

Wallfahrten

Um eine »gedeihliche Witterung« wurde seinerzeit im Hochpustertal unendlich viel gebetet, weil man fast ganz auf das angewiesen war, was der eigene Grund und Boden hergaben, zumal die Ackerfrüchte waren in unserer Höhenlage schon von Natur aus in Frage gestellt.

So waren die gesungenen Wettersegen mit den vier Evangelien in der Kirche an allen Sonntagen zwischen Christi Himmelfahrt und dem Schutzengelsonntag anfangs September regulär. Bei anhaltendem Regenwetter, ebenso bei langer Trockenheit wurden zusätzliche Betstunden, etwa in Verlängerung der Nachmittagsandacht, gehalten, und an jede Werktagsmesse wurde vom Kaplan das Gebet um »gedeihliche Witterung« angehängt. Die Sillianer pflegten die Statue Unser-Herr-im-Elend aus der Kapelle, die am Ortsende des Marktes gegen Arnbach steht, zu holen und in Prozession, an der sich auch wir Heinfelser und die anderen Nachbargemeinden beteiligten, herumzutragen. In Innichen trugen sie das uralte wundertätige Kreuz durch den Markt, um den Himmel zu erweichen, auf daß er die Sonne wieder scheinen beziehungsweise den Regen wieder strömen lasse, je nachdem.

Wenn dies alles nichts nützte, taten sich die vier Bürgermeister der Pfarrgemeinde Sillian zusammen und baten den Pfarrer, er möge die große Bittprozession nach Hollbruck verkündigen. Wenn ich mich recht zurückerinnere, kann ich sagen, daß dieser Kreuzgang nie umsonst gewesen ist. War es da ein Wunder, daß das gläubige Volk ein ungeheures Vertrauen auf die Gottesmutter Maria-Hilf in Hollbruck gesetzt hatte? Jedesmal war es wie ein Wunder, über Nacht trat die Wetterwendung ein.

Ein anderer Kreuzgang wurde vor dem Ersten Weltkrieg alljährlich am Rochustag (16. August) nach Winnebach gehalten. Weil St. Rochus einer der Vierzehn Nothelfer, zu denen von jeher besonderes Vertrauen bestand, ist, beteiligten sich an diesem Kreuzgang immer weit mehr Leute als an dem nach Innichen, der acht Tage später stattfand, auch viele Erwachsene gingen mit.

Von Sillian nach Winnebach, das seit dem Friedensvertrag im Jahre 1919 knapp jenseits der Staatsgrenze liegt, waren es für einen Kreuzgang zwei Stunden. Was machten uns Kindern sonst zwei Stunden Weges aus? Oft liefen wir den ganzen Tag herum und fanden kaum Zeit, uns zum Essen niederzusetzen. Zwei- und dreimal mußte die Mutter rufen, der Vater rief meistens nur einmal oder pfiff gar nur. Das war dann immer wie ein Habichtsschrei.

Die Mutter trug uns am Morgen streng auf, daß wir fleißig beten sollten, nicht mit anderen Buben schwätzen und schon gar nicht den Nachbarn puffen, wie es so oft geschah, selbst in der Kirche. Der Vater wiederholte es, wenn er gerade zuwege kam, nicht mit Worten, nur mit einem Blick zum birkenen Heiligen Geist. Wir verstanden, versprachen alles und stoben vom Hof, hinein nach Sillian in die Pfarrkirche, wo vor dem Kreuzgang eine Messe gelesen wurde.

Für den Kreuzgang standen zwei Wege zur Verfügung, entweder die harte, staubige Pustertaler Landstraße oder von Arnbach ab ein Fahrweg über die Gehöfte, die hier am Fuße des Köckberges siedeln. In meiner Erinnerung steht der Weg über die Gehöfte, vielleicht wurde er deswegen gewählt, weil er etwas kürzer ist als die Straße und dazu schattiger, obwohl es bei einem Kreuzgang nicht darauf ankommen sollte. Es hätte auch auf der Landstraße niemanden gestört und er wäre auch nicht gestört worden. Sie lag zu jener Zeit so still, als sei sie ganz umsonst gebaut worden. Am ehesten begegnete einem ein Radfahrer oder armes Volk aus dem Comelico, das zu uns herüberkam, Mehl, Schmalz und Eier zu betteln.

Wir beteten auf dem ganzen Wege, aber mehr als ein Lippengebet war es nicht, der heilige Rochus mußte schon sehr gütig sein, es gelten zu lassen. Auch als der Aufstieg zur Kirche begann, beteten wir weiter, aber erst oben bekamen unsere Stimmen wieder genug Luft. Wir schonten sie nicht, die Winnebacher sollten merken, daß die Sillianer kamen. Die standen vor den Häusern, ließen den Zug vorüber und stiegen hinterdrein zur Kirche hinauf und zum hl. Rochus, den sie so nahe und wir so fern hatten. In der Kirche zu Winnebach wurde ein Amt gehalten. Gottlob, dauerte es nicht sehr lang. Nachher wurde eine Pause eingeschaltet, bevor der Kreuzgang nach Sillian zurückkehrte.

Versprach der Morgen Schönwetter, hatten wir die Mutter bestürmt, daß wir nach dem Gottesdienst auf die Winnebacher Alm zur alten Wallfahrtskirche St. Silvester hinaufgehen dürften. »Ihr müßt droben aber einen Rosenkranz beten«, verlangte sie. Wir versprachen es, auch drei Rosenkränze hätten wir versprochen, weiß Gott. Waren wir auf dem Gange nach Winnebach noch müde gewesen, jetzt, wo wir zur Höhe emporstiegen, spürten wir nichts mehr. Die Mittagssonne brannte auf unsere Köpfe, es machte uns nichts aus. Wir liefen ohne Pfad und Steg mitten durch die Bergwiesen hinauf.

Endlich tauchte die Kirche auf, die getünchten Wände schimmerten durch die buschigen Zirmbäume. Oben hätten wir jetzt den versprochenen Rosenkranz beten sollen, aber wir ließen uns Zeit. Erst hängten wir uns an die Glockenseile, die frei herabbaumelten, und läuteten und läuteten, bis uns die Arme schmerzten. Erst bevor wir gingen, setzten wir uns in eine Bank, starrten zu den gotischen Freskobildern empor und beteten, jeder still für sich, weil das schneller geht, den versprochenen Rosenkranz.

Daheim wußten wir ein Langes und Breites zu erzählen, wie fromm wir beim Kreuzgang und auf St. Silvester gewesen seien, aber die Mutter hörte gar nicht auf uns, sie schickte uns gleich nach dem Essen ins Bett.

Vor dem Ersten Weltkrieg war Innichen die kirchliche Metropole des Hochpustertales, der die Pfarren von Niederdorf bis Anras unterstellt waren. Zu den Religionsprüfungen am Schluß des Winterschuljahres erschien alljährlich der Probst von Innichen.

Der zweite Tag, an dem wir die Zugehörigkeit zu Innichen spürten, war der 24. August, St. Bartholomäus und in Innichen ein Kirchtag. Zu diesem Anlaß ging altem Herkommen gemäß auch von der Kaplanei Heinfels ein Kreuzgang hinauf. Der Weg betrug drei Stunden, graue harte Landstraße, kein Wunder, daß die Anzahl der Teilnehmer von Jahr zu Jahr abbröckelte. In meiner Kindheit waren es 10 bis 15 Personen, die, eine Zeitlang betend, dann schwätzend hinter dem Kreuze herzogen, Innichen zu, fast nur Schulkinder. Das Kreuz ging von einer Hand in die andere, oft wurde es von zwei Ministranten zugleich getragen, waagrecht.

In Innichen war Festtag, die Fahnen wehten und die Böller krachten. Bei uns in Heinfels war Werktag, die Erwachsenen hatten nicht Zeit, »mit dem Kreuz« nach Innichen zu gehen.

Unter Vierschach steht die rot gefärbte Lorettokapelle an der Straße. Man kehrte zu, betete einige Vaterunser und sah dann, im Schatten der Mauer oder unter den nahen Bäumen sitzend, eingehend nach, was die Mutter an Eßsachen eingepackt hatte. Im ersten Augenblick war es stets zu wenig. Nach kurzer Rast ging es weiter, der Wiesthaler Höhe zu. Innichen mit dem mächtigen Dom, dem »Duime«, wie die alten Leute sagen, lag vor uns. Eines der ersten Gebäude, an dem wir vorbeigingen, wieder betend und das Tragekreuz aufrecht, war ein Haus mit der großen Aufschrift: Villa Aguntina. Wir hatten in der Schule von der versunkenen Römerstadt Aguntum gehört, die man damals bei Innichen suchte.

Innichen war für mich eine Stadt. An diesem Tage wogte alles festtäglich durcheinander, es schien noch größer geworden, wichtiger. Wir strebten dem Dome zu. Er war dunkel, uns dünkte er düster. Vorne stand die berühmte romanische Kreuzigungsgruppe ober dem Altare, uns war sie ein Kreuz wie andere, wir verstanden nichts von Alter und Kunstwert.

Wir schielten nach der großen Rippe hinauf, die über dem Hauptportale an der Mauer hing. Das war eine Rippe des Riesen Haunold, der, der Sage nach, zum Dombau das Material herbeigeschafft habe und dafür täglich mit einem Kalb und drei Star Bohnen verköstigt werden hätte müssen. Sie war gewiß einen Meter lang, nur leicht gebogen und dick wie ein Menschenarm. In meiner frühen Gymnasialzeit hörte ich freilich, die unheimliche Rippe stamme von einem Elefanten, nicht vom Riesen Haunold. Damals sank der Wert des ganzen großartigen Domes mit all seinen Sehenswürdigkeiten gewaltig, er nahm erst wieder zu, als ich mit den Jahren besser zu Gebrauch der Vernunft gekommen war, ein Prozeß, der, wie ich hoffe, noch immer nicht abgeschlossen ist.

Nur selten bekamen wir einen Platz in den Bänken, wir waren Auswärtige und Kinder dazu. »Ihr könnt stehen!« hieß es. Die Füße hatten Blasen, die Beine waren steif wie Holz vom weiten Weg. Die Predigt dauerte lang, das Hochamt noch länger und die Prozession nachher erst recht lang. Wir reihten uns irgendwo ein, meistens unter die Männer, die duldeten uns am ehesten. Meistens war es Mittag, bis alles vorbei war.

Auf dem Heimweg bestand der Kreuzgang meist nur noch aus drei oder vier Personen, die anderen waren bei Verwandten in Innichen zurückgeblieben. Andere, die heim mußten, weil sie keine Verwandten in Innichen hatten oder weil der Befehl am Morgen so ergangen war, fuhren mit dem Nachmittagszug nach Sillian hinunter. Es hätte uns eine Schande gedünkt, auch das Kreuz mit in den Zug zu nehmen, so setzten wir noch einmal die Füße auf die Straße. Wir beteten nicht mehr, wir stritten auch nicht, wie sonst so oft, zu beidem waren wir zu müde.

Später ließen wir die Schande Schande sein, schraubten die Kreuzstange auseinander, wickelten sie zusammen mit dem Kreuz in Papier ein und fuhren gleichfalls mit der Bahn heimzu. Das war der Anfang vom Ende. Der Sommerkreuzgang nach Innichen hörte auf.

War die Ernte in die Scheunen und Speicher gebracht, manchmal schon früher, kam die Zeit der großen privaten Wallfahrten. Es wurden nur jene dazu gerechnet, wo man wenigstens zwei Tage aus war, einen auf dem Hinweg, den zweiten auf dem Rückweg. Abends betete man lange in die Nacht hinein an der Gnadenstätte, in der Früh des nächsten Tages wurden erst die Sakramente empfangen, die Frühmesse, wohl gar noch der Spätgottesdienst angehört, ehe man sich wieder auf den Heimweg begab.

Junge Bauersleute, die sich noch frei machen konnten, fuhren am liebsten auf den Hl. Berg Maria Luschari, damals in Kärnten, heute in Italien gelegen. Es war eine teure Bahnfahrt und ein stundenlanger, mühevoller Aufstieg, bis das Ziel erreicht war. Oft gab es keine Unterkunft mehr, man blieb dann die ganze Nacht in der Kirche, betete, schlief wohl auch eine Stunde in den Bänken, zerschlagen vom weiten Weg. Auch meine Eltern waren einigemal auf dem Heiligen Berg gewesen und hatten lang in den Winter hinein uns und den Nachbarn erzählt, wie es gewesen war und wie fromm die Windischen gebetet und gesungen hätten. Auch nach Trens und Weißenstein wallfahrtete man, aber selten, Absam kam kaum in Betracht, Hollbruck war zu nah und zählte nicht, Lavant nahm man auf einem Markt in Lienz mit, Obermauern bei Virgen, Osttirols ältester Wallfahrtsort, war zu jener Zeit fast nicht erreichbar, man hätte, um die Fahrtspesen herabzusetzen, über die Jöcher gehen müssen und wäre gar zu lange aus gewesen. Der eigentliche Wallfahrtsort war Maria Luggau im Lesachtal, knapp jenseits der Tiroler Grenze, eine der schönsten Kirchen Kärntens. Von unserem Hof aus betrug der Weg sechs Stunden, nahm man Hollbruck mit, sieben, für kurze Kinderfüße fast zuviel. Trotzdem freuten wir uns Jahr für Jahr drauf. Fast auf dem ganzen Weg wurde der Rosenkranz gebetet, höchstens der steile Aufstieg über »die Manegge« nach Kartitsch war ausgenommen und einige kleinere Strecken, Jahr für Jahr die gleichen.

Weil damals der 8. September noch ein gebotener Feiertag war, begann man die Wallfahrt gern am Vorabend dieses Festes, sonst an einem Samstag. Die Bas Nanne ging mit uns. In einer großen Tasche trug sie Eier, Mehl, Schmalz, wohl auch Brot und Speck. In Obertilliach kochte sie, jedes Jahr im gleichen Bauernhaus, in Maria Luggau übernachteten wir bei Bauern, auch Jahr für Jahr beim gleichen.

Den Eingang zur Wallfahrtskirche versperrten für mich immer die Devotionalienstände mit dem schimmernden Firlefanz, durch den ich zu jener Zeit noch nicht hindurchsah. Leider hatte die Bas Nanne ein fast völlig verhärtetes Herz, wenn ich auf eine magere Statue oder auf ein Weihbrunnkrüglein oder gar nur auf einen Perlsteinrosenkranz hinwies, der es mir angetan hatte. Sonst war sie gar nicht so. Heut verstehe ich es: Sie brauchte das wenige Geld, das sie besaß, für den Opferstock, denn zum richtigen Wallfahrten gehört auch das Almosen, Beten und Almosengeben sind Zwillinge.

Als ich Gymnasiast geworden und schon ein paar Kurse hinaufgeklettert war, machte ich zusammen mit den anderen Vinzentinern aus meiner Heimat Jahr für Jahr die Wallfahrt nach Maria Luggau, immer unmittelbar, bevor wir wieder nach Brixen einrücken mußten ins neue Schuljahr. Wir trugen keine Taschen mit, auch die Geldbeutel waren fast ganz leer. Beim Mittagessen des ersten Tages brandschatzten wir den Pfarrer von Obertilliach, zur Jause den in Untertilliach, der sowieso ein Wirtshaus führte, für die Nacht die Servitenpatres in Luggau und fürs Mittagessen des Heimkehrtages den Pfarrer von Kartitsch, bei dem es immer Knödel gab, mochten wir zu welcher Tageszeit immer kommen. Es gab damals in Osttirol fast nur gastliche und sehr gastliche Pfarrer, der gastlichste war der in Kartitsch. Es war ein kurzer, untersetzter, sehr lieber und freundlicher Herr, dessen Hobby, wie man heute sagt, die Bienen waren. Es ging uns über alles gut, das Essen war reichlich, ein guter Tropfen fehlte nirgends. Wir erzählten von Brixen, die Herren erzählten ihrerseits von ihrer Studienzeit im »Rätischen Koblenz« und waren dabei so jung wie er.

Gingen wir mit der Bas Nanne, war das Essen auch gut, aber die Rosenkränze auf dem weiten Wege waren weit zahlreicher, als wenn wir ›unter uns‹ waren. Es wurde keine Rücksicht genommen, ob die Hände müde wurden vom Weiterschieben der Rosenkranzperlen und die Lippen vom Gebet, bevor der Psalter nicht zu Ende war und die Litanei darangehängt, gab sie sich nicht zufrieden. Auch dann wurden die Pausen nie lang, dann mußten wir wieder den Hut abnehmen, die Rosenkränze aus den Hosensäcken ziehen und vorbeten. Nur die Mahlzeit in Obertilliach gönnte eine längere Rast. Die Bas Nanne hatte ganz recht. Wallfahrten sind keine Lustreisen.

Nun ist sie schon so lange tot, die gute liebe treue Seele, die wir nicht weniger liebten, nicht viel weniger als die Mutter. Auch in Maria Luggau bin ich schon viele Jahre nicht mehr gewesen. Heute fährt das Auto durchs Gailtal, aber Autofahren heißt nicht wallfahren. Trotzdem nehmen es viele so.

Schule gehen

Man hatte uns immer wieder gesagt, in der Schule müßte man ganz still sitzen, die Hände vor sich auf die Bank gelegt, und dürfte sich stundenlang nicht rühren. So dachte ich durchaus nicht mit Vergnügen daran, daß ich nun bald in die Schule mußte. Wir hörten auch immer wieder, wie streng der Lehrer sei, daß er alles sähe und nichts durchgehen ließe. Schließlich tröstete ich mich mit dem Gedanken, daß es noch lange dauere bis dorthin und, wenn die Zeit gekommen sei, würde sich schon ein Mittel finden lassen, denn alle, die ich kannte, waren in die Schule gegangen, aber umgekommen war dort niemand.

So kam der 1. Mai heran, an dem ich das erstemal in die Schule sollte. Eigentlich hätte ich schon ein Jahr früher gehen sollen, aber es hieß, ich hätte nicht ordentlich reden können und sei auch schwächlich gewesen. Zugleich mit mir fing mein Bruder Josef, der ein Jahr jünger war, an. Wir hatten für diesen großen Tag eine neue dicke graue Lodenhose bekommen und einen neuen runden Kübelhut, der ähnlich nach ewiger Dauerhaftigkeit roch wie die Hose. Viel weiß ich von meinem ersten Schultag nicht mehr. Die Mutter brachte uns in die Schulräume, wo schon eine Reihe Mütter und Kinder durcheinander waren. Am deutlichsten ist mir noch im Bewußtsein, wie die Mutter auf den Lehrer einredete, er solle ja recht streng mit uns sein, nichts durchgehen lassen und auch mit dem Stock nicht sparen, denn wir seien zwei ganz Arge, die nicht folgen wollten und auch sonst kein Gut täten. Mein Bruder und ich noch mehr glaubten, eine solche Rede sei ganz und gar unnötig gewesen.

Draußen vor dem Haus dachte ich nach, wie es eigentlich an diesem ersten Schultage gewesen sei, und ich fand, daß die Schule zu ertragen wäre, wenn es nicht schlimmer kam. Auch das mit dem Stillsitzen hatte sich gemacht. Der Lehrer war nicht so streng darauf versessen gewesen und er hatte es auch nicht immer gesehen, wenn ich mit den Händen ein wenig tändelte oder sie unter der Bank vergrub. Da die Schule nur einklassig war mit ungefähr vierzig Kindern, saßen die Anfänger ganz vorne, die Größeren dahinter und jene, die »ausschulten« in den letzten Bänken, rechts die Mädchen, links die Knaben. Ich bekam als einer der Kleinsten meinen Platz in der ersten Bank, das war nachteilig, denn ich wußte oft nicht recht, wie ich mich zu betragen hatte, aber umschauen und sehen, wie es die anderen bei einer spitzfindigen Frage des Lehrers machten, durfte ich nicht wagen und zu den Mädchen hinüber zu schielen, hätte ich mich geschämt. Sie galten uns lange als solche, die nur zufällig und irrtümlich zu den Menschen gerechnet werden, denn daheim waren wir lauter Buben. Nur Lidwina Huber, die ziemlich hinten saß, machte uns Eindruck, sie wußte einfach gar alles, und ich hätte es gern gehabt, wenn der Lehrer sie auf die Knabenseite gesetzt hätte, aber das tat er nicht.

In den ersten Schulstunden erfuhr ich das ja nicht, es brauchte eine Zeit, bis ich lesen und schreiben konnte und mit den Dingen vertraut wurde, die ein Volksschüler wissen muß, wie etwa, wann man sich getrauen darf, den Finger aufzuheben, weil man hinaus will, und wie lange man ausbleiben darf, ohne daß es auffällt und ähnliche wichtige Dinge. Im übrigen ging der erste Schultag viel zu schnell vorüber, denn plötzlich hieß es: »Alles einpacken!« Ich hatte nichts einzupacken und mein Bruder noch weniger, aber die älteren Schüler machten auf einmal einen großen Lärm und taten, als sei jetzt die Hauptsache gekommen. Das »Antreten« war schon schwieriger und mußte erst geübt werden und beinahe hätte sich der Lehrer schon am zweiten Tage an die aufreizenden Worte der Mutter besonnen, weil ich einfach von der Bank weg ins Freie springen wollte. Ich mußte dreimal antreten, dann durfte ich laufen, aber der Lehrer hielt noch lang den Finger drohend in der Luft.

So hat meine Schulzeit begonnen, die ich bis heute nicht

losgeworden bin. Damals dachte ich freilich nicht daran, ich dachte überhaupt an nichts, am wenigsten an den folgenden Tag oder gar gleich an mehrere. Jeder wurde wie etwas Neues empfangen und wie etwas Altes verabschiedet. Ich gäbe viel, gelänge es mir auch heute noch.

*

Mit Ende April schloß die Winterschule. Einige Zeit vorher fand die Religionsprüfung statt, zu der die Gemeinderäte mit dem Vorsteher eingeladen wurden. Auch mein Vater bekam vom Lehrer eine Einladung, da er Kirchenprobst war. Von der Gemeinde kam oft nur der Vorsteher, mein Vater jedoch ging immer, wenn es nur irgendwie möglich war. Den Vorsitz bei der Prüfung führte der Stiftsprobst von Innichen, zu jener Zeit war es der hochangesehene Dr. Josef Walter. Er hatte eine Anzahl Erbauungs- und Betrachtungsbücher geschrieben, von denen ich freilich damals keines und später nur wenige kannte. Es war ein betagter, sehr frommer und freundlicher geistlicher Herr mit einer roten Chemisette vorne auf der Brust und einem Kreuz.

Wir mußten, da die Prüfung um zwei Uhr beginnen sollte, schon um Dreiviertel in der Schule sein; die meisten kamen früher und einige viel früher. Alle hatten das Festtagsgewand an, das die Mütter besonders fleißig ausgebürstet hatten. Die Schultaschen waren daheim hinterm Ofen geblieben, schon das allein kam uns seltsam vor, weil es ungewöhnlich war. Der Lehrer hatte schon aufgesperrt. Er war ganz in Schwarz gekleidet und schritt durch die Klasse, sich zu versichern, ob alles ordentlich aufgeräumt sei. Wir hätten nirgends auch nur das kleinste Stäubchen gefunden, aber er entdeckte doch hier einen kleinen Papierfetzen, dort einen winzigen Rest Tafelschwamm, die der Aufräumerin entgangen waren. Er hob es auf und warf's beim Fenster hinaus. Als der Zeitpunkt anrückte, wo die Prüfung beginnen sollte, und das Schulzimmer sich schon gefüllt hatte, blieb er vorn nahe der Tür stehen. Wir waren alle so still wie sonst nie vor Beginn. Einige hatten noch den Katechismus aufgeschlagen und sahen heimlich hinein, während ihre Lippen eifrig auf- und zugingen. Jetzt zeigte die Uhr vorne auf der Wand Zwei. Die Bücher waren verschwunden, wir hatten die Hände auf den Bankrand gelegt, die Daumen unten hineingeschoben, die anderen Finger obenauf.

Endlich näherten sich draußen Schritte, der Lehrer öffnete die Tür: Der Probst trat als erster ein, gleich hinter ihm der Pfarrer von Sillian, damals Thomas Hintner, ein großer würdiger Herr mit weißen Haaren, dann kam der Kaplan Vöstner und hinter den drei geistlichen Herren die Gemeindemänner, zuletzt oder fast zuletzt mein Vater. Während der Probst zum Pulte schritt, wo ein gepolsterter Sessel aufgestellt war, sah er lächelnd zu uns herab, die mäuschenstill in den alten, verkritzelten Bänken standen und jedem Schritt des kleinen, etwas gebeugten Herrn folgten. Er setzte sich, die Herren nahmen auf den Stühlen Platz, die auf das Podium gestellt worden waren, mein Vater saß neben dem Vorsteher.

Bei den Schulanfängern war nicht viel zu verlangen. »Kannst du mir das Kreuz machen, Josef?« fragte der Kaplan einen. Der Bub war sofort aufgestanden, als die Finger des Katecheten sich nach ihm richteten, noch bevor die Frage völlig gestellt war, und legte los: »Im Namen des Vaters und des Sohnes und des Heiligen Geistes, amen.« Dabei berührte der Daumen der Reihe nach Stirn, Mund und Brust. »Kannst du auch das Vaterunser?« Der Prüfling faltete die Hände und sprach das Gebet langsam, wie es ihm der Kaplan beigebracht hatte. Die Herren nickten zufrieden, auch der Probst. Die Prüfung ging weiter von den Anfängern zu den anderen, die weiter hinten saßen. Ich wurde gefragt, ob ich die Geschichte vom Ägyptischen Josef erzählen könnte. Nichts lieber als das, ich schnellte in die Höhe: »Josef wurde von seinen Brüdern an Kaufleute verkauft, die ihn mit sich nach Ägypten führten«, kutschierte ich los. Ich wollte gleich weiterfahren, aber die freundliche Stimme des Probstes unterbrach mich: »Weißt du, wo Kanaan liegt und wo Ägypten?« »Ja«, antwortete ich ohne Zögern. Ich hatte die fremden Örtlichkeiten, die ich in der Bibel las und eben auch die vom Ägyptischen Josef daheim auf unseren Feldern sein lassen und mir auf diese Weise alles sehr gegenständlich gemacht. »Wo liegt also Kanaan?« fragte der Probst wieder. »Ganz oben in unsern Feldern.« »Und Ägypten?« »Ganz unten, die Kaufleute sind von Sillian gekommen, die Brüder haben sie auf dem Tessenberger Wege heraufkommen sehen, nachher haben sie gleich drüben im Kälbergarten einen Bock geschlachtet, das Kleid Josefs in Blut getaucht und daheim dem Vater gemeldet, ein wildes Tier habe den Bruder zerrissen ...«. Die Herren fingen an zu wispern, einige blickten nach meinem Vater.

»Wo hat sich die Geschichte zwischen David und dem Riesen Goliath abgespielt?« wurde ich gefragt, diesmal vom Pfarrer von Sillian, der aufgestanden und zu meiner Bank herabgekommen war. »Auf dem großen Acker unter unserm Haus.« »Ist dort nicht gerade Weizen oder Gerste gestanden?« »Das hat sie nicht gekümmert, sie haben Krieg geführt.« Der Pfarrer blickte zum Probst aufs Pult hinauf. Der nickte, der Vorsteher schmunzelte. »Schön«, lobte der Probst, »du hast dir das alles gut zurechtgelegt.« Der Kaplan deutete mit der Hand, daß ich mich niedersetzen sollte, stellte eine neue Frage und rief den Nachbarn an meiner Seite auf. Das war ein großer Kerl, aber ein Sitzenbleiber. Sooft der Lehrer Religionsstunde hielt, was nicht selten der Fall war bei der schwachen Gesundheit des Kaplans, erhob er sich und sagte: »Ich weiß es nicht.« Das hatte der Lehrer ihm angeraten, damit er die Klasse nicht mit seinem langweiligen Gestotter aufhielte. In der Woche einmal mußte er dann freilich eine volle Stunde und manchmal sogar länger zurückbleiben und die Fragen lernen. Auch jetzt richtete sich der Nachbar auf und sagte: »Ich weiß es nicht.« »Du wirst die Geschichte vom reichen Prasser und dem armen Lazarus nicht wissen?« versuchte der Katechet zu helfen.

»Ich weiß es nicht«, wiederholte er. Der Lehrer war ein paar Schritte näher gekommen. Er gab dem Kaplan heimlich ein Zeichen, daß er dem Kerl die Geschichte schon beibringen werde. Der Kaplan verstand und war zufrieden.

»Wer von euch kennt die Geschichte vom reichen Prasser und dem armen Lazarus?« Fast alle reckten die Hände hoch, ich fuchtelte sogar mit beiden. Dennoch rief der Kaplan nicht mich. »Also du, Veronika.« Sie erzählte recht annehmbar, einige Lücken blieben ja. Die wollte ich ausfüllen, doch tat der Katechet, als sähe er mich nicht. Ich verzappelte fast, daß ich nichts mehr anbringen konnte. Der Vater sah flüchtig zu mir herab.

Ich beruhigte mich ein wenig und achtete wieder auf die Fragen, die der Kaplan nun stellte, sie schwirrten wie Vögel auf, blieben eine Zeitlang in der Luft und senkten sich dann in die Bänke nieder. Er war beim fünften Jahr angelangt. Die Fragen wurden immer schwieriger und länger, ich hätte nun nicht mehr viel darauf zu antworten gewußt. Auch die Geschichten, die er aus der Bibel hören wollte, hatte ich nur flüchtig vernommen, wenn der Katechet oder der Lehrer sie den Großen erzählt hatte. Wir mußten uns dann still beschäftigen und eine biblische Geschichte aus unserem Buche lesen. Endlich war die Prüfung zu Ende, sie hatte fast an die zwei Stunden gedauert. Der Kaplan kam wieder durch den Mittelgang vor und stellte sich vorne ans Fenster, halb zu uns hergewandt, halb zu den Herren hin. Eine Weile blieb alles still, wir getrauten uns kaum zu atmen. Dann hielt der Probst eine kurze Ansprache, in der er uns aufmunterte, das, was wir gelernt hatten, immer getreu zu befolgen und zu tun, wie es uns die Eltern, der Herr Lehrer und der Herr Katechet lehrten. Zuletzt gab er jedem ein Bildchen, die der Lehrer austeilte. Ich bekam eins, das den König David darstellte, wie er die Harfe schlägt und einen frommen Psalm zur Ehre Gottes singt. Ich hatte kaum jemals ein so schönes Bildchen in der Hand gehabt, obwohl die vom Kaplan und die Fleißbildchen des Lehrers gewiß auch recht schön waren.

Der Vater kam an diesem Tage viel später als ich nach Hause. Er war mit den anderen, die an der Prüfung teilgenommen hatten, vom Kaplan zu einer Jause in den Widum droben im Schloß eingeladen worden. Ich hatte schon wieder die Werktagshose an, auf der so viel Flecke aufgeflickt waren, daß der Grundstoff nur an wenigen Stellen noch zu erkennen war.

*

Alljährlich am 29. Juni nachmittags nach der Vesper fand in der Schule die sogenannte Preisverteilung statt. Tags zuvor war die Sommerschule zu Ende gegangen, die nur von den ersten vier Jahrgängen besucht werden mußte, weil die ›Großen‹ daheim zur Arbeit gebraucht wurden. Eine eigentliche Preisverteilung war es ja nicht, da alle etwas bekamen, die ganz Kleinen, die erst zwei Monate in die Schule gegangen waren, einen Rosenkranz, die anderen ein Gebetbuch, die guten wie die schlechten Schüler. Es war trotzdem ein feierlicher Tag des Jahres. Schon das dünkte uns nobel, fast unnatürlich, daß wir mit unseren besten Kleidern in den Schulbänken saßen, die so gar nicht festtäglich aussahen in ihrer zerkratzten und bekleksten Werktäglichkeit. Zwei von den Großen schleppten einen Wäschekorb herein, hinter dem der Lehrer wie ein Wachtposten nachschritt; der Korb war mit Büchern, die von der Gemeinde bezahlt wurden, voll angehäuft. Der Kaplan hielt eine kurze Ansprache, wir achteten kaum darauf, der Bücherkorb fesselte uns weit mehr. Wir suchten insgeheim ein Buch aus, ein besonders schönes, das mit seinem Goldschnitt alle andern überstrahlte.

Dann ging die Preisverteilung an. Wir reckten die Hälse; die Kurzgeratenen, zu denen auch ich gehörte, standen in den Bänken auf. Zuerst erhielten die Anfänger ihre Rosenkränze, bei den Knaben bestanden sie aus dunklen »Korallen«, bei den Mädchen war es Perlmutterimitation, alles für die unachtsamen Hände berechnet, nicht kostbar, sie gingen doch meist schon nach einigen Tagen irgendwo verloren und wurden nicht mehr gefunden, wenigstens bei den Buben; die Mädchen gaben sie eher daheim der Mutter zum Aufbewahren. Nach den Anfängern bekamen die ›Fortgeschrittenen‹ ihre Preise. Man wurde vor das Pult gerufen, meistens zuerst die besten Schüler, die häufig zwischen zwei Büchern wählen konnten. Auch ich konnte wählen, leider.

Der Kaplan nahm zwei Bücher aus dem Korbe, eines sah besonders schön aus, die Deckel waren mit Watte gefüttert, so daß sie sich aufwölbten und wie winzige Kissen anfühlten, dazu sonnengoldener Schnitt, von dem der Glanz nur so wegsprudelte; das zweite war sehr einfach gebunden, im Format größer – in einem Hosensack nicht unterzubringen –, der Schnitt war einfacher Rotschnitt, nichts vergoldet, nicht einmal der Titel. Ich wählte natürlich das erstere und wurde arg betrogen, wie sich herausstellte. Der Einband ging sehr bald aus dem Leim, der Goldschnitt verblaßte ganz von selber, der Inhalt war so gewöhnlich, als hätte ein Handlanger das Buch zusammengestellt. Das andere Buch war durchaus kindertümlich geschrieben; ich lieh es später von dem Mitschüler, der es bekommen hatte, weil er nicht wählen durfte.

Heute noch kann ich es dem Kaplan nicht ganz verzeihen, daß er mir nicht einfach das zweite Buch in die Hand gab und sagte: »Das ist für dich.« So hat er gesagt: »Gefällt dir das mit dem schönen Einband?« Ich bejahte und schon hielt ich es in Händen und schritt in die Bank zurück, wo das Buch reichlich bestaunt und ich als dessen Besitzer reichlich beneidet wurde. Jeder wollte mit den Fingern mindestens einmal über das weiche Kissen fahren, es gab so schön nach. Ich war also hereingefallen, obwohl man uns gesagt hatte, daß der äußere Schein sehr oft trügt, das unscheinbare Einfache sei fast immer besser. Ein richtiger Säugling war ich noch, der oberflächliche Glanz hatte entschieden, fertig.

Von den Preisbüchern der anderen Schuljahre weiß ich nichts mehr, und weil ich nach Brixen ins Gymnasium ging, war die Volksschule für mich bald zu Ende. Ich besitze heute keines mehr davon. Alle zerfledderten sehr rasch in meinen

Händen oder in denen meiner Brüder, die sie ausliehen, mehr damit zu tändeln als darin zu lesen. Nein, mit meinen ›Preisbüchern‹ hatte ich kein Glück.

*

Wir saßen beim Mittagstisch, es gab wie gewöhnlich Gerstensuppe und Knödel mit Kraut. Plötzlich stand die Bas Nanne auf und schaute erschreckt durch das Fenster: Es muß irgendwo brennen! Im Nu rannten wir auf den Vorsöller; dicker Qualm wälzte sich über die Türme und Giebel von Heinfels. Es konnte das Schloß oder die Kirche oder die Schule oder ein darunter liegendes Haus sein. Der Schloßhügel stand im Wege, wir sahen nicht richtig zu.

Jetzt kamen schon die Nachbarskinder daher: »Die Schule brennt!« Zugleich hörten wir die Glocken Sturm schlagen und das aufregende Geschmetter des Feuerwehrhorns. Im nächsten Augenblick stürmte ich mit den anderen den Weg hinunter, wir rannten durch das nordseitige Schloßwäldchen und hatten auf einmal das brennende Schulhaus unter uns. Eine fauchende Hitze fuhr uns an, so weit weg wir auch waren. Aus der Kirche St. Peter wurde eben herausgeschafft, was beweglich war. Wer vermochte vorauszusagen, ob nicht auch sie Feuer fing; es brauchte sich nur der Wind zu drehen. Wasser war keines zur Stelle, nicht einmal ein ordentlicher Brunnen. Die Schule war ein altes Bauernhaus, das von der Gemeinde ein wenig umgebaut worden war. Nur die Keller waren gemauert, alles andere bestand aus Holz. Nun sank sie in Schutt und Asche, und wir Schüler dankten Gott, daß es so war. Der Kamin ragte wie eine Säule inmitten empor, alles andere war schon niedergebrannt. Ein paar Männer bemühten sich, ihn umzuwerfen. Unter dem Schloßhügel lagen die Häuser des Dorfes. Leute eilten auf den Schindeldächern herum und schrien um Wasser, damit der Funkenflug kein weiteres Unheil anrichtete.

Nach und nach ließ die Hitze nach und wir konnten etwas

näher treten. Auf einem ebenen Platz neben der Brandstatt lag aufeinandergehäuft, was man gerade noch herausbringen konnte, Hefte, Bücher, Wandbilder, Landkarten, auch eine Anzahl Bänke. Vieles war verdorben oder zerbrochen; wir suchten unsere Hefte und waren froh, wenn wir kein einziges mehr fanden. Nun werden wir lang keine Schule mehr haben, das war eine trostvolle Aussicht. Wir waren sehr zufrieden, daß wir auf diese nicht alltägliche Weise zu Sonderferien gekommen waren.

In St. Peter räumten sie schon wieder ein, was sie früher herausgeschleppt hatten, auch der Kaplan half mit. Wirklich, die Schule war zur rechten Zeit abgebrannt. Auch sonst waren wir jetzt mit dem Tage sehr zufrieden, er hatte eine schöne Abwechslung in das ewige Einerlei von Aufstehn, Schulegehn, Essen, Holz- und Wassertragen, Kirchengehn und Beten gebracht. Bis zum Herbst sind bestimmt Ferien, vielleicht länger, jetzt war erst Anfang Juni. Jedoch am nächsten Morgen verkündete der Kaplan nach der Messe: »Euer Liebden in Andacht, von heut Nachmittag ab ist die Schule im Schloß.«

Im Schloß war notdürftig ein Raum als Notschule hergerichtet. Die Mauer war einen Klafter dick, an den Fenstern tief abgeschrägt, sodaß die Süd-und Westsonne hereinkam. Wozu das große Zimmer einstmals gedient haben mochte, blieb uns unbekannt, uns kümmerte damals die Geschichte des alten Schlosses nicht. Heute denke ich, daß hier Sänger empfangen wurden oder Possenreißer, die durchs Land zogen und ihre Kunststücke zum besten gaben. Im langen kalten Winter waren die Fremden gewiß gern gesehen, sie brachten Abwechslung, Unterhaltung und Spiel in die dikken, düsteren Mauern, um die außen der Schnee lag und der Sturm heulte. Ein volles Jahr wurde in diesem Raum vom Lehrer Josef Riedler der Unterricht erteilt.

Die Umwelt war hier heroben völlig anders. Den Schloßhof kannten wir längst, auch sonst waren wir mehr als einmal durch die Räumlichkeiten getollt, die nicht abgesperrt waren. Aber erst jetzt, wo wir jeden Tag hinaufkamen, dünkte uns der enge Innenhof drückend und schwer. Nur der Brunnen brachte ein wenig Munterkeit, die an den verwitterten Mauern widerplätscherte, ja, und wir, wenn wir im vollen Sturm hereinpreschten, einander jagend und schreiend, als seien wir lauter Husaren. Vor dem Schloßtor hätte es eine schöne Aussicht gegeben, aber was kümmerte sie uns! Wir hatten sie oft schon gesehen, so sagten wir uns, in Wirklichkeit hatten wir sie nie gesehen, wenigstens nicht mit der Inbrunst und der Versunkenheit, die sie verdient hätte. Was wußten wir von Inbrunst und Versunkenheit, wir stritten lieber mitsammen, pufften und stießen einander, warfen Schneeballen im Winter und Steine im Sommer und hatten nicht das geringste Mitleid, wenn es blutige Nasen und blaue Beulen gab. Nicht einmal vor der Strafe fürchteten wir uns allzu sehr, die wir vom Lehrer zu erwarten hatten. Sie ging vorüber, die Hauptsache war, daß der Gegner die Püffe und Schläge gefaßt hatte, die wir ihm nach unserer Meinung schon längst schuldig waren.

Im Winter richteten wir uns an der Westseite des Schlosses eine Rodelbahn ein. Wir schossen auf der Rodel durchs Tor eines zerfallenen Eckturmes, flitzten unter der Ringmauer hin und stießen steil und jäh zum Kirchweg nieder. Die Bahn war nirgends breiter als einen halben Meter. Heute noch begreife ich nicht, daß wir nach diesem Notschulwinter das Frühjahr mit gesunden Gliedern erlebten. Wären wir aus der Bahn hinausgeraten, wären wir unweigerlich in die Tiefe gestürzt, denn der Hang gegen den Villgraterbach war so steil, daß es keinen Halt gegeben hätte. Es gab kein Unglück, es war für uns selbstverständlich, alles: Jetzt mit dem einen Fuß gebremst, dann steil hinab in die kleine Mulde, drüben im Schuß hinauf, eben den Steilhang hin und dann der Stich zum Kirchweg und auf ihm weiter. Hörte der Hang auf, lag der Sonnenschein vor uns; wir stießen in die flimmernde Fläche hinein und lachten. Die Rodel stand, wir mußten absteigen und sie wieder hinter uns herziehen.

Im Frühling sammelten wir an der warmen Südseite des Bergfrieds leere Schneckenhäuser von der Gattung der Clausilien, ganze Schachteln voll brachten wir heim. Die Bas Nanne hatte in ihrer Kammer eine Lourdesgrotte unter einem Glassturz, der innen mit lauter solchen Schneckenhäusern ausgemauert war; ich wollte auch so eine machen, so sehr gefiel sie mir, aber die mühevolle Arbeit verdroß mich bald. Ich schüttete die Schneckenhäuser vom Söller hinab vors Haus. Die Hennen flatterten herbei und erhofften wohl einen ganz besonderen Leckerbissen, aber sie fanden nur leeres Kalkgehäuse und ließen enttäuscht ab.

Als die neue Schule fertig war, wurde das Zimmer im Schloß wieder aufgelassen, ein Stück Romantik lag hinter uns. Übrigens war auch dem Neubau keine Dauer beschieden: Im Dorf brannte das Jägerhaus ab; Funken nisteten sich im Schindeldach des Schulhauses ein, und eh sich's der Lehrer, der im Schulzimmer saß und Hefte korrigierte, versah, war es nicht mehr zu retten. Jetzt steht das dritte Schulgebäude auf dem Platz der beiden früheren. Es sieht aus wie eine Festung: Ob es deswegen Bestand haben wird?

*

Von unserem Hof zur Schule ist es nur eine Viertelstunde; wenn wir die Rodel benützen konnten, brauchten wir noch viel weniger lang. Bei Schnee nahmen wir die Rodel sonntags und werktags, gleichgültig, ob der Weg gut war oder schlecht, sie gehörte zu unserem Winterweg in Schule und Kirche. Unter dem Schlosse gab es nahe am Wege einen großen Stein, der auf zwei kleineren aufruhte. In die Höhlung, die dadurch entstanden war, schoben wir die Rodel hinein. Sie wurde nicht gestohlen, vor dem Ersten Weltkrieg war das Stehlen noch eine Sünde. Der Rodelweg wurde erst gut, wenn die Tessenberger Holz führten. Wir konnten dann die Füße auf die Kufen stellen, die Rodel lenkte sich wie von selber. Ab und zu warf es uns ja hinaus, es gab Blessuren,

Nasenbluten, es machte uns nichts aus. Wir wischten das Blut mit Schnee fort, kletterten auf den Weg zurück, suchten das Gefährt und fuhren weiter. Wir wußten in diesem Falle, daß wir wieder einmal zu heldenmäßig gefahren waren, andere Kinder waren am Wege gestanden, denen wollten wir zeigen, was Rodeln heißt.

An manchen Wintertagen stürmte es, so daß man im Freien kaum atmen konnte. Die erste windige Stelle war unten beim Feldkreuz, wo unsere Zufahrt in den Tessenberger Weg einmündet; hier hatte der Ostwind freie Bahn. Wir stellten die Krägen unserer Lodenröcke auf, auch die Schultern und liefen hinab in den Kälbergarten. Dort war es windstill, fast warm kam es uns vor. Gleich dahinter kam die schlimmste Stelle, das Rieser Eck. Hier trieb der Sturm oft richtige Schneeräder daher, der Weg war zugeweht, es pfiff den Abhang herab, daß wir die Hände an die Ohren hielten, die zu frieren anfingen. Wir hielten hinter dem Gatter, wo es ruhig war, inne, pumpten Luft in die Lunge und sprangen hinaus. Manchmal mußten wir zwei-, dreimal anspringen, bis wir durchkamen. Niemals hätten wir aufgegeben. Die fast ebene Strecke danach hielt uns nicht auf, obwohl es auch da Verwehungen gab. Über das Tischler Feld, kurz vor dem Ziele, kam der Ostwind so richtig zu, er nützte es aus und heulte schamlos über die Senke. Wir kehrten ihm den Rükken zu, so ging's am ehesten. Nein, das Schneetreiben hat uns nie gehindert, Schule zu gehen. Kinder in Rabland fehlten, auch Kinder vom Dorfe, wir »Berger« waren immer da oder fast immer.

Hatte es in der Nacht sehr viel geschneit, dann mußten wir wohl daheim bleiben, aber schon am Nachmittag versuchten wir es; »es wird schon jemand eine Spur getreten haben«, sagten wir und marschierten los. In der Klasse stellte sich heraus, daß wir fast die einzigen Schüler waren. In einer dieser Stunden, wo die Bänke fast leer waren, zeigte uns der Lehrer, wie man Quadratwurzel auszieht. Ich begriff es damals sehr gut, noch am Gymnasium konnte ich es, als es an die Reihe kam. Heute habe ich es freilich vollständig verschwitzt, dazu die ganze übrige Mathematik. Nur die sogenannten angewandten Beispiele verstünde ich vielleicht heute besser. Damals war wohl noch zu wenig Phosphor in der Hirnrinde, so leicht ich sonst mit dem Lernen tat.

Wenn ich mich heute frage, welche Jahreszeit oder welche Monate mir als Volksschüler am unangenehmsten gewesen sind, muß ich mir selber die Antwort schuldig bleiben. Die Unterrichtszeit? Nein, die war gar nicht unangenehm, obwohl ich mir zuerst vorgestellt hatte, wie schlimm es sein würde. Josef Riedler war ein sehr tüchtiger Lehrer; er hatte damals noch keine Prüfungen, Heinfels war eine »nicht systemmäßige« Schule. Er trug die Studien erst nach, als ein Gesetz diese Schultype verbot.

Viele Unterrichtsstunden waren sehr schön, Naturgeschichte vor allem, Geschichte und Geographie, auch Deutsch. Leider stand immer Rechnen an erster Stelle auf dem Stundenplan, jeden Tag um acht Uhr Rechnen, das konnte einem den Tag wirklich verderben. Wenn es wenigstens mit der einen Stunde abgegangen wäre, aber oft zog sich das Rechnen noch weit in die nächste hinein, wo womöglich ein angenehmeres Fach angeschrieben war oder wenigstens eines zum Faulenzen, wie Schönschreiben. Ich konnte nie schön schreiben, freilich, so schlecht wie heute konnte ich's auch nie. Ganz besonders verhaßt waren mir in Rechnen die angewandten Beispiele, und gerade bei ihnen blieb der Lehrer besonders gern. Die Rechenfibel war voll angewandter Beispiele, Gott verzeih's dem Buchschreiber!

An Tagen, wo es nachts viel Schnee gemacht hatte und noch weiterschneite, wurden wir in der Früh nicht geweckt, weil wir doch nicht in die Schule gekommen wären. Sobald wir von selber aufwachten, war es in der Kammer gedämpft hell. Einer stand auf und kratzte ein Loch aus dem Eise am Fenster. »Es schneit«, meldete er. Auf dem Dach der Holzhütte lag eine dicke Schneeschicht und es schneite immer noch dicht, weiter als bis zum Futterhaus hinüber drang der

Blick nicht durch. Wir standen auf und gingen in die Küche hinab. Der Schnee reichte fast bis zu den Fenstern herauf, nein, vom Berge käme heute gewiß kein Kind zur Schule. Von den Gehöften öffneten die Leute den Weg erst, wenn es aufhörte zu schneien. Aber auch dann wurde es fürs erste nur eine schmale Furche, in der man nicht einmal nebeneinander gehen konnte. Zu Hause warteten wir, bis die Schneeschaufler von den zwei Nachbarhöfen herabkamen, dann schloß sich ihnen der Vater und der Pap an und schöpften den Weg aus. Oft blieb er mehrere Tage zu, nur wenn ein Sonntag heranrückte, wurde der Weg auf jeden Fall aufgemacht.

Wir fühlten uns daheim recht unnütz, um diese Zeit gehörten wir in die Schule, nicht in die Stube. Wir wußten nichts anzufangen und liefen durchs Haus oder hinüber in den Stall; wir besuchten die Bas Nanne in der Stadeltenne, wo sie Heu kleinschnitt, blieben aber nicht lange, es war uns zu kalt. Auf dem Vorsöller suchten wir mit der Zunge Flocken aufzufangen, doch verdroß es uns bald, der Schnee hatte überhaupt keinen Geschmack. Wir gingen in die Stube zum Ofen, der noch immer nicht recht warm war.

Sooft es irgendwie möglich war, gingen wir in die Schule. Wir hätten uns geschämt, wegen ein bißchen Schnee daheim zu bleiben. Der Lehrer lobte uns nicht für solche Tapferkeit, er fand es selbstverständlich, daß wir uns nicht so leicht abhalten ließen. Er selber hatte den weitesten Weg, hinauf zu seinem Bauernhof, den er als Ältester vom Vater geerbt hatte, im Schulhause besaß er damals nicht einmal ein Zimmer. Der Wissensdrang freilich hatte uns nicht in die Schule getrieben, mehr der Ehrgeiz. Wie Sieger polterten wir über die Schwelle. Uns freuten die fast leeren Bänke. Der Lehrer las uns ein Märchen vor oder erzählte etwas, dann jagte er uns wieder heim. Nein, es waren nicht lauter Tapfere in der einklassigen Volksschule zu Heinfels, damals nicht und heute, wo sie zweiklassig ist, auch nicht. Die beiden Weltkriege haben viel Tapferkeit verschlungen.

Spielzeug und Spiele

Wir hatten daheim fast gar kein Spielzeug. Es ging uns nicht ab. Manchmal, ganz selten, brachte der Vater oder die Bas Nanne oder der Pap uns vom Markte in Sillian einen Schimmel mit einer roten Decke heim. Er hatte kein langes Leben. Wir rissen ihn an der Schnur durch die Stube, daß sich alsbald eines der vier Räder, die er statt der Hufe hatte, selbständig machte und über den Boden wegrollte. Der Schimmel selber lag auf der Seite. Der Marktglanz war schnell dahin, die Haut hatte auf und auf Blessuren, bald brach auch ein Bein ab. Der Vater ließ ein kleines Donnerwetter auf uns niederbrummen, dann ging er mit der Leimpfanne in die Küche und behob den Schaden. Nachher hatte er einige Zeit Ruhe, da der Leim trocknen mußte. Es gab Tage, wo die Leimpfanne mehrmals auf den Herd gestellt wurde, namentlich dann, als wir selber imstande waren, einen Fuß oder den Schwanz anzuleimen. Immer wieder hieß es: »Seid nicht so grob, Buben!« Es half nichts, Kinder kennen keine Rücksicht, nicht mit der atmenden Kreatur und schon gar nicht mit den Dingen. Wohl aus diesem Grunde gab es so wenig Märkte, von denen ein Rössel heimgebracht wurde. Mit so viel Glanz und Glorie kam es ins Haus und schon nach wenigen Tagen war es invalid, reif für den Schinder. Wir ließen es in einem Winkel stehen. Die Bas Nanne räumte es weg und trug es hinauf in ihre Kammer. Dort war der Friedhof all der Dinge, die aus unserem Kinderleben weggeschieden waren. Manchmal lieh sie es uns noch, wenn wir danach fragten, aber wir fragten gar nicht mehr nach dem edlen Tier, das uns kurze Zeit ergötzt hatte.

Einmal kaufte der Vater eine »Sumperkugel«, wie man sagte. Es war eine hohle Holzkugel mit einem Loch, die an einem Stück Schnur abgezogen wurde und dann lustig durch die Stube brummte. Oft lief sie lange, namentlich wenn der

Vater sie abzog. Da er sie uns sehr selten zur Verfügung stellte und nie ohne strenge Aufsicht seinerseits, hatte sie ein langes Leben. Wir durften fast nur an den Sonntagen damit spielen.

Als wir mehr ›zum Gebrauch der Vernunft‹ gekommen waren, bauten wir gerne in der Werkstatt des Vaters Vogelkäfige. Die »Zargen« dafür mußte uns der Tischlermeister Rainer im Dorfe machen oder der Vater, wir gaben die genauesten Anweisungen. Es wurden einigemale wahre Villen, die wir bauten. Die Tannenmeisen liebten große Käfige, durch die sie munter ein- und ausschossen. Wir bauten Erker und Türme daran, es sollte ihnen an nichts fehlen. Über die kleinen Drahtkäfige für die Krummschnäbel wagten wir uns nicht; es gab sowieso genug im Hause.

Das meiste Spielzeug machten wir uns selber. Wenn im Frühjahr der Hausbach über die Felsen herabbrauste, stellten wir Wasserräder mit Hämmern auf, die wir gebastelt hatten. Wir fertigten Wasserräder mit mehreren Hämmern an, die munter im Takte klopften, die einen tiefer, die anderen höher. Manchmal verspreizte sich ein Hammer, das Rad stand still, die anderen hämmerten umso lauter. Kamen wir vorbei, behoben wir den Schaden. Es konnte aber auch sein, daß unsere Lust an den Rädern schon wieder vorüber war. Dann warfen wir das zerbrochene Rad zum Küchenholz in den Schuppen und oft genug, weil es in einem ging, auch die anderen mit dazu. Lange dauerte der Spaß nie.

Unser Hausbach brachte nur nach längerem Regenwetter Wasser und im Frühjahr bei der Schneeschmelze. Dann stürzten die grauen Fluten in munteren Tiraden über die Felsen herunter, warfen den Gischt ans Ufer und auf den Weg, der Futterhaus und Feuerhaus verband. Im Sommer war das kleine Rinnsal so trocken wie ein Bachbett in der Wüste. Zur Zeit der großen Kälte wölbten sich dicke Eisbuckel über das kleine Wasser, das darunter hinhopste, so gedämpft, daß man es kaum hörte. Wir sahen ihm zu, wie es sich unter den durchsichtigen Wölbungen durchschob. Wir wollten ihm helfen und hackten das Eis auf, wenn wir an den Nachmittagen von der Schule heimkamen. Die Nachbarskinder halfen uns. Meistens endete es mit Streit, dann warfen wir einander die Eisstücke nach. Wo wir auf dem Wege Eisschollen antrafen, zersplitterten wir sie absichtlich mit unseren groben Schuhen. Oft verloren wir dabei das Gleichgewicht, nun gerieten wir erst recht in Zorn und zerstampften jede Eisscherbe, die noch herumlag, zu Pulver. Naß und ausgefroren kamen wir in die Stube. »Recht geschieht euch«, sagte dann die Bas Nanne.

In der Winterschulzeit war an den Donnerstagen schulfrei, wir bauten uns dann eine Rodelbahn. Der Anger zwischen den beiden Häusern wölbt sich oben steil auf, unten läuft er gemächlich in einen sanften Acker aus. Wir gruben Furchen von der Spurweite unserer Rodeln in den Schnee und gossen Wasser darauf, damit während der Nacht die Spur eisen konnte, nur den Auslauf im Acker ließen wir, wie er war. Am nächsten Tag sausten wir wie der Blitz über die vereiste Bahn hinunter, oft warf es uns hinaus, die Rodeln kippten um. Hätte jemand anderer daran Schuld gehabt, nicht wir selber, hätten wir gewiß laut aufgeheult, so lachten wir nur, machten große Sprüche und fuhren ein zweites- und drittesmal und noch öfter herab. Schneite es wieder, bauten wir Tunnels und Wächterhäuschen. Oft blieben wir abends bei grimmigster Kälte bis in die Dunkelheit im Freien, tollten herum oder rodelten und erfroren uns dabei nicht selten Hände und Füße. Schließlich gingen wir doch ins Haus und krochen auf den Stubenofen; dort gab es alsbald Heulen und Zähneknirschen, wenn die Glieder auftauten. Grob fehlte es nie. Wir hatten dicke Lodenhosen, darunter kam freilich sogleich die Haut, auch die Wollsocken reichten nicht so weit herauf, daß sich beim Rodeln der aufstäubende Schnee nicht warme Nester hinter den Hosenröhren suchen konnte. Spürten wir ihn, standen wir von der Rodel auf und klopften den Schnee vorsichtig heraus. Dann setzten wir uns wieder auf und stoben davon. Auf Kälte waren wir geeicht, sie mußte schon sehr groß sein, daß wir sie überhaupt merkten. Wenn sie einmal gar zu arg war, daß uns die Mutter nicht vor das Haus ließ, tollten wir in der Stube herum, die jetzt dreimal im Tag geheizt wurde, sumsten den Frauen ums Spinnrad oder gingen in die Werkstatt hinüber, wo der Vater einen neuen Holzschlitten angefangen hatte. Ein wenig hofften wir, er würde dazwischenhinein auch wieder einmal eine neue Rodel für uns machen. Nur ganz selten hatten wir mit unserer Kinderhoffnung recht. Schlittschuhlaufen war auf dem Berge unmöglich, es hätten uns auch die Eisen gefehlt, und von Schiern wußten wir zu jener Zeit auch noch nichts; so blieb uns nur die Rodel im Freien und das Lärmen im Hause, lange Nächte für den Schlaf und immerwährendes Essen bei Tage.

Neben dem Futterhaus stand eine Harpfe, auf der im Sommer die Garben gedörrt wurden. Bei reichlichem Neuschnee kletterten wir noch während des Schneiens auf die oberste Stange der Harpfe hinauf und sprangen auf der unteren Seite, wo es tiefer hinabging, in das herrlich weiche Bett hinunter. Wir versanken bis zum Halse in der kühlen Masse, es war wundervoll. Wir wühlten uns mit den eigenen Händen aus dem Schnee, stiegen aufs neue an der Harpfe hinauf und hüpften johlend und lärmend herab. Wer weiter hinauszuspringen vermochte, hatte gesiegt. Er bekam zwar keinen Preis, aber die Ehre allein schon war es wert, sich zu bemühen und mit einem mächtigen Satz von der Stange abzuspringen. Im Sommer hüpften wir vom Dachgebälk des Stadels ins frische Heu hinab, je höher, umso besser, jetzt hatten wir einen Ersatz dafür gefunden. Die Bas Nanne schalt wohl ein wenig über unsere Tollheit, wie sie es nannte, und der Vater hätte das Spiel gewiß verboten, wenn er daheim gewesen wäre. Hatte der Schneefall, bei dem es nie sehr kalt war, aufgehört, fegte meist der Tauernwind den Himmel wolkenrein; es wurde kalt, der Schnee sank zusammen und gefror. Jetzt wäre es gefährlich gewesen, von der Harpfe zu springen, wir dachten gar nicht mehr daran.

Wenn ich es heute überdenke, waren die Winter bei aller Kälte und Dunkelheit doch immer kurz. Lange dauerte er nie in unserer sonnigen Lage, denn unser Hof liegt auf dem wärmsten Teil des Heinfelser Berges. Jedes Jahr war kurz und jedes wurde noch kürzer.

*

Im Frühjahr waren wir alles Botaniker, die Lust hielt aber nur so lange an, solang die Menge und Artenvielfalt irgendwie überschaubar war, dann konnten wir nicht mehr Schritt halten, so kam es uns vor. Es war März, nachts gefror der Schnee noch, aber es schneite nicht mehr so oft, und die Sonne schien länger auf die Söller. Untertags war die Luft weich, alles roch erdig. Am Nachmittag quollen aus den Maulwurfslöchern Wassersprudel, in trüben Bächlein schossen sie über die Hänge herab.

Wir wußten genau die Plätze, wo die Huflattiche zuerst aufgingen und das Vergißmeinnicht. Jeden Tag sahen wir nach, stiegen, da die Stellen abseits des Weges lagen, hinunter, wo sie im letzten Jahre geblüht hatten. Wir gingen langsam, als müßten wir etwas Heimliches anschleichen. Wir vergaßen, mitsammen zu streiten und einander nachzulaufen, dem, der zu langsam war, für diesen Tag das »Letzte« anzuhängen.

Wir pflückten ein Büschel Huflattich und einen Buschen Vergißmeinnicht und trugen sie heim. Mit lautem Geschrei stürmten wir ins Haus, der Mutter und der Bas Nanne die Sträuße zu zeigen. Auch die Primeln kamen bald heraus und das Lungenkraut; die Küchenschelle fanden wir bei unserer Brunnenstube unter den Lärchen, die sie hüteten. Jeden Tag brachten wir Blumen in die Schule. Der Lehrer nannte uns die Namen und schrieb sie auf die Tafel. Die Sträuße gab er in eine Vase und stellte sie aufs Pult oder ans Fenster.

Zur gleichen Zeit waren die Spiele mit Kugeln und die Hüpfspiele an der Tagesordnung, Jahr für Jahr, immer wieder, sie gehörten zum Ablauf des Jahres. Besonders liebten wir ein Spiel, das wir »Himmel-Hölle« nannten. Ein runder kleiner Klotz wurde in der Mitte entzweigespalten und dann wie beim Würfeln auf den Boden geworfen. Je nachdem, wie die Hälften fielen, konnten wir mit einem »Einser«-Haken an einem Baumstämmchen oder einem Weidenast, den wir vor uns in den Boden gesteckt hatten, zum Gipfel weiterrükken oder wir wurden von einem Mitspieler eingeholt, auch überholt, wohl gar in die »Hölle« geworfen und mußten dann wieder neu anfangen. Wie das Spiel im einzelnen ging, weiß ich jetzt nicht mehr, es war eine Art Mensch-ärgere-dich-nicht. Meistens kamen wir alle in den Himmel. Am liebsten betrieben wir dieses Spiel zusammen mit den Nachbarskindern, neben unserem Haus, wo der Weg zwischen Felsen zum steilen Leitenacker hinüberging. Die Sonne schien warm auf uns her, wärmte den Felsen, der sich ober uns auftürmte und an dem wir die ersten Kletterübungen gemacht hatten. Süßwurz streckte die ersten Blätter aus den Spalten, in den Lärchen unter unseren Feldern sangen die Vögel, die Männchen der Kreuzschnäbel brannten wie kleine Feuerzungen in den nadellosen Wipfeln. Alles war Jubel nach dem strengen Winter, Licht und Glanz.

Oft liefen wir einfach in die Felder hinein, zu sehen, wer schneller sei. Das Blut schoß uns in die Milz, wir mußten innehalten, preßten die Hand auf den Leib und atmeten rasch und schwer. Dann war es wieder vorbei. »Ich bin schneller gewesen.« – »Nein, ich!« Wir stritten eine Zeit, machten ein neues Spiel aus und hatten wieder Frieden.

Dann zimmerten wir Holzglocken und erfüllten die Sonnseite mit einem neuen Lärm. Wir nagelten zwei Bretter in einem spitzen Winkel zusammen, verstärkten unten die Öffnung mit Spreizen, die wir daraufnagelten, hängten einen Klöppel ein, einen dicken, knorrigen Ast, brachten noch ein Querholz an, an das wir die Läuterschnur banden, und hängten die Glocke im Holzschuppen auf oder auf dem Anger an einem Kirschbaum, um uns lauter bemerkbar zu machen.

Dann fingen wir an zu läuten, erst langsam und ruhig wie besonnene Männer, dann stärker, ungeduldiger und jäher; wir rissen an der Schnur, daß die Glocke sich beinahe auf den Kopf stellte, der Klöppel rasselte nur mehr an die Bretterwand. Wir wußten, das war nicht das Richtige, wir ließen uns wieder mehr Zeit, »mit der Seele läuten«, nannten wir das. Hätte man uns gefragt, was wir darunter verstehen, wären wir die Antwort gewiß schuldig geblieben. Wir liebten einmal die großen Worte; je weniger wir sie verstanden, umso besser. Ich läutete zum Englischen Gruß und fragte meinen Bruder, was ich geläutet hätte. »Du hast Sturm geschlagen«, gab er zur Antwort, so wenig hatte er mich verstanden. Gar lange hielt unsere Geduld auch unter der Glocke nicht an. Wir zerrten sie ungestüm hin und her – pitsch, lag der Klöppel am Boden, oder es riß die Schnur. Wir mußten ins Haus zur Bas Nanne um ein weiteres Stück Läuteschnur. An den folgenden Wochen läuteten wir im Vorübergehen noch das eine und andere Mal, dann vergaßen wir die Glocke, ein Spiel war aus. Wir ließen sie hängen, wo sie hing. Eines Samstags bei der großen Aufräumerei nahm die Bas Nanne sie herunter und hackte sie zu Brennholz auf. Jetzt tat sie uns leid, sie hätte doch ein besseres Ende verdient. Es war ein schönes Spielzeug gewesen und mehr als ein Spielzeug.

Manchmal schnitzten wir uns Kähne aus Lärchenrinde und ließen sie im Brunnentrog treiben oder vom Hausbach unter der Brücke durchschleusen. Oft kamen sie kieloben zum Vorschein, die wir kielunten ins Wasser gesetzt hatten; das Schneuztuchsegel war abgefallen, ein Wrack tauchte aus dem Brückenschlund. Wir handelten Ochsen, Kälber und Kühe mit den Nachbarskindern, feilschten und suchten zu übervorteilen, obwohl es nur Fichtenzapfen waren, aus denen wir die Tiere geschaffen hatten. An versteckten Plätzen legten wir kleine Gärten an und freuten uns, wenn die Samen, die wir in die Erde gesteckt hatten, dann auch aufgingen.

Am Rain neben dem Wege zirpten im Sommer die Grillen

vor ihren Löchern. Wollten wir eine näher beim Musizieren beobachten – husch, war sie in ihrem Loch verschwunden. Suchten wir sie trotzdem zu erwischen, kitzelten wir sie mit einem Grashalm heraus. Wir mußten flink sein, wollten wir sie fangen. Manchmal fingen wir gleich mehrere und setzten sie in einer Schachtel, in die wir oben Luftlöcher gestochen hatten, gefangen und warteten, daß eine singen sollte. Keine tat uns den Gefallen, da verdroß es uns, wir öffneten den Deckel und säten die schwarzen Tiere wieder ins Gras. Wir hatten keine Geduld; wünschten wir, daß eine Grille zirpte, sollte sie schon zirpen. Es ging ihr doch nichts ab, wir hatten die feinsten Gräser in die Schachtel gegeben, ausgesucht mürbe Blätter. »Friß und sing!« hatten wir gefordert; sie sangen nicht, keine, wie sollten Gefangene auch singen? Später machten die Heuschrecken den Grillen Konkurrenz. Wieviel Einzelsänger weckt ein einziger Sommer!

Auf der Mooswiese waren sehr häufig Hummelnester zu finden. Die Bas Nanne hörte das Gesumm, wenn sie mit dem Rechen nahe kam, sie zeigte uns dann den Platz. Wir hatten daheim kleine Holzkästen angefertigt, vielmehr der Vater, wir hatten nur zugesehen. Vorne und rückwärts waren sie mit einem Deckel verschlossen, der geöffnet werden konnte, der vordere hatte unten ein rechteckiges Flugloch. Wir faßten die Hummelnester hinein und brachten sie am Abend, wenn die letzten Arbeitstiere eingeflogen waren, in unseren ›Stand‹. Zeitweise hatten wir vier, fünf Völker, auch mehr, wenn uns der Vater die Kästen machte. Oft saßen wir davor und sahen zu, wie die Tiere ein- und ausflogen. Auch ein Brett für eine Bank hatten wir uns gemacht, wie sie der Vater neben dem Bienenstand besaß. Trotzdem hockten wir lieber im Grase, weil Kinder immer anders tun als die Erwachsenen. Je mehr es dem Herbst zuging, umso seltener flogen die Hummeln, und wenn wir hinten den Deckel aufmachten, sahen wir, daß nur noch ganz wenige Tiere im Nest waren; von Honig, auf den wir gehofft hatten, fand sich überhaupt keine Spur, alle Zellen waren völlig leer. Wir wußten nicht, daß bei den Wespen und Hummeln nur die Königinnen überwintern und alle anderen Tiere im Spätsommer oder im Herbst eingehen. Es klärte uns niemand auf, der Vater und die Bas Nanne wußten wohl selber nicht, daß es sich mit den Hummeln nicht so verhalte wie bei den Bienen, die in großen warmen Trauben überwintern; vielleicht aber sagten sie uns nur nichts, um uns die Freude nicht zu verderben. Wieviel Mühe hatten wir uns doch gegeben, die Hummelnester auszugraben, denn die kleinen an der Oberfläche enthielten immer nur ganz wenige Tiere, die Nester in der Erde waren größer, doch brauchte es Kniffe, sie ausfindig zu machen; oft hatten sie lange Zugänge, denen wir nachgraben mußten. Und nun war doch alles umsonst gewesen.

Der Vater tröstete uns mit ein paar Löffeln voll Honig, den er von seinen Bienen geerntet hatte und mit dem er uns gegenüber sehr vorsichtig umging; der Honig bereite Magenweh, sagte er; wir hätten die größten Schmerzen auf uns genommen, wenn er nur freigebiger gewesen wäre. Den Fremden, die auf den Hof kamen, stellte er ganze Schüsselchen voll auf den Tisch und munterte sie auf, zu nehmen und sich den Honig schmecken zu lassen, es sei heuer eine gute Tracht gewesen. Für uns Hummelväter war es kein guter Sommer gewesen, wir standen so leer da wie zuvor.

Schimmel und andere geschnitzte Tiere waren das eine, wir brauchten sie nicht unbedingt. Es gab so viele Spiele, die wir selber aussinnen konnten oder die uns die Bas Nanne zeigte, so daß wir oft kaum Zeit hatten fürs Essen und andere Notwendigkeiten. Wie schön waren diese Tage, wie abwechslungsreich die Spielwelt. Ist nicht immer das Einfache, Selbstgeschaffene am schönsten? Nun ist es freilich lange her seit diesen Kindertagen. Viel Kostbares ging durch die Hand des Mannes; gab es mir mehr?

*

Bei der Wegscheide hinter Schloß Heinfels trennten sich die Wege für uns Berger Kinder. Befanden wir uns auf Kriegspfaden, was sehr oft der Fall war, wir von der einen und die von der anderen Berghälfte, die der Huberbach trennt, wurden hier die letzten Schlachten geschlagen, mit den Fäusten, mit Stecken, mit Brennesseln. Die Mädchen standen am Wegrand und sahen zu, feuerten wohl gar die Streitenden an, wie die germanischen Jungfrauen es getan haben sollen, sparten Lob für den Sieger nicht und auch nicht mit Tadel für den Unterlegenen, und war es der eigene Bruder. Floß Blut, meistens aus der Nase, manchmal aus dem Mund, wandten sie sich entrüstet ab. »Ihr seid Grobiane«, riefen sie, schneuzten laut und andauernd in ihre Sacktücher und kamen erst wieder vorsichtig näher, wenn das Blut gestillt war und das Kampfgetümmel nachgelassen hatte. Denn Blut war ein ganz besonderer Saft, der meistens einen Friedensschluß zur Folge hatte, wenigstens für kurze Zeit.

Manchmal kam es auch vor, daß der Friede längere Zeit anhielt. Dann machten wir in der Wegscheide mitsammen die Hausaufgaben, die Besseren halfen den Schwächeren, alles war Entgegenkommen, Freundschaft und Güte. Die Vögel sangen in den Stauden, die wilden Kirschen blühten, oben am Himmel zogen weiße Wolken, die keine Wetterangst machten, auf den Feldern wuchs Korn und Gras. Wir sannen neue Spiele aus, sprangen Faltern nach, am liebsten dem dickbauchigen Apollofalter, der freilich mit besonderer Berechnung gerade dann in die Felder hinausgaukelte, wenn wir ihm mit dem Hute nahe gekommen waren. Ins Feld durften wir nicht, es hätte böse Folgen für uns gegeben; ade, Falter!

Besonders gern spielten wir Post. Irgendwo, alle, die mittaten, kannten den Platz, wurde eine Schachtel aus Pappendeckel versteckt. Hier warfen wir die Briefe ein. Das Papier hatten wir aus den Schulheften herausgerissen, was auch verboten war. Ob andere die Briefe, die nicht für sie bestimmt waren, lasen, weiß ich nicht, nehme es aber infolge mancher Zwistigkeiten an, die ihren Grund nur in Verletzung des Briefgeheimnisses haben konnten. Ich habe selber bei diesen Spielen nur einen einzigen Brief erhalten, obwohl ich jeden Tag im Briefkasten nachsah. Er kam von Lidwina Huber, sie hatte an mir etwas zu tadeln, was sie mit scharfen und sehr empfindlichen Spitzen tat. Es ärgerte mich nicht, da ich doch wenigstens einen Brief erhalten hatte. Ob ich antwortete? In diesem Falle wäre es der einzige Brief gewesen, den ich dem Pappendeckelbriefkasten anvertraute. Briefe bekommen habe ich meiner Lebtage gern, Briefe geschrieben meiner Lebtage ungern. Lange dauerten diese Briefspiele nie. Eines Morgens fanden wir den Kasten zerstört oder gestohlen, die Fetzen einiger Briefe, die sich vorgefunden haben mochten, ringsum verstreut oder vom Winde verweht. Es gab Verleumdungen, Raufereien, Vorwürfe, und wiederum ein neues Jahrhundert der Koexistenz.

In einem dieser ›Jahrhunderte‹ sannen wir eine neue Sprache aus, indem wir ausmachten, bei jedem Wort den nächsten Buchstaben des Alphabetes zu nehmen; andere, namentlich die Mädchen, sollten uns nicht verstehen. Was für Wortungeheuer dabei herauskamen und welche Sprachverwirrung es gab, ist leicht einzusehen. Dennoch bemühten wir uns einige Tage lang, die neue, außerordentlich schwierige Sprache zu lernen und zu meistern. Die Mädchen horchten mit offenem Munde zu, wenn wir kauderwelschten. Als wir jedoch bei jedem Buchstaben überlegen mußten, welcher einzusetzen war, und bei den Neuschöpfungen den Mund verrenkten, weil sie nicht auszusprechen waren, wenn wir sie endlich zusammengestellt hatten, fingen sie an zu lachen, spotteten über uns, verzogen noch mehr das Gesicht und brachten noch kompliziertere Wortgebilde daher, wenn das überhaupt möglich gewesen wäre. Es gab Antworten in der Tagessprache, Streit und einen neuen Weltkrieg, der sich in den nächsten Tag, vielleicht noch in den übernächsten ausdehnte. Dann kam Peter Webhofer mit dem Vorschlag, eine Geheimsprache dadurch zu bilden, daß jeder Silbe -spra hinzugefügt wird; wir waren im Augenblick einverstanden. Die neue Sprache war weit leichter zu lernen und zu sprechen, freilich auch zu entschlüsseln leichter. Es stellte sich heraus, daß die Mädchen sie besser verstanden als wir selber und sie auch alsbald besser beherrschten, und gerade das hatten wir ja vermeiden wollen; in erster Linie die Mädchen sollten uns nicht verstehen. Wir warfen Peter vor, daß er die neue Sprache gar nicht selber erfunden hätte und daß es überhaupt keine sei, die uns nütze und absperre. Von dieser Stunde an sprachen wir wieder gemeindeutsch in der unverfälschten altertümlichen Mundart von Sillian und dem Heinfelser Berge. Mochten die Mädchen sie verstehen, Fremde wenigstens verstanden sie nicht.

So hatten beide Geheimsprachen keine lange Lebensdauer gehabt und auch nicht zu einer längeren ›Völkerverständigung‹ geführt, wie wir gehofft hatten, vielmehr vielleicht unsere Eltern. Wir erfanden neue Spiele, jagten, wenn im März der Schnee hinter dem Schlosse trug, so daß nicht einmal die dünnsten Kufen einbrachen, auf den Rodeln, mit langen Haselstecken bewaffnet, einander nach. Die eine Gruppe stellte sich auf der Schloßseite auf, die andere am Gegenhang, jede in einer Reihe. Ein gemeinsames Gebrüll war das Zeichen zum Angriff; wie die Wilden rasten wir über den Harst hinab. Um diese Zeit konnte man auf dem Fahrweg nicht mehr rodeln, er war eisig und von Furchen zerrissen, an vielen Stellen sah der erdige Boden hervor. Umso wunderbarer ging es hinter dem Schloß. Wir hatten ausgemacht, daß jeder, der mit dem Stecken berührt würde, als abgeschossen zu gelten hätte. Oft wollte aber niemand berührt worden sein, er hätte nichts gespürt, schrie er zurück, schwang seine Waffe und ging auf uns los. Wir mußten jeden von der Rodel herunterreißen und mit Schnee einreiben, bis er sich getroffen fühlte und mit lautem Lamento endlich aufgab. Schließlich verbot der Lehrer diese gefährlichen Tjoste und Buhurte. Im Herzensinnern war es uns recht, wenn wir auch nach außen hin gegen das Verbot revoltierten.

Allgemein verbreitet unter uns Kindern war der Unfug, den anderen Kindern »nachzuschreien«. Aber auch Erwachsene blieben von uns nicht verschont, so beispielsweise der Eulersche Knecht, vielleicht weil er schielte und bresthafte Füße hatte. Wir verspotteten ihn, wenn wir ihm begegneten, und riefen ihm alle erdenklichen Schimpfnamen nach, die uns einfielen. Da wir im Laufen weit schneller waren als er, konnten wir es aus sicherer Entfernung ruhig tun, und ob das schön und recht sei, fragten wir nicht.

Schneeballschlachten führten wir selten auf; es waren keine ausgezirkelten Manöver, nur wildes Getümmel wie Schlachten im Mittelalter, das sehr bald in Einzelkämpfen endigte. Öfter schubsten oder warfen wir einander einfach in den Schnee oder ließen uns selber mit ausgestreckten Armen nach rückwärts fallen und schafften auf diese Weise Negative unseres Körpers. »Männlein machen«, hießen wir das, es ging am besten bei Neuschnee. Oft reihten sie sich dann zeilenweise an den Schulweg. Auch die Mädchen konnten nicht widerstehen, aber die dicken Wollkittel ließen kein ordentliches Abbild zu. Wir lachten sie aus, daß sie zu weinen anfingen und nach Hause liefen.

War der Schnee weich, rollten wir dicke Ballen zusammen und stockten sie aufeinander zu einem Schneemann. Er sah meistens sehr ungestalt aus; dann zerrten wir einen schwächeren Kameraden, der sich vergeblich zu wehren suchte, vor den Schneemann und riefen: »Das bist du!« Einmal fiel uns ein, auf der steilen Leite beim Huberbach große Schneeballen aufzurollen und abzulassen. Als wir einen riesigen Ballen beisammen hatten, sagten wir zu einem kleinen Buben: »Wetten wir, daß du nicht imstande bist, dich von unten her dagegen zu stemmen, wenn wir oben schieben.« Natürlich setzte er sich sofort darunter, spreizte die Schultern und rief, wir sollten schieben; das taten wir. Welcher Schutzengel uns damals vor einem Unglück bewahrt hat, weiß Gott. Plötzlich hörten wir ein Stöhnen, wir ließen sogleich ab. Der Bub war schon halb von der Rolle begraben, wir zerrten ihn hervor. Er konnte nicht mehr stehen, noch weniger gehen, wir mußten ihn heimtragen. Am nächsten Tage fehlte er in der Schule. Wir fürchteten Schlimmes, für ihn und nicht weniger für uns. Zum Glück war ihm aber nicht viel geschehen, sodaß er bald wieder auftauchte. Wenn ich heute an diese Tage denke und daran, was wir auf dem Schulwege alles trieben, Frohes, Dummes und Leidiges, wundert es mich, daß es immer so gut ausging.

Noch bedenklicher war ein Streich, den wir uns einmal zu Hause leisteten. Auf unserem Grunde war ein Steinhaufen aufgeschichtet, zum Teil waren es kopfgroße Stücke und größere. Darunter lag stark abschüssiges Gelände, Feld und Wald in einem schmalen Streifen und wieder Feld bis zur Landstraße in der Ebene. Eines Tages fiel uns ein, die Steine abzulassen, ohne zu bedenken, ob wir etwas beschädigen oder gar Menschen gefährdeten. Es freute uns zuzusehen, wie sie immer mehr in Schwung kamen, hohe Sätze durch die Luft machten und am Boden Löcher aufschlugen. Sie krachten auf Zaun und Baum, daß es nicht mehr schön war, die weitesten sausten auf die Landstraße und darüber hinaus, bis sie im kleinen Bach verschwanden, der, rot vom Eisengehalt der Berge, die Straße begleitete. Wir hatten den Haufen erst zum Teil abgeräumt, als der Euler durch den Wald heraufkeuchte und zornwütend auf den Vater zueilte, der mit den anderen Leuten weiter drüben auf dem Innerstacker arbeitete. Wirklich legte der Vater sehr bald die Sense auf die Erde, steckte den Kumpf dazu und kam her zu uns. Wir überlegten, ob wir Reißaus nehmen sollten, dann dünkte es uns tapferer, der Gefahr kühn zu begegnen, zumal wir aus Erfahrung wußten, daß die Strafe später mitsamt den Zinsen nachgeholt wurde. Wir stellten uns mit gesenkten Köpfen um den Rest des Steinhaufens und warteten der Dinge, die kommen würden; sie kamen auch. Zuerst übersetzte uns der Vater die Sprache des Euler, fügte aus eigenem einiges hinzu und versetzte schließlich jedem von uns ein paar so saftige Ohrfeigen, daß uns der Kopf sang.

Vogelnarren

Wir waren in der Familie alles Vogelnarren, der Vater, der Pap, wir Kinder, sogar die Bas Nanne. Wir kannten kein größeres Vergnügen, als wenn wir Vögel fangen durften, es war unsere Jagdleidenschaft. Ein großer Erfolg wurde es freilich nie, entweder waren wir zu dumm oder die Vögel zu gescheit. Wir fingen oft die längste Zeit überhaupt nichts, obgleich wir Kälte und Mühe nicht scheuten, und im besten Fall höchstens den einen und anderen der lieben gefiederten Freunde.

Wir richteten für Kohlmeisen und Rotkehlchen Schlagfallen auf, pflanzten Leimruten auf die Wipfel kleiner Fichten oder auf das Gestänge, das wir neben dem Lockvogel in den Boden rammten. Besonders kompliziert war die Vorrichtung für Stieglitze, ein Tessenberger hatte sie uns genau erklärt, und wir gingen auch sogleich ans Werk. Stieglitze fressen Distelsamen, die Fangvorrichtung mußte also so gebaut sein, daß sie den Stieglitz festhielt, wenn er sich auf die Disteln setzte. An Disteln fehlte es nicht, an unserem Eifer noch weniger, aber wir fingen trotzdem nie einen dieser schönen Vögel. Es gab wohl nur wenige, denn sie kamen uns ganz selten zu Gesicht, und die wenigen hüteten sich, die Disteln zu besuchen, die nicht genauso aussahen wie die andern.

Am leichtesten war es, mit Leimruten Zeisige zu fangen. Sie flogen oft in großen Scharen daher und ließen sich nieder, wenn ein Locker rief. Am öftesten fingen wir sie auf dem Dach des Futterhauses, wir konnten das kleine Fichtenbäumchen, das die Leimruten trug, von der warmen Stube aus beobachten und brauchten nicht irgendwo im Freien unter einem Baum zu frieren. Fing sich ein Zeisig, stoben wir wie der Wind aus dem Haus, den Weg hinüber, aufs Dach hinauf, der beste Turner wäre uns nicht nachgekommen. Die Weibchen ließen wir gleich fliegen, die singen nicht, die Männchen behielten wir für einige Zeit, meistens nicht lange. Es waren gar so liebe Tiere und gewöhnten sich rasch und verloren die Scheu.

Manchmal hatten wir im Winter ein halbes Dutzend Vögel in der Stube hängen. Im Frühjahr gaben wir den meisten die Freiheit zurück, obgleich sie gar nicht mehr darnach verlangten und nicht aus dem geöffneten Käfig fliegen wollten; nur einen oder zwei Kreuzschnäbel und hie und da eine Tannenmeise, die extra flink im geräumigen Käfig hin und her sprang, behielten wir. Viele lebten jahrelang. Im Frühjahr sangen sie erst leis vor sich hin, allmählich gewann die Kehle an Kraft und schmetterte los, daß es in der Stube widerhallte. Am lautesten sangen sie beim Tischgebet oder wenn sonst Lärm war. Die Kreuzschnäbel waren im ersten Jahr rot, im zweiten wurden sie gelb und blieben bei der nächsten Mauserung bei dieser Farbe. Auf Reinlichkeit hielten sie nicht sehr viel, nur den Schnabel badeten sie oft im Wasserbehälter. Sie wurden mit Hanf gefüttert, für den wir den Pap oder die Bas Nanne ums Geld angingen, wir selber besaßen keines und beim Vater fiel die Bitte nur zu ganz seligen Zeiten auf weichen Boden. Manchmal brachten wir ihnen auch Tannenzapfen vom Walde mit und sahen den Vögeln zu, wie geschickt sie das harte, harzige Deckblatt weghoben und den Samen darunter heraussuchten.

Oft steckten wir einen Finger zwischen den Drähten hindurch in den Käfig. Dann kam der Kreuzschnabel mit aufgeplustertem Gefieder daher und biß mit dem krummen Schnabel hinein. Es tat nicht wohl, aber wir lachten doch. Dem Kreuzschnabel machte das Spiel Vergnügen, immer wieder biß er auf den Finger los. Weil der Gescheitere nachgibt, ließ er es schließlich, setzte sich auf eine Stange und sah mit schiefem Kopf auf uns her. Plötzlich schoß er wieder auf den Finger los, beinahe zornig, daß wir gar nicht nachgeben wollten, und biß mit der vollen Kraft ins Fleisch. Ab und zu quoll ein heller Tropfen Blut aus der Haut, das wir mit der Zunge wegschleckten. Der Kreuzschnabel sang, er hatte seinen Triumph.

Die großen Vögel waren nur in der ersten Zeit scheu. Sie sahen bald ein, daß sie es in der warmen Stube angenehmer hatten als droben im kalten Winterwald. Sie bekamen das Essen und Trinken vorgesetzt, es ging ihnen nichts ab. Ein wenig eng war der Käfig ja, aber sie wußten sich zu helfen und turnten wie Akrobaten am Gestänge herum. So verging ihnen der Tag gewiß sehr schnell. Sie brauchten keine Angst zu haben, daß eine Eule oder ein Sperber sie in die Fänge bekommt oder ein Marder sie fängt. Auch vor der Hauskatze waren sie sicher, dafür sorgten wir. In unserer Wut hätten wir jede erschlagen, die auf einen Vogel losgegangen wäre.

In guten Jahren trieben wir mit den Vögeln Handel. Fast immer war der Import weit größer als der Export. Das Defizit mußte wieder der Pap oder die Bas Nanne ausgleichen. Wir waren einmal schlechte Kaufleute wie alle, die aus Liebhaberei Handel treiben.

Die Kreuzschnäbel fingen wir zumeist droben in den Bergwiesen. Es war für unsere Kinderfüße ein weiter Weg. Aber wir hätten noch weitere gemacht, trotzdem sie meistens erfolglos waren. Einmal ging ein Goldhähnchen »auf den Leim«. Es war ein wunderhübsches, süßes Tier. Wir kannten es, wußten aber nicht, womit wir es füttern könnten. So gaben wir ihm mit blutender Seele die Freiheit wieder.

Sonst waren unsere Hände grob, aber wenn wir einen gefangenen Vogel zwischen den Fingern hielten, hätte kein Mädchen ihn feiner und zarter anfassen können. Wir küßten die kleinen Köpfe, sahen ihnen in die erschreckten Augen und redeten ihnen zu, daß sie nichts zu fürchten hätten und frohen Mutes sein sollten. Im Käfig flatterten sie erst ein wenig, weil sie das Futtergefäß oft nicht sogleich fanden, hatten sie es gefunden, sank Ruhe und Frieden in ihre zitternden Seelen.

Ich glaube, daß die Vögel zu unseren Erziehern zu rechnen sind. Sie gewöhnten uns, daß wir sie zu bestimmter Zeit fütterten, die Käfige reinigten, für frisches Wasser sorgten, und wir hatten sie lieb, es waren unsere Freunde.

*

Wir besaßen daheim eine Flinte, die aus der ersten Zeit der Rücklader stammen mochte. Sie hatte einen mordslangen Lauf, trotzdem gingen die Schüsse meist fehl; das alte Eisen hätte zu viel Streuung, belehrte uns der Bruder des Eisenwarenhändlers Stallbaumer, der Büchsenmacher und unser Nachbar war. Was wußten wir indes, was »Streuung« sei. Wir trafen eben nichts, so gern wir in den Wald gingen auf Eichhörnchen, Raben und Wildtauben. Raben riechen das Pulver, heißt es. Das unsrige rochen sie jedenfalls und die Tauben mußten es noch mehr riechen, sie flogen oft in Schwärmen über den Wald hin, setzten sich irgendwo und flogen ab, wenn wir uns näher geschlichen hatten. So blieben nur die Eichhörnchen, die damals sehr zahlreich waren. Sie verschwanden erst nach dem Ersten Weltkrieg, wo die Bälge auf einmal Wert bekamen. Unsere Flinte hat nicht dazu beigetragen, sie auszurotten.

Weil wir mit dem Pulver sparen mußten und auch ein wenig Angst hatten vor dem Rückstoß, puffte der Schuß, der ein Eichhörnchen oder wenn das Glück es besonders groß wollte, einen Häher herunterholen sollte, wie eine Knallerbse in die Luft. Der Häher flog ab, so groß war der Krach doch, das Eichhörnchen setzte mit ein paar gewaltigen Sprüngen auf andere Bäume, wir schoben eine neue Hülse in die Flinte und weiter ging die Jagd.

Einmal aber hatte ich doch Glück, und das zur Zeit, da uns der Vater für jeden Raben zwanzig Heller ›Kopfgeld‹ versprochen hatte, weil sie einen großen Schaden auf den eingesäten Äckern machten. Ich war allein, und als ich eben, die Flinte großmächtig umgehängt, aus dem Walde trat, flog eine Schar Raben auf, die sich auf einem Acker, wenn auch nicht auf einem der unsrigen, gütlich getan hatten. Ich riß die

Flinte herab, legte an, und weil man mir gesagt hatte, man muß bei fliegenden Tieren auf den Kopf zielen, tat ich es; ein Rabe stürzte aus der Luft und blieb ein Stück weit von mir entfernt liegen. Ich hob ihn mit einem ehrfürchtigen Staunen vor mir selber auf und nahm ihn mit.

Der Wald unter unseren Feldern bestand aus vielen hohen Fichten, in denen die Raben gerne brüteten. Oberhalb und unterhalb des langgestreckten, zum Teil sehr dichten Waldes lagen Äcker, die ihnen reichlich Nahrung boten, am meisten im Frühjahr, wenn gesät war, und im Sommer und Herbst, wenn die Halme reiften und geschnitten wurden.

Weil Raben nicht den geringsten ›Schwindel‹ kennen, suchten sie sich für ihre Nester stets die höchsten Bäume aus und zugleich jene, die weit hinauf entweder überhaupt keine Äste hatten oder nur ganz dürre, dünne, die sofort abbrachen, wenn man sich daran halten oder die Füße darauf stemmen wollte. Wir guckten von unten hinauf und fanden, daß fast jede Fichte ein Nest trug, ob es alt war oder neu, konnte man von unten nicht erkennen. Es hätte zwar ein ganz einfaches Mittel gegeben, das herauszubringen, wir hätten nur achtgeben müssen, auf welche Bäume die Raben zuflogen; dazu fehlte uns die Geduld, wir kletterten lieber auf jede Fichte hinauf, wo wir ein Nest entdeckt hatten. Meistens trafen wir dabei auf alte, die in den letzten Jahren einmal gebaut worden und besiedelt gewesen waren. Wenn wir wieder auf dem Boden ankamen, waren wir voll Pech und die Hose hatte meistens irgendwo ein Loch.

Rabeneier galten bei uns Buben als ›Delikatesse‹, nicht für den Magen, Gott bewahre, wir hätten keines hinuntergebracht, obwohl uns immer gesagt wurde, es sei im Grunde kein Unterschied zwischen einem Hühnerei und einem Rabenei, von der Größe abgesehen, nein; aber mit Rabeneiern in der Tasche konnte man ›sich zeigen‹, man war in eine höhere Rangklasse aufgerückt. Die Mädchen sahen einen mit ganz anderen Augen an als bisher, ganz besonders wenn man der Reihe nach gleich mehrere der kleinen, gesprenkelten Eier aus den Säcken und Taschen zog und auf die Handfläche legte.

»Da seht, die habe ich gefunden!« Zu Zeiten freilich machte die Hand üble Erfahrung, wenn sie in den Hosensack langte und auf ein zerbrochenes Ei tappte oder gar auf zwei und drei, die im Gehen zerdrückt worden waren. Dann brachte man eben die anderen zum Vorschein, die ganz geblieben waren, und wischte die Finger, um ja keinen Makel auf sich fallen zu lassen, beim Herausfahren säuberlich am Leinen des Hosensackes ab.

Nur die besten Freundinnen und Freunde, die vor allem, bekamen ein Rabenei als Geschenk. »Bewahre es auf, dann hast du Glück«, war ein Spruch, den wir mitgaben. Wer ihn aufgebracht hatte, blieb unbekannt. Es fragte auch niemand danach.

Dem Vater war es recht, wenn viele Rabeneier verschwanden, die Raben machten einmal zu großen Schaden auf den Äckern. Der Mutter war es nicht recht, sie kam sowieso nie nach mit Hosenflicken.

Im Höhenlicht

Die Tessenberger Alm ist eine weitgedehnte, bucklig gewellte Hochfläche, voller Leere und Einsamkeit. Zur Eiszeit wird sich der Drautalgletscher darüber geschoben haben, die Dolomiten im Süden, die Hohen Tauern im Norden, auch nahe Berge wie der Gölbner und der Gumriaul werden aus dem Eismeer geragt haben.

An jedem Sommer ging ich mit meinen Geschwistern oder mit Nachbarskindern wenigstens einmal hinauf. Das Schönste war der Aufstieg, er verlangte keine Anstrengung, kein Aufpassen. Wir konnten es so einrichten, daß es vom Hof aus immer durch Wiesengelände zur Höhe ging. Die Figgóle blieb links liegen, wir durchquerten die Tessenberger Asten, rasteten wohl auch ein paar Minuten bei einer Heuschupfe und klommen dann weiter. Alle Wiesen blühten, ein leuchtendes Meer von Farben. Primeln standen da und Habichtskräuter, blauer und Gelber Enzian, dunkelrote Blutströpfl und Knabenkraut mit den seltsamsten Blütenformen. Auf den Wiesen wuchsen Lärchen, unversehrte und solche, die der Blitz getroffen oder der Sturm zerrissen hatte, ihr Schattenbild lag auf dem Grün und Blühn und sprenkelte es. Diesen Höhen ist der Juni ihr Frühling, ihr Sommer der Juli und der August macht schon die Anzeichen von Herbst.

Ab und zu schob sich dicker Fichtenwald heran. Wir wichen ihm aus, wenn wir nicht Beeren suchten oder neue Aufstiege. Weiter drinnen war vor vielen Jahren ein großer Waldbrand ausgebrochen. Ein Hirte hatte unter einem Baume Feuer gemacht, Polenta zu kochen. Wie oft erzählte die Bas Nanne und der Vater von diesem fürchterlichen Brande, der drei Tage dauerte, bis ein Regenguß ihn löschte. Man hieb breite Schneisen aus, grub Gräben auf, das Feuer übersprang sie. Wasser war nicht zur Stelle, auch keine Löschgeräte. Schon fürchtete man für die obersten Höfe am

Heinfelser Berge, da fiel endlich Regen. Immer noch hob sich der »verbrannte Wald«, wie die Fläche heute noch heißt, vom Walde ab, der verschont geblieben war.

Drüben auf der Fronstadler Alm war das neue Schwefelkiesbergwerk eröffnet worden, weil das alte bei Lueg im Villgratental sich erschöpft hatte. Von Heinfels aus benötigte man etwa zwei Stunden, um Gampen zu erreichen, so heißen die Bergmähder, auf denen das neue Glück von der Schürfgesellschaft gesucht wurde. Unten am Waldrande standen die Baracken für die Knappen und das Wirtschaftshaus. Über Sonntag pflegten die Knappen zu ihren Familien und Angehörigen heimzugehen, sie kamen erst am Sonntag abends oder montags früh wieder hinauf. Der Stolleneingang war durch eine lärchene Bohlentüre abgeschlossen, ein Bach lärmte rauschend darunter hervor. Die Gampenwiesen waren feucht und moorig, von dünnen Wasserrieseln durchzogen, an denen die bittere Alpenkresse wuchs. Wie tief der Stollen in den Berg vorgetrieben war, wußten wir nicht, aber dem Abraumhaufen und dem Bache nach mußten sie schon tief hineingekommen sein.

Auf der Tessenberger Alm liegt der Tessenberger See, er ist nichts weiter als ein Tümpel, in drei Minuten hat man ihn umwandert. Ihn suchten wir. Der Wind wellte die blassen Fluten, daß sie mit einem weichen Geräusch ans Ufer stießen. Gewöhnlich lag ein Kahn neben dem Wasser, die Hirten hatten ihn aus gestohlenen Brettern zusammengetischlert. Wir schoben ihn hinein, damit er schwamm, aber einzusteigen wagten wir doch nicht. So spielten wir mit dem Wasser, badeten die Füße, schaukelten Wellen auf und ließen sie zwischen den Fingern hindurchrinnen. Pferde weideten neben dem See. Sie wieherten uns fröhlich entgegen, als seien wir alte Bekannte aus dem Tal. Wenn sie Zucker wollten – wir hatten keinen und hätten auch nicht gewagt, ein Zuckerstück zwischen die fleischigen Lefzen zu schieben.

An einem Sommer, als ich schon auf die Universität ging und eben Ferien in der Heimat machte, lud mich mein Onkel, dem die Arnalpe im Winkeltal gehörte, ein, in der »reinen gesegneten Bergluft«, so drückte er sich aus, Sommerfrische zu machen. Die Sennkaser auf der Oberen Arnalpe war ein sonnengeschwärztes Balkengezimmer, zerrissen und gespalten, so daß der Wind fast ungehindert ins Innere fahren konnte, wenn er nur ordentlich ansetzte. In der Küche stand der offene Herd mit einem großen Kessel darüber, der über das Feuer geschoben werden konnte, wenn nichts mehr zu kochen und zu sieden war. Im Stalle darunter rissen die Milchkühe an den Ketten, sie wurden Nacht für Nacht eingetrieben. Das Galtvieh weidete höher oben, es hatte seinen eigenen Hirten und einen Buben als Zubot, der die Wege und Sprünge machen mußte, während der Hirte hinter einem Stein schlief, von nichts anderem zugedeckt als von sich selber. Nur das Salz reichte den Tieren der Hirte selbst und ab und zu einen Leckerbissen, der in Osttirol »Leck« heißt. Er geizte damit, weil es zu weit heraufgetragen werden mußte. Hinter der Almmulde sprang ein Wasserfall vom Felsen, war das Vieh durstig, kam es herbei und trank, den Kopf lang hingestreckt, die Wasserkugeln rollten in den Magen, eine nach der andern.

Ich hätte in einem Bett hinter der Küche schlafen können, zog es aber vor, gleich den anderen ins Heu zu kriechen. Das, so hatte ich gehört, sollte besonders gesund sein und alle üblen Säfte aus dem Körper ziehen. Die Schwierigkeit war nur, die Disteln, die im Heu verstreut waren, den andern zuzuweisen. Noch eine zweite Schwierigkeit gab es, diese aber wohl nur für mich, sich nämlich so im Heu einzugraben, daß man am Abend nicht schwitzte und am Morgen nicht zu kalt hatte. Ich lernte es erst nach einigen mißlichen Nächten, in denen ich zuerst wie ein Brunnenrohr an einem schwülen Sommertage geschwitzt und in der Frühe wie eine Henne auf dem Eis gefroren hatte. »Sich das Nest machen«, hießen diese Vorbereitungen. Man ging daran, sobald der Abendrosenkranz gebetet war; an besonders arbeitsstrengen Tagen gab es einen verkürzten Rosenkranz, den sogenannten

»Holzhacker«, schon da geschah es, daß einzelne Stimmen im Konzerte ausfielen, manchmal mehr, manchmal weniger. Während man das Nest machte, brannte auf einem Balken des Dachgestühls unmittelbar unter den Schindeln eine Kerze, die der Onkel dort mit dem Stearin, das er abtröpfeln ließ, festgeklebt hatte. Waren alle fertig, die Tücher um den Kopf geschlungen, das Heu auf Bauch und Brust und nicht zuletzt auf die Beine gehäuft, warf der Onkel, um nicht aufstehen zu müssen, einfach von seiner Lagerstelle aus, die sich mitten unter den unsrigen befand, kleine Heubüschel nach der Kerze, um sie auf diese Weise auszulöschen. Er hatte eine solche Übung darin, daß meist schon der erste Wurf das Licht »abtötete«, sonst sicher der zweite. Nie kam es vor, daß dabei etwa die Kerze herabfiel, was mir todsicher geschehen wäre. Ich hatte Angst, daß die Kaser in Flammen aufgehen könnte, aber der Onkel versicherte, daß Heu nicht so leicht brenne, bei Stroh sei es anders. Es mußte sich wohl so verhalten, denn die Kaser steht heute noch.

Auch in allen späteren Feriensommern wanderte ich einmal und öfter hinauf auf die Almen, oft auch nur in die Bergwiesen, setzte mich in den Sprenkelschatten einer Lärche und ließ mich vom weichen Licht der Höhe fächeln und der warmen Luft, die über die Mähder wellte. Das kurze Gras glänzte im Morgentau, über mir wisperte der Wind durchs Gezweige. Das sanfte Grün entlang ging der Blick hinüber zum Helm, bei dem die Karnischen Alpen beginnen, Urgestein, das sich in die Kalkalpen hineingeschoben hat, gewalttätig, anders ging es zu jenen Zeiten nicht. Der Helm ist kein hoher Berg. Über ihm stehen die Spitzen der Sextener Dolomiten auf, das Licht schattierte die steilen Abstürze; weiter gegen Innichen steht die Schusterspitze, gezackt, ein Berg für Könner, dann der Haunold, Innichen zu Füßen. Im Südosten sind die Lienzer Dolomiten, den großen in Südtirol ähnlich, nicht so abwechslungsreich, aber Dolomiten auch sie.

Im Wipfel einer Lärche schlossen die Kreuzschnäbel die

kleinen Zapfen auf, die öligen Früchte hinter den starren Schuppen zu suchen. Die jungen Männchen trugen noch das rote Federkleid, die Schwingen leuchteten, sooft die Vögel zu einem anderen Aste flogen. Sie tschilpten leis, es ging ihnen gut, ich merkte es. Im Tale stand das Korn reif auf den Äckern, der Pfiff eines Zuges drang herauf, der durchs Pustertal fuhr, hinein nach Franzensfeste oder hinab nach Kärnten. Ich liebe die Stille und Einsamkeit der Höhen, Wald und Wiese waren da, unaufdringlich und ganz gewöhnlich, Sonnenglast und -lust. Ich hatte am Morgen ein Buch in die Tasche gesteckt, Eichendorff, ich nahm es nicht heraus, ich dachte gar nicht daran. Licht und Schatten ließ ich auf mir spielen, ich rührte mich nicht. Kein einziger Tourist kam daher, der mich hätte stören können. Wie liebte ich diese sprechende Stille, kein Mensch konnte mich zu mehr Aufmerksamkeit zwingen. Es kam von außen, aber die Worte erhielten doch erst in mir den rechten Sinn, die Stille allein war lebendig. Auch wenn ich die Augen schloß, blieb die Landschaft um mich so gegenwärtig, als stünde sie in mir, ein Teil meiner Seele, zu der sie gehört.

Lebensabriß des Autors

Geboren wurde Franz Josef Kofler in Heinfels bei Sillian am 25. März 1894 als erstes Kind von acht Kindern einfacher Bauersleute. Nach fünf Jahren Besuch der einklassigen, »nicht systemmäßigen« Volksschule wurde er nach Brixen ins Gymnasium und Internat Vinzentinum »studieren« geschickt. Der von Geburt auf eher körperschwache Knabe, wie Kofler selbst behauptet, wird dem Vater wohl für einen zukünftigen Bauern und als Stammhalter nicht recht tauglich erschienen sein. Talent zum Lernen und Lust auf Bücherwissen hat er besessen. 1914 maturiert, studierte er während des Ersten Weltkrieges Theologie in Brixen. Im Mai 1918 erhielt er vom Diözesanbischof die Priesterweihe und wurde sogleich als Kooperator nach Hopfgarten in Defereggen versetzt.

Nach drei Monaten bestimmte der Bischof, daß er an der Innsbrucker Universität Deutsch inskribieren soll, um sich für das Mittelschullehramt zu qualifizieren. Kofler hätte lieber Naturgeschichte gewählt. Er nahm Italienisch dazu und promovierte 1922 zum Dr. phil. Im gleichen Jahr erschien sein erster Roman, »Der Sieger«, in Buchform, den er in Defereggen zu schreiben begonnen hatte. 1923 schloß er das Studium, geprüft in beiden Sprachfächern, ab. Drei Jahre unterrichtete er am Vinzentinum, anschließend am neugegründeten Bischöflichen Knabenseminar Paulinum in Schwaz. Die einzige größere Reise machte er 1936: nach Italien, Sizilien und Dalmatien. 1938 lösten die Nazis nach der Machtergreifung die Anstalt sofort auf. Der Bischof wies Kofler den Seelsorgeposten eines Expositus von Forchach im Lechtal zu. In der dortigen Mußezeit verlegte er sich verstärkt aufs Romanschreiben. Außerdem kam ihm seine Vorliebe für die Naturwissenschaften zustatten.

Angeleitet von zwei benachbarten Pfarrherren, Knabl in Gramais und Lechleitner in Elmen, begann Kofler, Coleopterologie zu betreiben und wurde innerhalb kurzer Zeit ein landesweit anerkannter Käferkenner. Er hat eine der reichhaltigsten Käfersammlungen Tirols hinterlassen. 1941 erschien der Roman »Die Frauen des Jakob Huber« und 1944 »Simon der Erler«. Den amerikanischen Befreiern trug er 1945 zum Zeichen der Dorfübergabe eigenhändig die weiße Fahne entgegen. Die wiedereröffnete Lehranstalt Paulinum holte ihn im Herbst nach Schwaz zurück. 1955 wurde er zum Oberstudienrat ernannt, 1958 wurde er in den dauernden Ruhestand versetzt, am 14. Oktober 1961 ist er gestorben.

Neben der Käfersammlung hinterließ er eine umfangreiche belletristische Bibliothek. Sein literarischer Nachlaß umfaßt runde 700 Titel an Romanen, Novellen, Erzählungen, Kurzgeschichten, landschafts- und naturkundlichen Berichten, Gedichten und Theaterstücken; ungefähr 270 davon sind veröffentlicht worden.